本书由国家自然基金青年科学基金项目 (72102
中央高校基本科研业务费专项(专职博士后、基地引导专项) (20

绿色发展背景下
旅游经济增长研究

LÜSE FAZHAN BEIJING XIA LÜYOU JINGJI ZENGZHANG YANJIU

贺腊梅 著

四川大学出版社
SICHUAN UNIVERSITY PRESS

项目策划：梁　平
责任编辑：梁　平
责任校对：杨　果
封面设计：璞信文化
责任印制：王　炜

图书在版编目（CIP）数据

绿色发展背景下旅游经济增长研究 / 贺腊梅著. —成都：四川大学出版社，2022.1
ISBN 978-7-5690-5275-6

Ⅰ．①绿… Ⅱ．①贺… Ⅲ．①旅游经济－经济增长－研究－中国 Ⅳ．① F592.3

中国版本图书馆 CIP 数据核字（2021）第 277701 号

书名	绿色发展背景下旅游经济增长研究
著　者	贺腊梅
出　版	四川大学出版社
地　址	成都市一环路南一段 24 号（610065）
发　行	四川大学出版社
书　号	ISBN 978-7-5690-5275-6
印前制作	四川胜翔数码印务设计有限公司
印　刷	成都金龙印务有限责任公司
成品尺寸	170mm×240mm
印　张	15
字　数	349 千字
版　次	2022 年 1 月第 1 版
印　次	2022 年 1 月第 1 次印刷
定　价	79.00 元

版权所有 ◆ 侵权必究

◆ 读者邮购本书，请与本社发行科联系。
　电话：(028)85408408/(028)85401670/
　(028)86408023　邮政编码：610065
◆ 本社图书如有印装质量问题，请寄回出版社调换。
◆ 网址：http://press.scu.edu.cn

四川大学出版社
微信公众号

前　　言

改革开放以来,我国经济实现了快速增长,但同时也给资源环境带来了极大的压力。面对资源稀缺和环境问题,党的十八届五中全会提出了绿色发展理念,要求转变经济发展方式、调整经济结构、集约利用资源,构建绿色低碳的经济体系。旅游经济是我国稳增长、调结构和惠民生的重要力量,在绿色发展理念下,传统旅游经济发展方式和增长观念亟待转型。传统的旅游经济增长依靠要素投入、不断吸引旅游人数来扩大旅游经济规模,忽视了伴随着旅游活动发生的能源消耗、资源利用和废物生产。然而,旅游是典型的资源环境依赖型经济活动,需要资源环境作为核心生产要素为旅游生产和消费提供支撑,一方面旅游经济发展受资源环境质量影响,另一方面旅游活动又必然会给资源环境带来变化,而且由于旅游活动通常发生在生态脆弱的区域,其带来的消极影响更为严重。如何平衡旅游经济增长与资源环境的关系是实现旅游可持续发展的关键问题,绿色增长理论为解答这一问题提供了新思路和新方向。绿色增长理论建立在资源经济学与环境经济学理论的基础上,是可持续发展的实践手段,认为增长包含了整个生产系统的环境和资源节约过程,提出在促进经济增长的同时解决与资源环境的矛盾。在旅游可持续发展进程中,资源与环境不仅是旅游经济增长的内生变量,更是制约因素,因此提出本研究的问题:资源环境约束下旅游经济增长研究。

然而,目前有关旅游经济增长的研究主要集中在探讨旅游发展与地区经济增长关系、旅游经济增长动力和旅游发展绩效方面,基于新古典经济理论,关注旅游生产过程中的劳动、资本和全要素生产率对旅游经济增长的影响,忽视了旅游自然资源消耗和污染排放对旅游经济增长的制约。或者是研究旅游发展对环境的负面影响,但这方面研究在讨论减少负面环境影响时不考虑经济增长的需求。有鉴于此,本研究从绿色增长理论出发,以地区旅游经济生产过程为对象,围绕以下问题展开研究设计:旅游经济增长与资源环境之间呈现何种关系以及形成某一关系背后的原因是什么?资源环境约束下旅游效率是否与传统旅游效率不同?资源环境约束下旅游经济增长质量如何?影响资源环境约束下旅游增长质量变动的内外部因素如何?资源环境约

束下旅游经济增长动力有哪些？以上述问题为导向，具体研究内容与主要研究发现如下：

（1）采用"旅游消费剥离系数"计算2005—2014年全国30个省（区、市）旅游能源消耗与污染排放量，然后利用Tapio脱钩指数检验旅游经济增长与资源环境的关系，将对数平均迪式指数分解法与脱钩模型相结合，对旅游经济增长与资源环境形成的某种脱钩关系背后的原因进行分解分析。实证研究结果显示：旅游并非传统意义上的无烟产业，其能源消耗、污染排放与旅游收入一同增长，能源消耗与污染排放主要来自游客在长途交通、市内交通和邮电环节的消费。除了2011—2012年间旅游经济增长与资源环境处于扩张负脱钩的状态，其余样本分析期间两者关系维持在弱脱钩状态。脱钩分解结果发现提高旅游能源效率是促成旅游经济增长与资源环境强脱钩的主要积极影响因素，游客增加和游客消费边际污染排放高是主要的消极影响因素，在旅游交通、邮电和通信中的旅游消费边际污染排放高于游览、购物、娱乐、住宿和餐饮中的旅游消费边际污染排放，调整旅游产业结构有利于实现旅游经济增长与资源环境强脱钩。

（2）利用边界非参数数据包络法和方向性距离函数构建了两期方向性距离函数来测度2005—2014年全国30个省（区、市）资源环境约束下旅游效率，在此基础上采用Luenberger生产率指数构建了旅游环境全要素生产率，通过旅游环境全要素生产率的变动来反映资源环境约束下旅游经济增长质量是否提高，并进一步分解分析影响旅游环境全要素生产率变动的内部原因，找到有利于资源环境约束下旅游经济增长质量提高的因素。实证研究结果显示：资源环境约束下旅游效率高于传统的旅游效率，并且由于产出不足导致的旅游无效率值在资源环境约束条件中下降，资源环境约束下旅游效率的提高不再严重依赖旅游收入的增加；在全国层面上，技术进步是旅游环境全要素生产率提高的主要积极因素，是资源环境约束下旅游经济增长质量提高的关键；将旅游环境全要素生产率变动与旅游生产投入产出环节相关联，得到环境治理绩效是旅游环境全要素生产率提高的主要积极原因，其次是产出增长绩效，然而在劳动、资本和能源三方面的技术效率不足抑制了旅游环境全要素生产率的提高。影响旅游环境全要素生产率变动的内部因素在各个省（区、市）表现出一定的差异。

（3）资源环境约束下旅游经济增长质量不仅受到生产过程投入产出的内部影响，还受到生产系统外部因素的影响，分别使用Tobit截断模型和面板固定效应模型估计了影响2005—2014年全国30个省（区、市）资源环境约束下旅游效率与全要素生产率的外部因素。实证研究结果显示：外商直接投资与人均 GDP 水平对资源环境约束下旅游效率和旅游全要素生产率均产生显著的积极影响，人均受教育年限和旅游资源丰度对资源环境约束下旅游全要素生产率产生显著的积极影响，但对资源环境约束下旅游效率显著负向影响，第三产业产值比重和邮电业务额比重对资源环境约束下旅游全要素生产率显著负向影响。以上各因素对资源环境约束下旅游效率和全要素生产率的影响程度在东中西部呈现出一定的差异。

（4）在两期方向性距离函数的基础上，结合 Fisher 指数分解与 SDA 两极分解法，对 2005—2014 年全国 30 个省（区、市）资源环境约束下旅游经济增长动力进行分解，分解成全要素生产率、资源要素投入、环境规制效应和产出环境结构变化四项动力。实证研究结果显示：资源要素投入仍然是我国旅游经济增长的主要动力，但它在不考虑资源环境约束的旅游经济增长中是正向贡献，在资源环境约束下表现出负向贡献，其中旅游资本投入、能源消耗和劳动力投入对资源环境约束下旅游经济增长负向贡献，旅游资本与能源投入是主要的负向贡献，资源要素投入中旅游资源禀赋为正向贡献。技术进步与产出环境结构优化是资源环境约束下旅游经济增长的关键，环境规制对资源环境约束下旅游经济增长具有负向贡献但呈下降趋势。按照增长动力的贡献度大小划分旅游经济增长方式，将各地方资源环境约束下旅游经济增长划分为集约型、粗放型、环境友好型和污染型四类旅游经济增长方式，通过分析各地旅游经济增长动力变化，得到技术进步带来了多数省（区、市）旅游经济增长从资源冗余的粗放型方式向集约型转变。

基于以上实证研究结果，得出以下建议与启示：

（1）绿色增长的重要表征是经济增长与污染排放强脱钩，然而实证结果显示旅游经济增长与污染排放还未达到这一状态，资源环境约束着旅游经济增长。想要实现旅游经济增长与环境污染排放的强脱钩，在旅游供给方面，采用清洁新能源、引入低能耗低污染的新技术以及有效配置资本来提高旅游能源效率；调整旅游收入结构，提高旅游游览、购物、娱乐、住宿和餐饮环节收入在旅游总收入中的比重，缓解与旅游长途交通、市内交通和邮电收入伴随的旅游环境压力；提供匹配游客需求特征的公共交通服务，设计绿道等。在旅游市场方面，依据旅游目的地的生态敏感程度进行游客容量管理，但主要通过提供高附加值的旅游产品或服务，提高单位游客旅游消费，减轻旅游经济收入对游客数量的依赖，延长和增加旅游者停留时间与消费，让旅游市场从短频快的观光旅游向深度体验游发展。在游客管理方面，政府和旅游企业管理者应当承担起传播旅游环境影响知识，教育游客正确认识旅游环境污染排放，培育游客环境友好消费意识的责任，尤其是要注意培养在旅游

交通运输环节上的旅游环境友好消费行为。比如鼓励游客减少长途航空的出游方式，建议使用公共交通，提倡慢旅游的旅行方式。

（2）资源环境约束下旅游经济增长是新常态经济下旅游经济发展的方向，有助于旅游政策制定者和行业管理者将旅游发展战略目标从经济数量扩张转向经济质量提升。中部与西部地区需要提高旅游商品或服务的附加值，提升对既定旅游生产投入要素的生产能力，使有限的资源产生最大效益，从而缩短与东部地区资源环境约束下旅游效率的差距。

（3）地区外部要素布局会影响资源环境约束下旅游经济增长质量。引入外商直接投资和提高人均GDP有利于旅游经济增长质量的提升，尤其是在西部地区，外商直接投资的积极作用显著；培育旅游高素质人才，加强旅游从业人员的专业培训，建立知识信息交流平台，发挥人力资本对旅游经济增长质量提升的促进作用；优化配置旅游资源，避免旅游资源的破坏与浪费，改善旅游资源利用绩效；调整要素资源在资源环境限制下的均衡流动，以及与旅游业之间的协调发展，避免不合理的产业结构对资源环境约束下旅游经济增长质量的负向影响；在地区环境治理中考虑对旅游的环境治理投资，引入技术创新，避免当前技术水平对资源环境约束下旅游经济增长质量的负向影响。

目 录

1 引 言 ··· 1
  1.1 研究背景、目标与意义 ·· 1
    1.1.1 研究背景 ·· 1
    1.1.2 研究目标 ·· 4
    1.1.3 研究意义 ·· 5
  1.2 研究框架、技术路线与方法 ··································· 6
    1.2.1 研究框架 ·· 6
    1.2.2 技术路线 ·· 7
    1.2.3 研究方法 ·· 8
  1.3 创新之处 ··· 9

2 理论基础与文献综述 ··· 11
  2.1 理论基础 ··· 11
    2.1.1 资源经济学理论 ·· 11
    2.1.2 环境经济学理论 ·· 13
    2.1.3 绿色经济增长理论 ····································· 16
    2.1.4 简要评述 ·· 20
  2.2 概念界定 ··· 20
    2.2.1 旅游效率与全要素生产率 ···························· 20
    2.2.2 旅游能源消耗与二氧化碳排放 ······················ 22
    2.2.3 旅游经济增长动力 ····································· 25
  2.3 文献综述 ··· 27
    2.3.1 旅游经济增长与资源、环境的关系 ················· 27
    2.3.2 旅游经济增长动力研究进展 ························· 36
    2.3.3 旅游经济增长质量研究进展 ························· 40
    2.3.4 简要评述 ·· 67

3 旅游经济增长与资源环境关系研究 ··························· 69
  3.1 分析框架与研究设计 ··· 70

3.1.1 旅游经济增长与资源环境脱钩模型 ·················· 70
　　　3.1.2 旅游经济增长与资源环境脱钩分解模型 ·············· 72
　3.2 数据与变量计算 ·· 75
　3.3 实证分析与讨论 ·· 78
　　　3.3.1 旅游二氧化碳分析 ································ 79
　　　3.3.2 各地区旅游经济水平分析 ·························· 82
　　　3.3.3 旅游经济增长与环境压力脱钩关系分析 ·············· 83
　　　3.3.4 旅游经济增长与环境压力脱钩分解分析 ·············· 85
　3.4 本章小结 ·· 88

4 **资源环境约束下旅游经济增长质量研究** ······················ 91
　4.1 分析框架与研究设计 ···································· 92
　　　4.1.1 变量框架与指标的选择 ···························· 92
　　　4.1.2 资源环境约束下旅游效率与全要素生产率模型 ········ 93
　　　4.1.3 旅游环境全要素生产率分解模型 ···················· 97
　4.2 指标数据来源 ·· 98
　4.3 实证分析与讨论 ·· 100
　　　4.3.1 传统旅游效率分析 ································ 100
　　　4.3.2 资源环境约束下的旅游效率分析 ···················· 104
　　　4.3.3 资源环境约束下旅游全要素生产率分析 ·············· 109
　4.4 本章小结 ·· 123

5 **资源环境约束下旅游经济增长质量影响因素研究** ·············· 126
　5.1 研究设计 ·· 127
　5.2 研究方法 ·· 132
　　　5.2.1 数据来源 ·· 132
　　　5.2.2 检验资源环境约束下旅游效率影响因素的 Tobit 模型 ··· 133
　　　5.2.3 检验旅游环境全要素生产率影响因素的面板数据模型 ··· 134
　5.3 实证分析与讨论 ·· 135
　5.4 本章小结 ·· 141

6 **资源环境约束下旅游经济增长方式研究** ······················ 143
　6.1 分析框架与研究设计 ···································· 144
　　　6.1.1 资源环境约束下旅游经济增长动力分解框架 ·········· 144
　　　6.1.2 资源环境约束下旅游经济增长率分解模型的构建 ······ 145
　　　6.1.3 数据来源 ·· 149
　6.2 实证分析与讨论 ·· 150

  6.2.1 资源环境约束下旅游经济增长动力分析 …………… 150
  6.2.2 资源环境约束下旅游经济增长动力区域差异 ……… 153
  6.2.3 各地方资源环境约束下旅游经济增长方式 ………… 154
 6.3 本章小结 ……………………………………………………… 157
7 研究结论与展望 …………………………………………………… 160
 7.1 研究结论 ……………………………………………………… 160
 7.2 建议与启示 …………………………………………………… 163
 7.3 研究展望 ……………………………………………………… 165
参考文献 ……………………………………………………………… 167
附 录 ……………………………………………………………… 192
后 记 ……………………………………………………………… 229

1 引 言

1.1 研究背景、目标与意义

1.1.1 研究背景

改革开放以来，我国经济取得了快速增长的成绩，但同时也消耗了大量的自然资源，给生态环境造成破坏。在资源约束趋紧与环境污染严重的背景下，党的十八届五中全会提出将绿色发展作为我国"十三五"甚至更长时期经济社会发展的五大重要理念之一，要求正确对待生态环境和经济增长的关系，坚决摒弃损害甚至破坏生态环境的发展模式，坚决摒弃以牺牲生态环境换取一时一地经济增长的做法，让资源环境成为经济社会持续健康发展的支撑点[1]。以绿色发展为导向，要求转变经济发展方式、调整经济结构、集约利用资源，构建绿色低碳的经济体系。绿色发展理念和传统发展理念下的旅游经济增长存在根本差异（钟林生，2016）[2]。

旅游业凭借其重要的经济作用，成为全球快速发展的主要产业之一（United Nations, 2012）[3]，旅游经济增长迅速，预计到 2030 年将继续增长一倍（PATA, 2019）[4]。在中国，旅游业从改革开放的外事接待到 20 世纪末经济事业，直到 2009 年被定位为战略性支柱产业之一，产业角色和产业地位不断转变和提高，旅游经济受家庭收入水平提高、假日经济兴起、旅游相关配套设施改善和政府部门为旅游发展所提供的系列政策支持等利好因素

---

[1] 中共中央宣传部. 习近平总书记系列重要讲话读本（2016 年版）[M]. 北京：学习出版社，2016.

[2] 钟林生. 中国旅游发展笔谈——旅游生态效率与美丽中国建设（二）[J]. 旅游学刊，2016, 31 (10): 1.

[3] United Nations. World economic situation and prospects [R]. New York: United Nations, 2012.

[4] PATA. Tourism & Hospitality Fusion Conference in London[EB/OL]. (2019-02-07)[2021-08-24]. http://www.matkatieto.fi/loader.aspx?id=cb1303c9-67a9-4107-b332-f9d38a33344.

的影响快速发展，尤其是在国内经济下行压力加大，投资增长普遍乏力，外需拉动经济增长的动力不断减弱，国民经济增长持续放缓的背景下，旅游经济成为稳定增长、调整产业结构和改善民生的重要力量。21 世纪以来，除了 2003 年受"非典"影响，旅游收入增长率为负，其余年份旅游经济均呈现增长趋势（图 1.1）。2017 年中国旅游总收入为 13493 亿美元，位于全球旅游总收入排名第二位（WTTC，2018）[1]。2000 年到 2017 年间，国内旅游人数从 7.44 亿人次上升至 50.01 亿人次，出入境旅游人数从 9391.26 万人次上升至 2.7 亿人次。基于传统生产要素投入，吸引增加游客量，从而扩大旅游经济规模是旅游收入增长的传统方式（杨萍，2010）[2]。但是，每一次旅游活动的背后都伴随着设施设备建设、能源消耗、旅游资源开发和废物生产，而不同于其他许多产业，旅游是典型的资源环境依赖型经济活动，它需要资源环境作为核心生产要素，为旅游生产与消费提供强有力的支撑（Pigram，1980）[3]。所以，一方面旅游经济发展受到资源环境质量的影响（Tribe，2011）[4]；另一方面，旅游经济活动必然会给环境带来变化，可能是积极的或消极的变化。但如果是消极的影响，旅游活动的环境后果更为严重，因为旅游活动通常发生在生态脆弱区域内（Miller，2003）[5]。资源与环境不仅是旅游经济发展的外生环境，还是旅游经济发展的内生变量。

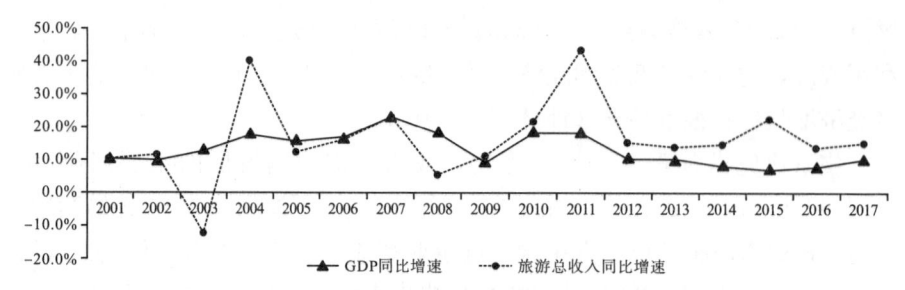

图 1.1　2001—2017 年中国旅游总收入与中国 GDP 同比增速

注：由作者整理绘制

---

[1] WTTC. Travel & Tourism economic impact 2018 world [R]. London：WTTC，2018.
[2] 杨萍. 从旅游流到物质流：对旅游经济增长与发展的思考 [J]. 思想战线，2010，36（4）：124-128.
[3] Pigram J J. Environmental implications of tourism development [J]. Annals of Tourism Research，1980，7（4）：554-583.
[4] Tribe J. The economics of recreation，leisure and tourism [M]. London：Routledge，2011.
[5] Miller G A. Consumerism in sustainable tourism：a survey of UK consumers [J]. Journal of Sustainable Tourism，2003，11（1）：17-39.

1 引言

由于过去很长一段时期，我国旅游通过粗放式的经济发展，最大化满足游客的需求来推动区域经济增长，给资源环境带来较大压力，存在能源消耗和温室气体排放大、资源浪费和破坏以及环境污染等情况（Zhong et al., 2011；田磊和张宗斌，2018）[①][②]。随着资源稀缺与环境问题的突显，传统粗放型的旅游发展模式已难以为继，我国旅游竞争优势亦面临下降的威胁，绿色发展理念为我国旅游转型升级提供了新思路与新方向。它提出在经济增长的同时处理增长与资源环境之间的困境，节约使用资源、注重生态保护和环境治理，实现经济、社会和生态效益三方面的可持续发展（钟林生，2016）[③]。绿色增长是经济可持续发展的手段，经济可持续发展是绿色增长的目的，绿色发展理念下的经济增长还具有低污染、低排放的特征，以经济增长与资源消耗、污染排放强脱钩为表征（胡鞍钢和周绍杰，2014）[④]。绿色增长认为环境与经济并非对立的，具有绿色的增长绩效与增长的绿色绩效双重目标（俞海等，2015）[⑤]。绿色增长包含了整个生产系统的环境与资源节约过程，资源环境不仅是经济增长的内生变量，也是制约因素。在可持续旅游实践的具体举措中，首先就是将环境退化与经济增长脱钩，用更少的资源做更多的事，通过减少资源使用和污染来增加旅游经济活动的净福利收入；其次，在整个生产与消费环节，增加资源的可持续管理和实现资源效率；最后，实现跨越式发展，在改变低效率与污染方式后，迈入资源高效利用与环境友好的发展阶段（UNEP，2015）[⑥]。绿色增长与可持续旅游发展目标相一致，有助于解决资源与环境双重约束下的困局，适应中国经济新常态的要求，是旅游转型升级的必由之路。

然而，目前在研究旅游经济增长时考虑资源与环境约束的较少，现有研究建议在衡量旅游经济增长时考虑资源环境质量（明翠琴和钟书华，

---

① Zhong L, Deng J, Song Z, et al. Research on environmental impacts of tourism in China: progress and prospect [J]. Journal of Environmental Management, 2011, 92 (11): 2972-2983.

② 田磊，张宗斌. 中国旅游业绿色增长的演变特征及其影响因素 [J]. 山东师范大学学报（人文社会科学版），2018，63 (1): 116-125.

③ 钟林生. 中国旅游发展笔谈——旅游生态效率与美丽中国建设（二）[J]. 旅游学刊，2016，31 (10): 1.

④ 胡鞍钢，周绍杰. 绿色发展：功能界定、机制分析与发展战略 [J]. 中国人口·资源与环境，2014，24 (1): 14-20.

⑤ 俞海，张永亮，张燕. "'十三五'中国绿色增长路线图"研究报告发布 [J]. 环境与可持续发展，2015，40 (6): 2.

⑥ UNEP. Sustainable consumption and production: a handbook for policymakers [M]. Kenya: Nairobi, 2015.

2017)①，尝试构建旅游绿色增长的评价指标并讨论其影响因素（田磊和张宗斌，2018；刘佳和张俊飞，2017；Liu et al.，2018）②③④；较多的研究探讨旅游经济增长与资源环境的关系（Tang et al.，2014；王凯等，2014；张广海和刘菁，2015）⑤⑥⑦。已有研究为在资源环境约束下探索旅游经济增长提供了依据，为判断旅游经济增长是否可持续以及衡量旅游经济增长质量奠定了研究基础，但绿色增长理念下的旅游经济增长包括了经济增长动力转变、资源配置方式转换、经济发展方式转变和经济结构调整等，因此还有一些问题值得探讨。首先，现有研究结论认为我国旅游经济增长与资源环境之间没有达到理想的绿色增长状态，那么到底如何调整旅游生产与消费过程才能实现理想的绿色增长状态？其次，用资源与环境双重约束下的旅游效率与全要素生产率来衡量旅游经济增长质量，与传统的旅游经济增长质量研究结论有无差异以及影响其提高的驱动力是否不同？哪些内部驱动力与外部因素的改善能够有助于资源环境约束下旅游经济增长质量的提升？这些内外部因素如何影响资源环境约束下旅游经济增长质量？最后，资源与环境约束下旅游经济增长的动力是什么？

1.1.2 研究目标

为了解答上述问题，本研究拟基于中国分地区旅游经济增长、资源消耗和环境污染的数据，对资源环境约束下的旅游经济增长进行研究，拟达到以下目标：

第一，分析我国以及分地区旅游经济增长与资源环境之间的关系，然后对形成某一关系背后的原因进行分解分析，并分析如何调整这些原因促成旅

---

① 明翠琴，钟书华. 中国旅游业绿色增长评价指标体系设计 [J]. 资源开发与市场，2017，33（2）：249—252.

② 田磊，张宗斌. 中国旅游业绿色增长的演变特征及其影响因素 [J]. 山东师范大学学报（人文社会科学版），2018，63（1）：116—125.

③ 刘佳，张俊飞. 旅游产业绿色全要素生产率变动及收敛性分析——基于中国沿海地区的实证研究 [J]. 资源开发与市场，2017，33（7）：867—872.

④ Liu G, Shi P, Hai F, et al. Study on measurement of green productivity of tourism in the Yangtze River economic zone, China [J]. Sustainability, 2018, 10 (8): 1—17.

⑤ Tang Z, Shang J, Shi C, et al. Decoupling indicators of CO_2 emissions from the tourism industry in China: 1990—2012 [J]. Ecological Indicators, 2014, 46: 390—397.

⑥ 王凯，李娟，席建超. 中国旅游经济增长与碳排放的耦合关系研究 [J]. 旅游学刊，2014，29（6）：24—33.

⑦ 张广海，刘菁. 中国沿海区域旅游发展与碳排放脱钩关系研究 [J]. 资源开发与市场，2015，31（11）：1352—1357.

游经济增长与资源消耗、污染排放强脱钩。

第二，将资源与环境同时纳入旅游效率与全要素生产率进行分析，衡量全国以及分地区资源环境约束下旅游经济增长质量水平以及分析旅游经济增长质量变动；基于参照分析选择优化路径，当资源环境约束下旅游经济增长质量不高时，能够从其生产过程的投入产出环境找到原因；不仅从技术进步与技术效率变化探讨提高旅游经济增长质量变化的内部原因，本研究还计划得到旅游经济增长质量变动与各项投入产出变化的关系，将从技术进步与效率变化这一宽泛的概念提升旅游经济增长质量细化到从各投入产出绩效对旅游经济增长质量的作用上。

第三，对资源环境约束下旅游经济增长质量及其变动的外部影响因素进行分析，识别外部宏观环境中哪些因素有利于提高资源环境约束下旅游增长质量，哪些因素对其起负向作用，从而为地区应该怎样通过要素布局来促成旅游可持续发展提供政策建议。

第四，分析资源与环境双重约束下我国以及分地区旅游经济增长动力与特征，根据每个地区的资源与环境特征，研判其旅游经济增长方式，为未来旅游可持续发展路径的选择和产业政策的制定提供参考。

1.1.3 研究意义

在理论上，现有旅游经济增长研究多基于新古典经济理论，考虑资本、劳动力这类传统生产要素，忽视了自然资源环境在旅游经济活动中的制约，尤其是旅游逐渐突显的能源密集属性。首先，本研究从资源与环境经济学理论出发，将资源环境因素纳入旅游经济增长模型中，不再简单地将经济增长理论套用于旅游经济主体，而是根据旅游经济活动特性与经济发展阶段进行合理的融合，拓展了现有的旅游经济增长研究视角。其次，现有研究基于新古典经济理论通常将旅游经济增长动力归为要素投入与全要素生产率增长，在此基础上，本研究以绿色经济增长理论为指导，在旅游经济增长动力模型中纳入资源环境因素，探讨资源环境约束下旅游经济增长动力，并据此划定和解读资源环境约束下旅游增长方式，对现有的旅游经济增长动力研究进行了延伸。最后，本研究构建了旅游环境全要素生产率衡量资源环境约束下旅游经济增长质量，并将增长质量变动与旅游生产过程的投入产出绩效相关联，进一步明确影响增长质量提高的原因，增加了旅游经济增长质量及其变动内部作用机制的理论成果。

在现实意义上，200多年来对经济增长的研究从未间断过，因为只有知道经济增长的内在规律，才能更好地引导经济前进的方向，然而经济增长方式在经济发展的不同阶段不断转变，不同的经济主体的增长动力也不尽相同，本研究对我国经济换挡期下旅游经济发展和改革具有一定的参考价值与指导意义。已有的旅游经济研究结果显示，我国旅游效率不高且地区间存在差异，那么在资源环境约束下我国旅游效率又如何？地区间差异如何？在动态发展过程中，资源环境约束下旅游效率是否有提高？哪些内部因素和外部因素导致了它的变化？这些因素的作用方向与作用大小如何？资源环境约束下旅游经济增长动力是否发生了变化？这些问题都是在经济换挡期旅游经济发展中的现实问题。本研究可以为新常态经济下地区旅游发展如何投入生产要素提供决策依据，可以为地区旅游发展规划提供定量参考，可以为地区间旅游竞争力的比较提供相对标准，为比较优势的确定提供参考对象，能够为如何提高生产投入要素的处理和利用能力实现旅游可持续发展提供实践指导。

1.2 研究框架、技术路线与方法

1.2.1 研究框架

本书具体研究内容与章节安排如下：

第1章引言，阐述研究问题的来源、研究的目标以及研究的理论与现实意义，描述研究章节、技术路线和研究方法，最后陈述本研究的创新之处。

第2章理论基础与文献综述，梳理与奠定研究问题核心相关的资源经济学、环境经济学和绿色经济增长理论，根据理论的思想、内涵和主要解决问题，得到资源与环境在经济增长中扮演的角色与地位以及经济增长与资源消耗、环境污染脱钩的观念；在此基础之上，界定本研究的基础概念，即旅游效率与全要素生产率、旅游能源消耗与二氧化碳排放、旅游经济增长动力；阅读整理旅游增长与资源、环境关系相关研究，总结出目前旅游经济增长中纳入分析的资源要素、代理指标，以及研究它们之间动态关系的基础方法；并梳理旅游经济增长动力的研究现状，进一步综述旅游效率与全要素生产率的研究进展。

第三章旅游经济增长与资源环境关系研究，在测算旅游能源消耗和二氧化碳排放量的基础上，对旅游经济水平与旅游环境污染排放进行描述，通过脱钩指数对旅游经济增长与资源环境的异步程度进行分析，并利用对数平均迪式指数法对形成某种脱钩关系背后的原因进行分解分析，揭示脱钩关系背后的动因。

第四章资源环境约束下旅游经济增长质量研究，明确资源环境约束下地区旅游生产投入与产出的变量框架，构建与之匹配的两期方向性距离函数，测算资源环境约束下旅游效率，进行水平横向比较，得到最佳实践地区。当旅游效率不高时，对旅游无效率部分进行因素分解，分析每一项投入产出对旅游无效率部分的影响，从而得出通过改善哪个环节提高资源环境约束下旅游效率。还将资源环境约束下旅游效率与传统旅游效率进行了比较，判断是否存在差异。构建旅游环境全要素生产率指数衡量资源环境约束下旅游效率动态变化，通过旅游环境全要素生产率的变动来反映资源环境约束下旅游经济增长质量是否提高，并利用 Luenberger 生产率指数分解分析影响旅游环境全要素生产率变动的内部原因，发现有利于资源环境约束下旅游经济增长质量提高的动因。

第五章资源环境约束下旅游经济增长质量影响因素研究，根据被解释变量的特征，分别使用 Tobit 模型和面板数据模型，识别对外开放程度、产业结构、经济发展水平、基础交通条件、城市化水平、政府规模、人力资本、科技信息水平、旅游资源丰度、能耗水平和环境治理十一项外部因素对我国和三大经济地带旅游经济增长质量及其变动的影响，据此提出有利于地区旅游可持续发展的要素布局建议。

第六章资源环境约束下旅游经济增长方式研究，建立资源环境约束下旅游经济增长分解框架，构建资源环境约束下旅游经济增长动力分解模型，分析能够促进旅游增长的主要动力，以及区域间旅游经济增长动力的差异，归纳各地方资源环境约束下旅游经济增长方式的类型，判断未来各地方旅游可持续发展的战略选择。

第七章研究结论与展望，对研究发现进行总结，提出政策建议与管理启示，陈述本研究存在的局限以及后续研究的方向。

1.2.2 技术路线

以研究问题为导向开展研究设计，首先基于理论，明确资源与环境在经济增长中的角色与地位，提出研究问题：资源环境约束下旅游经济增长。其次通过系统梳理国内外相关研究进展找到解决研究问题的手段与方法，设计从三方面分析资源环境约束下旅游经济增长问题：第一个方面检验旅游经济增长与资源环境关系，旅游经济增长是否受到资源环境约束；第二个方面研究资源环境约束下旅游经济增长质量，包括对资源环境约束下旅游增长质量的评估、影响旅游增长质量变动的内外部因素；第三个方面分析资源环境约束下旅游经济增长的动力，划定和解读资源环境约束下的旅游增长方式。这

三方面的研究内容具有相对独立性，可以自成体系，又能层层递进，解答资源环境约束下旅游经济增长的问题。最后总结各实证分析部分的研究结果，以及展望未来可以继续深入的研究问题。具体的技术路线如图1.2所示。

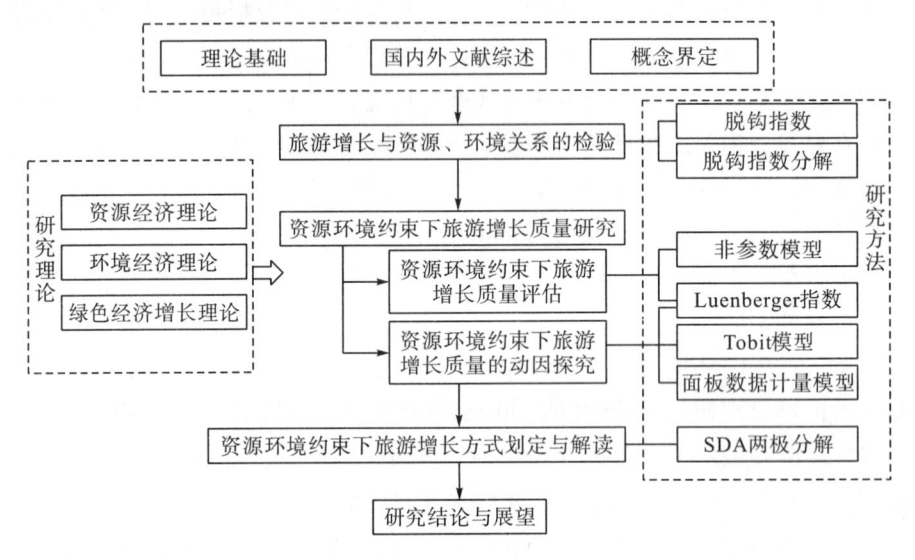

图 1.2　研究技术路线

注：由作者绘制

1.2.3　研究方法

本研究以资源经济学、环境经济学和绿色经济增长理论为基础，将理论分析与实证研究相结合，围绕研究问题进行研究设计，构建解决各研究问题的分析模型，进而灵活运用各种工具与方法进行实证，得到研究结论。由于各个子研究设计的研究贡献依托研究方法的创新，因此此处介绍所采用方法的基础模型，具体的研究模型创新在实证章节中详细介绍。根据各研究问题应用了适宜的研究方法，具体如下：

第一，文献分析法，通过分析资源经济学、环境经济学和绿色经济增长理论的思想、内涵和主要的解决问题，确定研究的理论基础，梳理国内外现有的相关研究，结合现阶段旅游经济发展的特点，对研究问题进行逻辑定性分析，建立本研究的理论框架。

第二，采用脱钩指数方法检验旅游经济增长与资源环境的关系，并将对数平均迪式指数法与脱钩指数方法相结合，构建旅游经济增长与资源环境的分解模型，旨在分析形成旅游经济增长与资源环境之间某一关系背后的原因。

第三，采用运筹学中的帕累托最优方法非参数估计数据包络分析模型

（包括规模报酬不变与可变的数据包络分析模型），以及方向性距离函数构建两期方向性距离函数和线性规划式，来测度资源环境约束下多投入多产出的旅游效率。

第四，基于两期方向性距离函数，运用 Luenberger 生产率指数构建资源环境约束下旅游全要素生产率指数及分解模型，来分析资源环境约束下旅游经济增长的质量变动以及影响质量变动的各内部因素。

第五，采用 Tobit 截断模型回归估计影响资源环境约束下旅游增长质量的外部因素，采用面板数据模型计量估计影响资源环境约束下旅游增长质量变动的外部因素。

第六，在两期方向性距离函数的基础上，利用 Fisher 指数分解与 SDA 两极分解法，构建资源环境约束下旅游经济增长动力分解模型，对各地区资源环境约束下旅游经济增长方式做出定量分析与刻画。

1.3 创新之处

第一，研究视角上，基于资源、环境经济学和绿色经济增长理论研究旅游经济增长的内在规律，拓展了现有的旅游经济增长研究视角。现有旅游经济增长研究多以新古典经济增长理论为指导，考虑资本、劳动这类传统生产要素，但旅游经济活动具有其独特性，资源环境是旅游生产和消费的核心支撑生产要素，资源环境不仅是旅游经济增长的内生变量，也是制约因素，尤其是在我国经济换挡期，要求转变以牺牲资源环境为代价的经济增长方式。本研究从资源稀缺与环境污染视角探讨旅游经济增长，不再简单地将经济增长理论套用于旅游经济主体，而是根据旅游经济活动特征与经济发展阶段进行合理的融合，不仅拓展了现有的旅游经济增长研究视角，还使得经济增长理论在不同经济发展阶段和不同经济主体中的应用有了进一步的延伸。

第二，研究方法上，首先，在旅游增长与资源环境关系子研究中，目前的研究在采用了脱钩指数检验旅游增长与资源环境关系后，鲜有对其背后的隐藏原因进行分析的。本研究将对数平均迪式指数法引入旅游增长与资源环境的脱钩指数中，构建了旅游增长与资源环境脱钩指数分解模型，实现了对促成两者某一脱钩关系的原因分析，从而找到有利于促成旅游增长与资源环境强脱钩的因素。其次，本研究在资源环境约束下旅游经济增长质量子研究中，以旅游整个生产过程环境与资源节约为目标，构建了基于投入产出的旅游环境全要素生产率分解模型，分解资源环境约束下旅游增长质量变动的内部作用原因，将旅游环境全要素生产率变化与旅游生产过程中每一项投入产

出绩效相关联,对现有的旅游全要素生产率分解模型进行了创新。最后,在资源环境约束下旅游经济增长方式子研究中,本研究以促进旅游经济增长的同时不损害未来人类所依赖的资源环境为目标,在旅游经济增长动力研究模型中纳入了资源环境因素,得到资源环境约束下旅游经济增长动力,实现了环境友好与旅游经济增长动力的融合。

第三,研究结果上,本研究以2005—2014年全国30个省(区、市)为实证对象,对全国、三大经济地带和各地的资源环境约束下旅游经济增长内在规律做了全面系统的分析。研究结果创新在两方面:

一方面进一步明确了资源环境约束下旅游经济增长质量变动的内部影响因素。全要素生产率代表着除投入要素外不能识别的影响经济增长变动的因素,被认为是衡量经济增长质量变化的主要指标,但它所包含的内涵宽泛,所以已有研究不断尝试分解全要素生产率,试图识别出更准确的影响经济增长质量变化的原因。但旅游全要素生产率的分解常常停留于技术进步与技术效率变化两项因素,本研究将资源环境约束下旅游经济增长质量变动与生产过程中的每一项投入产出绩效关联,得到与旅游劳动力、资本、资源禀赋、能源、产出增长和环境治理绩效相关的旅游环境全要素生产率变化,增加了旅游经济增长质量及其变动内部作用机制的理论成果。

另一方面丰富了现有的旅游经济增长动力与增长方式结论。已有研究结果通常将旅游经济增长动力分解为要素投入与全要素生产率增长,认为要素投入驱动的旅游经济属于粗放型增长,全要素生产率驱动的旅游经济属于集约型增长。本研究将资源环境约束下旅游经济增长率变化分解为要素投入、全要素生产率、环境规制和产出环境结构四项动力,在要素投入驱动、全要素生产率驱动的粗放型和集约型增长方式基础上提出了环境友好型旅游增长方式,为新常态经济下旅游可持续发展路径选择提供了新思路和新方向。

2 理论基础与文献综述

本章分为三部分：首先，对资源经济学、环境经济学和绿色经济增长理论进行简要的介绍，为后续建立理论分析框架与旅游经济增长质量评估模型做铺垫；其次，对与本研究紧密相关的核心概念进行界定，包括辨析旅游效率与旅游全要素生产率，界定旅游能源消耗与二氧化碳排放的系统边界，以及理解旅游经济增长动力内涵；最后，综述与本研究主题核心相关的研究进展，包括旅游经济增长与资源、环境的关系，旅游经济增长动力，以及旅游经济增长质量三方面的国内外研究进展，并对现有的研究局限进行简要评述。

2.1 理论基础

2.1.1 资源经济学理论

自然资源的稀缺在早期古典经济学中就有体现，Petty 和 Graunt (1899) 提出土地是财富之母，劳动是财富之父，认为劳动创造财富的能力受到自然资源土地的限制[1]。Smith (1937) 认为经济增长受到影响的根本原因并非经济增长对自然资源的依赖，而是在于相对稀缺资源的分配[2]。Ricardo (1817) 认为由于土地资源的稀缺，劣质土地也将投入农业生产[3]，土地的投资回报会不断减少，随着自然资源的稀缺与土地收益的递减，长期的经济增长将会消失。Malthus (1872) 认为农业生产的报酬递减在于人口的增长，人口剧增将会是经济发展的重大约束[4]。Mill (1862) 认为劳动、

---

[1] Petty W, Graunt J. The economic writings of Sir William Petty [M]. Cambridge: Cambridge University Press, 1899.
[2] Smith A. The wealth of nations [M]. New York: Modern Library, 1937: 423.
[3] Ricardo D. On the principles of political economy and taxation [M]. London: John Murray, 1817.
[4] Malthus T R. An essay on the principle of population [M]. London: Reeves & Turner, 1872.

资本以及自然资源是生产必备的要素，资本与土地的不足是生产的双重限制[1]。不可再生资源将构成对经济增长的绝对稀缺约束，是制约经济增长的最大威胁（Jevons，1885）[2]。Marx（1867）认为劳动力和土地是生产财富的原始生产要素，但科技的进步、交通的改善和制度的变革会带来自然资源的富余[3]。关于资源稀缺与经济增长的讨论，新古典经济学通过边际成本与边际收益分析来对资源进行优化配置。Marshall（1890）认为自然资源的稀缺性可以通过价格机制反映，且通过市场供求关系的自发调节可以消除，即使是耗竭性资源仍然可以通过较高的市场价格反映[4]。Hotelling（1931）在《可耗尽资源的经济学》中提出了对不可再生资源的优化方法，延长可耗尽资源损耗的时限[5]，自此，资源经济问题成为一门独立的学科理论。

资源经济学在传统经济学三要素（劳动力、资本和土地）生产函数的基础上，加入自然资源作为生产要素对经济的制约。比如，诺贝尔经济学奖获得者 Nordhaus（1974）认为能源对经济增长发挥着十分重要的支撑作用[6]。Nordhaus et al.（1992）在经济增长模型中加入自然资源，提出自然资源是经济增长的重要驱动因素之一[7]。传统的经济学认为货币费用能够满足物质需求；资源经济学认为在货币背后还有自然资源的支撑，而能源是其中关键的资源。资源为生产活动提供了劳动资料与对象，分为大自然赋予的自然资源与人为劳动的社会资源。罗浩（2007）认为能源和矿产是狭义的自然资源，广义的自然资源包括经济活动用地以及周边的自然和环境资源[8]。总的来说，资源经济学的研究对象包含自然资源与社会资源，研究问题包括探讨资源的价值、供求关系以及资源配置效率机理，研究目标是确定资源最佳的利用与有效配置方式，寻求资源的最大综合效益。

资源经济学研究的核心问题是如何进行资源合理配置。因为一个地区各

---

[1] Mill J S. Principles of political economy: with some of their applications to social philosophy [M]. Longmans: Green, Reader, and Dyer, 1871.

[2] Jevons W S. The coal question: an inquiry concerning the progress of the nation, and the probable exhaustion of our coal mines [M]. London & Cambridge: Macmillan & Co., 1865.

[3] Marx K. Capital: Volume Ⅰ [M]. New York: L W Schmidt, 1867.

[4] Marshall A. Principles of economics [M]. 8th ed. London: Mcmillan, 1890.

[5] Hotelling H. The economics of exhaustible resources [J]. Journal of Political Economy, 1931, 39 (2): 137−175.

[6] Nordhaus W D. Resources as a constraint on growth [J]. The American Economic Review, 1974, 64 (2): 22−26.

[7] Nordhaus W D, Stavins R N, Weitzman M L. Lethal model 2: the limits to growth revisited [J]. Brookings Papers on Economic Activity, 1992 (2): 1−59.

[8] 罗浩. 自然资源与经济增长: 资源瓶颈及其解决途径 [J]. 经济研究, 2007 (6): 142−153.

类资源稀缺性不一，存在资源不平衡，这对产业经济增长形成限制，而不同的资源利用方式也会影响资源的效益（李含琳，2003）[①]。资源经济学研究的内容是如何让资源在地区间和产业间实现最优利用，这包含两个方面：一是如何最大限度地利用有限的资源，使之产生最大效益；另一方面是如何尽量减少资源消耗，使之完成既定的效益。通常运筹学中的线性规划方法被利用来解决多种资源的最优规划问题。

资源经济将社会生产视为一个投入产出系统，即投入各类型生产资源，产出各种产品，研究如何配置各种资源实现最优化效益。最优化是指在某些约束条件下，使某函数得到最大值或最小值，而决策者所代表的利益决定了约束条件的数量与方向。相应地数学形式：

目标函数：

$$\max(\min) z = \sum_{j=1}^{n} c_j x_j$$

约束条件：

$$\sum_{i=1, j=1}^{m,n} a_{ij} x_i \leqslant b_{i'}; x_j \geqslant 0$$

其中，x 为资源类型，j 代表资源数量，z 是目标值（最大值或最小值），i 是约束条件数量，b 是资源的限制量，c 是目标函数的效果系数，a 是约束条件中资源的消耗系数。通过建立目标函数与约束条件，求目标函数极值，找到相应的资源配置量，即最佳资源配置方案。

2.1.2 环境经济学理论

资源经济学理论讨论经济增长与资源稀缺的关系，通过资源优化配置来实现资源的合理使用，避免资源的浪费，但没有区分环境资源的公共性和外部性。表 2.1 罗列了环境经济学与传统经济学的主要不同之处。首先，环境经济学理论的基本假设是环境与经济是相互联系和相互依存的实体，经济发展带来负面环境影响，反之环境问题也对经济活动有负面影响；传统经济学理论则没有明确处理经济与环境之间的相互影响，没有试图解释经济决策如何影响环境，而是把环境视为一项社会公共财产，人类对环境的消费不受经济因素的约束。其次，环境是具有公共属性的产品，它的非排他消费特征带来了市场崩溃或完全缺失，这种外部不经济性也是环境经济学的起点（Pigou，1920）[②]；传统经济学不处理外部不经济问题。最后，传统经济学

[①] 李含琳. 资源经济学 [M]. 兰州：甘肃人民出版社，2003.

[②] Pigou A C. Economics of welfare [M]. London：Macmillan，1920.

假定当前的单位生产增加不会影响未来生产，不考虑环境提供生产投入的能力、吸收生产与消费过程产生的废物的能力是有限的；而环境经济学认为时间在确定分配生产与资源的有效方式中起着关键意义，同时环境的投入与吸收能力都是有限的。

表 2.1 传统经济与环境经济的异同

传统经济学理论	环境经济学理论
1. 不涉及环境与经济活动之间的相互关系与相互作用	1. 研究环境与经济活动的内部关系和相互作用
2. 处理买卖私人物品市场	2. 处理公共或集体物品的市场不完善
3. 不考虑与个人、集体和组织行动有关的外部性	3. 考虑与个人、集体和组织行动有关的外部性
4. 诸如随时间分配资源和代际公平这类与时间相关的决定没有得到关注	4. 与时间相关的决定和代际公平受到高度重视
5. 往往不考虑环境提供生产投入和吸收产生的废物的能力有限	5. 明确考虑到环境容量的限制

来源：基于 Lesser et al.（1997）[1]整理而来

20 世纪 70 年代初，随着经济快速增长导致的环境污染日益严重，学者们意识到需要一种更可持续的经济增长（Bernstein，1973；Meadows et al.，1972）[2][3]，环境经济学逐渐从资源经济学中分离出来。Meadows et al.（1972）发表的《增长的极限》使对经济增长的争论得到广泛关注[4]。增长极限论述了全球人口、工业生产、粮食生产、污染与自然资源系统之间的相互作用，如果不采取行动，环境污染和资源稀缺将会导致经济崩溃。Cole et al.（1973）提出技术进步可以延缓经济崩溃的进程，提高资源效率以及控制污染必须与经济增长被视为同等重要，如此才能保证整个系统的平衡[5]。然而，这一观点在当时没有得到重视，主流的学者认为这夸大了资源环境在经济增长中的限制。1987 年，世界环境与发展委员会发表了《我们共同的

---

[1] Lesser J A, Zerbe R O, Dodds D. Environmental economics and policy [M]. New York: Addison-Wesley, 1997.

[2] Bernstein H. Underdevelopment and development: the third world today [M]. Australia: Penguin, 1973.

[3] Meadows D H, Meadows D, Randers J, et al. The limits to growth [M]. London: Earth Island, 1972.

[4] Meadows D H, Meadows D, Randers J, et al. The limits to growth [M]. London: Earth Island, 1972.

[5] Cole H S D, Freeman C, Jahoda M, et al. Thinking about the future: a critique of the limits to growth [M]. London: Chatto & Windus, 1973.

未来》，讨论国际经济增长的同时必须认识到资源环境的约束，鼓励使用更少的物质或能源等资源（Brundtland et al.，1987）[1]。此后，经济可持续发展理念得到认可，逐渐影响旅游经济发展（Hall，2011）[2]。

Borel-Saladin 和 Turok（2013）指出环境问题归因于自然资源的无效使用与对自然资本的低估[3]。环境资源与环境设施在经济活动面前总是被忽视，直到环境问题影响人类需求，环境的稀缺与有限才得到重视。在环境经济学中，环境与其他经济产品一样，同样存在经济学中的选择问题。经济是一门研究人类行为的科学，人类有许多目的需求，而达到这些目的或满足需求的可能手段是具有可替代性的，即选择问题（Robbins，1935）[4]。环境经济学主要解决两方面问题：一是描述或解释经济因素如何影响环境产品的生产与消费，二是尝试实现环境产品的社会最优分配。

环境经济学家认为经济和环境可以有双赢的方案（Porter and Van der Linde，1995）[5]，对人类解决资源枯竭引发的任何问题的能力持乐观态度（Williams and Millington，2004）[6]。关注环境问题会刺激生产创新，提高经济质量，从而实现经济与环境的双赢（Ambec et al.，2013）[7]。经济增长与资源的可持续利用在人造资本和自然资本可相互替代的背景下能够同时实现（Bina and La Camera，2011）[8]。Pelenc 和 Ballet（2015）提出将环境与其他资产物品同样作为输入，用数学公式来描述它们之间的可替代性[9]。甚至如

---

[1] Brundtland G H, Khalid M, Agnelli S. Our common future [R]. Tokyo: Report of the World Commission on Environment and Development, 1987.

[2] Hall C M. Policy learning and policy failure in sustainable tourism governance: from first- and second-order to third-order change? [J]. Journal of Sustainable Tourism, 2011, 19 (4-5): 649-671.

[3] Borel-Saladin J M, Turok I N. The green economy: Incremental change or transformation? [J]. Environmental Policy and Governance, 2013, 23 (4): 209-220.

[4] Robbins L. An essay on the nature and significance of economic science [M]. 2nd ed. London: Macmillan, 1935.

[5] Porter M E, Van der Linde C. Toward a new conception of the environment-competitiveness relationship [J]. Journal of Economic Perspectives, 1995, 9 (4): 97-118.

[6] Williams C C, Millington A C. The diverse and contested meanings of sustainable development [J]. Geographical Journal, 2004, 170 (2): 99-104.

[7] Ambec S, Cohen M A, Elgie S, et al. The Porter hypothesis at 20: can environmental regulation enhance innovation and competitiveness? [J]. Review of Environmental Economics and Policy, 2013, 7 (1): 2-22.

[8] Bina O, La Camera F. Promise and shortcomings of a green turn in recent policy responses to the "double crisis" [J]. Ecological Economics, 2011, 70 (12): 2308-2316.

[9] Pelenc J, Ballet J. Strong sustainability, critical natural capital and the capability approach [J]. Ecological Economics, 2015, 112: 36-44.

果能够正确估算出外部环境成本,将其内部化就能制定出让福利效益最优的决策。然而,外部环境效应从一个地区机场噪音到全球温室气体排放,各式各样,对其进行内部化十分困难,在众多环境问题中,二氧化碳排放作为环境压力的表征被广泛关注。

环境经济学关注人与环境的相互作用以及经济与环境的相互依存关联。它运用经济学的原理与手段来研究人类与环境相互作用的原因与方式,包括人类如何利用和管理环境资源与人类活动对环境的影响,通过改变经济体制与政策使得经济需求与生态系统相平衡。广义上的环境经济学理论包含了生态经济,后者同样认识到环境容量有限以及经济活动与环境之间的相互作用,但更强调处理经济与环境问题时的生态过程与生态系统(Katar and Anil,2007)[①]。

2.1.3 绿色经济增长理论

2.1.3.1 绿色经济增长的演化与内涵

资源经济问题逐渐与环境问题交织,对经济增长形成了资源环境的双重约束。绿色经济就是在该背景下产生的,Pearce et al.(1989)出版了《绿色经济的蓝图》一书,作为对可持续发展的回应,书中首次出现了绿色经济一词[②]。2008年的全球金融危机让绿色经济被广泛熟知,随后这一概念被世界银行和联合国环境规划署等国际组织认为是实现可持续发展的途径,并被列入2012年联合国可持续发展大会的两大主题之一。绿色经济不仅是政府实施的政策,也为企业提供了新的商业发展和经济增长机会,比如开发可再生能源的新技术、提高能源效率和减少碳排放等。同时绿色经济也影响社会活动,包括鼓励消费者行为改变,如减少消费、增加回收以及选择绿色产品和服务等。虽然绿色经济的内涵包括多重含义,但广泛使用的定义是由联合国环境规划署界定的,即认为绿色经济既有改善人类福祉和社会公平的功能,又能显著减少生态稀缺和环境风险(UNEP,2011)[③]。旨在减少温室气体产生的低碳经济被视为是绿色经济的一项要素(Newton,2015)[④]。绿

[①] Katar S, Anil S. Environmental economics: theory and applications [M]. Los Angeles: Sage, 2007.

[②] Pearce D W, Markandya A, Barbier E B. Blueprint for a green economy [M]. London: Earthscan, 1989.

[③] UNEP. Towards a green economy: pathways to sustainable development and poverty eradication [R]. Nairobi: UNEP, 2011.

[④] Newton A C. Defining the green economy and the potential role of green tourism [M] // Reddy M V, Wilkes K. Tourism in the green economy, Oxford: Routledge, 2015: 32—45.

色经济是低碳、资源节约、包容性发展的经济,被广泛应用于应对经济与气候变化危机,是实现巴黎会议确定的气候缓解目标的重要组成部分(Reddy and Wilkes,2015)[①]。

绿色增长是绿色经济的具象化,指实现经济增长和发展的同时不损害未来人类所依赖的资源和环境等自然资产。传统经济增长理论把经济过程看作一个封闭的循环,不考虑经济系统中的价值循环与外界环境有着物质和能量联系。绿色增长重视增长质量,有效利用资源,将污染和环境破坏降到最低(World Bank,2012)[②]。它以一种可持续利用自然资源的方式发展经济,寻求双赢的解决方法,经济增长与繁荣良性循环,这是它有别于可持续发展的重要方面(UNEP,2011)[③]。特别是在发展中国家,绿色增长应该是一项重要的战略,有助于实施可持续发展政策,加快增长进程和改善福利。绿色经济的内涵与可持续旅游相一致,都是旨在同时考虑经济、社会和生态的发展效益,不对生态环境造成不可挽回的破坏(Reddy and Wilkes,2015)[④]。

2.1.3.2 绿色经济增长的评价工具

传统评价一个地区经济增长的指标是该地区的生产总值,但这样的经济增长可能是资源投入的结果,这种依赖于增加生产要素数量的经济被称为粗放型增长,被认为是不可持续的。Krugman(1994)认为可持续的增长方式应该是通过改善投入产出关系,提高效率与效益来实现经济增长的集约型增长[⑤]。Prescott(1997)认为全球经济存在的收入差距不能通过无形和实物资本解释,小部分可以通过储蓄率解释,但主要是通过全要素生产率解释[⑥]。全要素生产率的提高是经济获得长期增长的重要动力(Solow,1956)[⑦]。1988年时,美国经济学家Perkins(1988)就指出全要素生产率的提升是中国经济繁荣发展的关键[⑧]。全要素生产率是衡量经济增长质量的核

[①] Reddy M V, Wilkes K. Tourism in the green economy [M]. Oxford: Routledge, 2015.

[②] World Bank. Inclusive green growth: the pathway to sustainable development [R]. Washington D. C: The World Bank, 2012.

[③] UNEP. Decoupling natural resource use and environmental impacts from economic growth [R]. Paris: International Resource Panel, 2011.

[④] Reddy M V, Wilkes K. Tourism in the green economy [M]. Oxford: Routledge, 2015.

[⑤] Krugman P. The myth of Asia's miracle [J]. Foreign Affairs, 1994, 73 (6): 62−78.

[⑥] Prescott E C. Needed: a theory of total factor productivity [J]. Staff Report, 1997, 39 (3): 525−551.

[⑦] Solow M. A contribution to the theory of economic growth [J]. The Quarterly Journal of Economics, 1956, 70 (1): 65−94.

[⑧] Perkins D H. Reforming China's economic system [J]. Management World, 1988, 26 (2): 601−645.

心指标（Solow，1957；Kim and Lau，1994；Young，1995；Klenow and Rodriguez-Clare，1997；Hall and Jones，1999）①②③④⑤。

全要素生产率指在某一特定时间内生产活动的效率，测算单位总投入和总产出之间的关系，为总产出与全部生产要素总投入之比（刘建国等，2011）⑥。它代表着地区经济增长质量、技术进步和效率水平，通过对全要素生产率的分解，可以得到影响经济增长质量的内部因素（李京文和钟学义，1998）⑦。然而，如果忽略资源与环境限制，生产率的测算将会出现偏差，误导政策制定。Chen（2010）发现考虑资源与环境约束的全要素生产率低于传统的全要素生产率⑧。环境污染在经济增长中可以作为投入要素也可以作为非期望产出（Coelli and Rao，2005；胡鞍钢等，2008）⑨⑩。随着资源与环境问题的严峻，学者们逐渐认为资源与环境不仅是经济增长的内生变量，也是刚性约束（Chen and Chen，2011；Xia et al.，2011）⑪⑫。Chen 和 Golley（2014）提出需要把资源与环境因素纳入全要素生产率测度框架中，因为它们与资本、劳动这些传统的生产要素一样对经济增长产生影响，

---

① Solow R M. Technical change and the aggregate production function [J]. Review of Economics & Statistics, 1957, 39 (3): 554-562.

② Kim J I, Lau L J. The sources of economic growth of the East Asian newly industrialized countries [J]. Journal of the Japanese & International Economies, 1994, 8 (3): 235-271.

③ Young A. The tyranny of numbers: confronting the statistical realities of the East Asian growth experience [J]. Quarterly Journal of Economics, 1995, 110 (3): 641-680.

④ Klenow P J, Rodriguez-Clare A. The neoclassical revival in growth economics: has it gone too far? [J]. NBER Macroeconomics Annual, 1997, 12: 73-103.

⑤ Hall R E, Jones C I. Why do some countries produce so much more output per worker than others? [J]. The Quarterly Journal of Economics, 1999, 114 (1): 83-116.

⑥ 刘建国，李国平，张军涛. 经济效率与全要素生产率研究进展 [J]. 地理科学进展，2011, 30 (10): 1263-1275.

⑦ 李京文，钟学义. 中国生产率分析前沿 [M]. 北京：社会科学文献出版社，1998.

⑧ Shiyi C. Green industrial revolution in China: a perspective from the change of environmental total factor productivity [J]. Economic Research Journal, 2010, 45 (11): 21-34.

⑨ Coelli T J, Rao D S P. Total factor productivity growth in agriculture: a Malmquist index analysis of 93 countries, 1980-2000 [J]. Agricultural Economics, 2005, 32 (s1): 115-134.

⑩ 胡鞍钢，郑京海，高宇宁，等. 考虑环境因素的省级技术效率排名（1999—2005）[J]. 经济学（季刊），2008 (3): 933-960.

⑪ Chen G Q, Chen Z M. Greenhouse gas emissions and natural resources use by the world economy: ecological input-output modeling [J]. Ecological Modelling, 2011, 222 (14): 2362-2376.

⑫ Xia X H, Huang G T, Chen G Q, et al. Energy security, efficiency and carbon emission of Chinese industry [J]. Energy Policy, 2011, 39 (6): 3520-3528.

并把考虑资源环境因素的全要素生产率称为环境全要素生产率[1]。环境全要素生产率能够反映地区经济增长质量和环境管理效率，有助于判断增长模式，实现低资源消耗和低污染排放的绿色增长（胡鞍钢和周绍杰，2015）[2]。

全要素生产率的测算方法分为边界和非边界方法（Coelli and Perelman，1999；Carlaw and Lipsey，2003）[3][4]。边界指一个有约束的函数，一个可以达到的最优位置的集合，生产可能性边界就是在给定条件下可以得到最大效益的轨迹，边界方法存在无效率部分，而非边界方法假设研究对象均是有效率的。非边界方法多数基于增长核算，在经济增长中剔除要素投入来估计全要素生产率增长率，较为粗糙[5]。边界与非边界方法又分别有参数与非参数方法。参数方法选择一个特定形式的函数，用经济计量模型计算出生产前沿函数的参数；非参数方法用线性规划方程式构建生产前沿。非参数方法相较参数方法而言，最大的优点是无需设定任何特定的函数形式或分布，直接基于实际数据建立生产可能性边界，避免了参数方法主观选择函数形式导致的不同结果的缺陷。因此，在选择全要素生产率或环境全要素生产率测算方法时，通常选择非参数估计的数据包络分析法（Data Envelopment Analysis，DEA）。

数据包络分析法最初由著名运筹学家 Charnes et al.（1978）[6] 提出，通过决策单元投入和产出数据，构造出生产可能性边界，然后比较非有效决策单元的观测值和生产可能性边界之间的差距大小，得到相对评价值的方法。如果该决策单元在生产可能性边界上说明该单元当前的投入产出组合是最佳的，否则说明该决策单元需要对目前的投入产出组合进行调整。数据包络分析法根据需求不同分为投入导向与产出导向模型，投入导向的目标是在既定产出情况下如何使投入最小化，产出导向是在给定投入情况下如何使产出最大化。

---

[1] Chen S, Golley J. 'Green' productivity growth in China's industrial economy [J]. Energy Economics，2014，44：89-98.

[2] 胡鞍钢，周绍杰．"十三五"：经济结构调整升级与远景目标 [J]．国家行政学院学报，2015（2）：4-13.

[3] Coelli T, Perelman S. A comparison of parametric and non-parametric distance functions: with application to European railways [J]. European Journal of Operational Research，1999，117(2)：326-339.

[4] Carlaw K I, Lipsey R G. Productivity, technology and economic growth: what is the relationship? [J]. Journal of Economic Surveys，2003，17（3）：457-495.

[5] Coelli T J, Rao D S P, O'Donnell C J, et al. An introduction to efficiency and productivity analysis [M]. New York: Springer Science & Business Media，2005：312.

[6] Charnes A, Cooper W W, Rhodes E. Measuring the efficiency of decision-making units [J]. European Journal of Operational Research，1978，2（6）：429-444.

2.1.4 简要评述

资源经济学理论在经济增长与资源稀缺问题中强调了货币背后的自然资源支撑，并为如何合理配置各种资源实现最优化效益提供了数理模型。旅游生产消费过程中，生产要素不仅有劳动力、资本等社会资源，还涵盖能够吸引游客的自然资源、供给旅游活动的隐形能源等，资源稀缺对旅游经济增长存在制约，想要实现最大的旅游产出效益需要对多种资源进行优化配置。

环境经济学理论和绿色经济增长理论为经济增长与环境双赢提供了理论支撑与研究方法，尤其是绿色经济增长理论认为增长包含了整个生产系统的环境和资源节约过程，提出在促进经济增长的同时解决与资源环境的矛盾。这为研究资源环境约束下旅游经济增长质量动因提供了将旅游生产的投入产出与之关联的创新思路。

2.2 概念界定

2.2.1 旅游效率与全要素生产率

效率（efficiency）描述投入与产出之间的关系，反映经济主体资源配置和经济活动的效果（Farrell，1957）[1]，有效率的经济是在不减少一种商品生产的情况下，不能增加另一种商品的生产（Samuelson and Nordhaus，2009）[2]。换而言之，效率意味着在产出一定的条件下使用更少的资源进行生产，通过资源配置使社会所有成员得到最大化的总剩余（Drucker，1966）[3]。在能够得到投入要素价格的情况下，Farrell（1957）将效率分解为技术效率（technical efficiency）与配置效率（allocative efficiency）。技术效率代表实际生产与生产可能性边界的距离，技术效率值在 0~1 之间，距离越远，其值越小，技术效率水平越低。根据目标不同分为投入导向与产出导向两种技术效率。投入导向是给定产出，投入能够减少的最大量；产出导向是投入不变，能够增加的最大产出值。配置效率指投入要素成本与最小投

---

[1] Farrell M J. The measurement of productive efficiency [J]. Journal of the Royal Statistical Society，1957，120（3）：253—290.

[2] Samuelson P A，Nordhaus W D. Economics [M]. 19th ed. USA：McGraw – Hill Education，2009.

[3] Drucker P. The effective executive [M]. London：Routledge，2016.

入要素组合成本的距离[1]。Banker et al. （1984）进一步将技术效率细分为纯技术效率（pure technical efficiency）与规模效率（scale efficiency）。生产决策单元实际规模与最优生产规模的差距为规模效率，然后在规模一定时的投入要素效率为纯技术效率，只有同时达到纯技术效率和规模效率有效，生产决策单元才属于最佳实践[2]。衡量效率是一个重要而广泛的问题（Hwang and Chang，2003）[3]。

  生产率（productivity）是描述生产要素及中间投入与产出的效率指数，代表生产资料产出的能力（Grubel and Walker，1989）[4]，同时可考察资源的利用程度和生产能力的利用水平。Porter 和 Ketels（2003）认为生产率才能衡量一个国家真正的竞争力[5]。生产率分为单要素生产率与全要素生产率。单要素生产率代表产出与某一项投入要素的比率，比如资本生产率、劳动生产率。全要素生产率表示多产出与多投入的绩效，全要素生产率的增长表示所有不能直接观察的因素所带来的经济增长（Solow，1957）[6]，易纲等（2003）把这部分不能直接观察的因素定义为技术进步或变化[7]。全要素生产率代表的内容十分宽泛与复杂，包括工艺的创新、管理方法的改进和制度变革等（Colino et al.，2014）[8]，因此对全要素生产率的进一步分解十分重要。通过梳理效率与全要素生产率的概念，可以发现两者存在差异，效率的比较基准在生产可能性边界中，最优的效率就在生产可能性边界上，所以不需要外部基准来解释效率；生产率的解释则需要考虑外部基准，它取决于生产要素、生产要素使用的效率以及生产环境，也意味着经济主体可以不必依

---

[1] Farrell M J. The measurement of productive efficiency [J]. Journal of the Royal Statistical Society，1957，120（3）：253—290.
[2] Banker R D，Charnes A，Cooper W W. Some models for estimating technical and scale inefficiencies in data envelopment analysis [J]. Management Science，1984，30（9）：1078—1092.
[3] Hwang S N，Chang T Y. Using data envelopment analysis to measure hotel managerial efficiency change in Taiwan [J]. Tourism Management，2003，24（4）：357—369.
[4] Grubel H G，Walker M. Service industry growth：causes and effects [M]. Vancouver：Fraser Institute，1989.
[5] Porter M，Ketels C. UK competitiveness：moving to the next stage [M]. London：Department of Trade and Industry，2003.
[6] Solow R M. Technical change and the aggregate production function [J]. The Review of Economics and Statistics，1957，39（3）：312—320.
[7] 易纲，樊纲，李岩. 关于中国经济增长与全要素生产率的理论思考 [J]. 经济研究，2003（8）：13—20.
[8] Colino A，Benito-Osorio D，Rueda-Armengot C. Entrepreneurship culture，total factor productivity growth and technical progress：patterns of convergence towards the technological frontier [J]. Technological Forecasting and Social Change，2014，88：349—359.

赖降低成本作为提高绩效的唯一手段。

一个地区的旅游效率就是将地区作为旅游经济的生产决策单元,衡量该地区在旅游生产过程中各种投入要素与产出的关系。在地区旅游生产过程中,投入相应的资本、劳动力等吸引旅游者,以期获得更大的旅游收入。一个地区的旅游效率能够衡量是否可以凭借现有的投入获得更多的旅游收入,或者是否在保持收入不变的情况下能够减少旅游生产要素的投入。每个地区有着不同的旅游投入规模、不同的要素资源禀赋以及外部环境,旅游效率能够判断出旅游绩效最好的地区,为其余地区旅游发展提供可以借鉴学习的对象,从而帮助他们规划自身能够达到的最好目标。

因为一个地区的旅游生产过程必然是一个多投入多产出指标的经济活动,若采用旅游单要素生产率,提高某一要素生产率可能会牺牲其他要素生产率的提高,无法实现帕累托效率改进,因此本研究采用旅游全要素生产率指数。旅游全要素生产率反映不同时期旅游投入产出过程中的效率变化。某个地区在早期采用先进的生产方式、引进技术创新,使得后期旅游效率变高,然而每个地区即使采用同样的技术进步,其发生的旅游效率变化也会不同,旅游全要素生产率能够反映这一动态变化。本研究将资源稀缺与环境污染作为旅游经济生产的刚性约束,在投入产出过程中就会出现与传统生产过程不一样的产出与投入数量变动,相应的旅游效率与全要素生产率也会出现变化。

2.2.2 旅游能源消耗与二氧化碳排放

世界旅游组织将旅游定义为：人们为了休闲、商务或其他非营利目的离开他们的常住地,去往他处并在那逗留连续不超过一年的活动。旅游不是由其生产的商品或提供的服务来定义的,而是基于需求端,由各种产品或服务的消费者性质决定的（Becken and Patterson, 2006）[1]。因为旅游不是一个由产出定义而主要是由需求定义的行业（Smith, 2017）[2],需求的多样化导致它在国民经济核算中并不是一个独立的经济部门,相应地在国家能源统计中也没有明确的旅游能源消耗数据,这引起了对旅游能源消耗及二氧化碳内部组成系统边界的讨论。Scott et al.（2010）认为一个更完整的旅游系统能源消耗应该包括餐饮、基础建设维护、零售和服务以及整个旅游生命周期过

---

[1] Becken S, Patterson M. Measuring national carbon dioxide emissions from tourism as a key step towards achieving sustainable tourism [J]. Journal of Sustainable Tourism, 2006, 14 (4): 323−338.

[2] Smith S L J. Practical tourism research [M]. 2nd ed. Oxfordshire: CABI, 2017.

程中所消耗的能源[①]。Perch-Nielsen et al.（2010）将旅游系统界定为住宿、餐饮、娱乐、旅行社、交通，然后利用旅游增加值得到与之相关的旅游温室气体排放[②]。石培华和吴普（2011）从旅游交通、住宿和旅游活动三个方面测度旅游能源消耗与二氧化碳排放。Tang et al.（2014）认为旅游二氧化碳排放主要来自交通、住宿和活动，所以也采用这三项之和代表旅游二氧化碳[③]。每项研究都根据其研究目标和数据可得性来界定旅游能源消耗与二氧化碳排放的系统边界（Gössling，2013）[④]。表 2.2 归纳了中国及区域旅游能源消耗与二氧化碳排放的研究，发现根据所采用的测算方法不同对旅游能源消耗与二氧化碳排放的系统边界界定也不同。本研究认为旅游是涉及食住行游购娱的综合性活动，需要从广义的角度出发界定旅游能源消耗与二氧化碳排放的边界，最终选择旅游消费剥离系数法作为测算方法，能够保证地区旅游能源消耗与二氧化碳排放横向比较且时间连续，得到面板数据，实现本研究的后续研究内容，与之相对应的旅游能源消耗与二氧化碳排放系统边界界定如下：

表 2.2　中国及区域旅游二氧化碳排放的相关研究

作者	研究方法	研究对象	主要研究结论
石培华和吴普（2011）	自下而上法	2008 年中国	旅游业能耗 420.30PJ，二氧化碳排放量 51.34Mt
肖健红等（2011）	碳足迹，自下而上法	2008 年中国舟山群岛	旅游过程碳足迹为 376587.86t CO_2e，旅游交通占比最高
陶玉国和张红霞（2011）	自下而上法	2009 年中国江苏省	旅游能耗为 32.56PJ，二氧化碳排放量 3.7Mt
焦庚英等（2012）	自下而上法	2001—2010 年中国江西省	旅游业总能耗和二氧化碳排放量显著增长
谢园方和赵媛（2012）	旅游消费剥离系数法	2005—2008 年中国长三角洲地区	旅游业碳排放总量持续攀升，其中旅游交通、仓储和邮电碳排放量高于旅游餐饮、住宿和购物过程中的碳排放量

---

① Scott D, Peeters P, Gössling S. Can tourism deliver its "aspirational" greenhouse gas emission reduction targets? [J]. Journal of Sustainable Tourism, 2010, 18（3）：393—408.

② Perch-Nielsen S, Sesartic A, Stucki M. The greenhouse gas intensity of the tourism sector: the case of Switzerland [J]. Environmental Science & Policy, 2010, 13（2）：131—140.

③ Tang Z, Shang J, Shi C, et al. Decoupling indicators of CO_2 emissions from the tourism industry in China: 1990—2012 [J]. Ecological Indicators, 2014, 46：390—397.

④ Gössling S. National emissions from tourism: an overlooked policy challenge? [J]. Energy Policy, 2013, 59：433—442.

续表

作者	研究方法	研究对象	主要研究结论
赵先超和朱翔（2013）	自下而上法	2000—2009年中国湖南省	旅游业碳排放占省碳排放量的1.11%，高于同期全国平均水平
钟永德等（2014）	生命周期评价，投入产出法	2007年中国	旅游业碳排放量169.78Mt，占全国碳排放总量的2.44%
Tang et al. (2014)	自下而上法	1990—2012年中国	旅游业二氧化碳排放量从1990年的14.68Mt上升到2012年的115.68Mt，旅游交通二氧化碳排放占比一直在80%以上
王凯等（2014）	自下而上法	1991—2010年中国	旅游业二氧化碳排放量从1991年的13.85Mt增长到2010年的80.92Mt，旅游交通二氧化碳排放量占比基本每年在73%~79%之间
查建平（2015）	旅游消费剥离系数法	2005—2011年中国	各省市旅游业碳排放量之间存在较大差异，且2005—2011年间绝大部分省市旅游业碳排放量有大幅增长
姜东晖和靳雪（2015）	自下而上法	2000—2013年中国山东省	旅游碳足迹总量逐年递增，在2013年达到637.70万吨，交通碳足迹占总量的61.40%
Wu et al. (2015)	旅游消费剥离系数法	2009—2011年中国北京、山东、浙江、湖北和海南	五个省市的旅游碳排放量持续增长，且旅游交通仓储和邮电碳排放量占比最大
Sun (2016)	投入产出法	2001—2011年中国台湾	旅游碳排放从2001年的13.2Mt CO_2e 增长到2011年的16.0Mt CO_2e
潘植强和梁保尔（2016）	旅游消费剥离系数法	2005—2014年中国	旅游业碳排放量呈现逐年上升趋势，中、西部地区增长速度快于东部地区
韩元军和吴普（2016）	旅游消费剥离系数法	2010—2012年中国京津冀三省市	旅游碳排放总量持续攀升，从5910.02万吨增加到696.30万吨，北京市旅游碳排放量最高，河北省最低
Liu et al. (2018)	自下而上法	2006—2015年中国长江三角洲经济区	旅游业能源消耗和二氧化碳排放量持续上升，在2015年，旅游业能源消耗达到854.80MJ，旅游二氧化碳排放量达到54.69Mt

注：由作者整理制作

第一，明确与旅游消费相关的行业。当一项商业活动对国民经济有贡献时，它的环境影响也应当被考虑（Peters and Hertwich，2008；Sun，2014）①②，所以本研究中的旅游能源消耗与二氧化碳排放系统边界是基于与广泛的旅游消费相关的能源消耗与二氧化碳排放。在我国统计口径中，旅游消费构成包含长途交通（民航、铁路、汽车和轮船）、购物、住宿、餐饮、娱乐、游览、邮电、市内交通和其他九项。根据我国国民经济核算体系的产业分类，旅游主要存在于交通运输、仓储和邮政业，批发和零售业，住宿和餐饮业中，再结合我国能源统计口径中，将批发、零售、住宿和餐饮业归为一类。最终旅游九项消费中长途交通、市内交通、邮电及其他被归到交通运输、仓储和邮政业，称为旅游交通运输、仓储和邮政业；游览、购物、娱乐、住宿、餐饮归到批发、零售、住宿和餐饮业，称为旅游批发、零售、住宿和餐饮业。

第二，明确产生旅游消费的游客类别。按照京都议定书的原则，认定地理区域内的二氧化碳排放责任（Eggleston et al.，2006）③，只考虑在国内发生的旅游消费活动，大多数的研究也只涉及国内游客与入境游客相关的排放，不考虑出境旅游（潘植强和梁保尔，2016；韩元军和吴普，2016；Liu et al.，2018）④⑤⑥，本研究也只考虑入境游客和国内游客消费相关的能源消耗与二氧化碳排放。

2.2.3 旅游经济增长动力

在经济学中，经济增长的动力被分为两大类：一类是生产要素的数量增加，包括劳动力人数的增加、原材料的增加以及资本的增加；另一类是生产要素的生产率提高，包括劳动者技能提高、通过管理使投入的组织效率更高、装备的生产性更强等技术进步（斯罗曼，2008）⑦。经济增长动力构成

---

① Peters G P, Hertwich E G. Post-Kyoto greenhouse gas inventories: production versus consumption [J]. Climatic Change, 2008, 86 (1): 51—66.

② Sun Y Y. A framework to account for the tourism carbon footprint at island destinations [J]. Tourism Management, 2014, 45: 16—27.

③ Eggleston S, Buendia L, Miwa K, et al. 2006 IPCC guidelines for national greenhouse gas inventories [M]. Kyoto: Institute for Global Environmental Strategies, 2006.

④ 潘植强，梁保尔. 旅游业碳排放强度分布及其驱动因子的时空异质研究——基于30个省（市、区）2005—2014年的面板数据分析 [J]. 人文地理，2016，31 (6): 152—158.

⑤ 韩元军，吴普. 京津冀地区旅游业的碳排放测算与比较研究 [J]. 人文地理，2016，31 (4): 127—134.

⑥ Liu G, Shi P, Hai F, et al. Study on measurement of green productivity of tourism in the Yangtze River economic zone, China [J]. Sustainability, 2018, 10 (8): 1—17.

⑦ 斯罗曼. 经济学 [M]. 郭庆旺，赵志耘，译. 北京：经济科学出版社，2008.

不同，其相应的经济增长方式存在区别，依赖资本、劳动力等资源大量投入的经济增长属于粗放型增长，依赖生产要素生产率提高实现的经济增长属于集约型增长。粗放型增长被认为是不具有可持续性的经济增长，与要素投入递增相伴的是要素边际效益递减，生产率提高才是经济长期增长的主要因素与衡量维度，其中技术进步可能是推动生产率增长的最重要因素（克鲁格曼和韦尔斯，2009）[1]。不同的经济增长方式对应不同的经济发展阶段，当经济体发展到一定阶段后，依靠要素投入是远远不够的，必须依靠人力资本的提高、知识的积累、制度的创新和技术的进步，提高生产率、促进经济增长，即经济增长方式的转型升级。这一经济增长动力规律也是探讨旅游增长动力的主要理论基础（Song et al., 2012）[2]。

旅游经济增长指一个国家或地区旅游经济数量的增加和规模的扩大，反映一个国家或地区旅游总产出的变化（Amir et al., 2015；Yang et al., 2014；Brau et al., 2007）[3][4][5]。我国自1979年明确了中国现代旅游的产业化发展道路，40多年来旅游经济快速增长，学者们对旅游经济增长动力进行了分析。彭华（1999）将旅游发展动力视作一个系统，要素投入是旅游发展动力系统中的引力与支持力，包括自然景观、人文景观、活动场所和旅游设施等物质性投入，经济、文化、科技信息等非物质性投入[6]。在旅游经济增长动力核算的实证研究中，由于所运用的核心指标、样本时间段、研究方法等因素不同，对旅游经济增长主动力的研究结果存在差异。比如，左冰和保继刚（2008）采用生产函数法实证得到1992—2005年中国旅游经济增长的主动力是劳动力投入[7]；吴玉鸣（2014）运用空间面板计量实证得到2001—2009年我国旅游经济增长的主动力是资本投入，劳动力投入作用不

---

[1] 克鲁格曼，韦尔斯. 宏观经济学 [M]. 赵英军，付欢，陈宇，等译. 北京：中国人民大学出版社，2009.

[2] Song H, Dwyer L, Li G, et al. Tourism economics research: a review and assessment [J]. Annals of Tourism Research, 2012, 39 (3): 1653-1682.

[3] Amir S, Osman M M, Bachok S, et al. Sustaining local community economy through tourism: Melaka UNESCO world heritage city [J]. Procedia Environmental Sciences, 2015, 28: 443-452.

[4] Yang Y, Liu Z H, Qi Q. Domestic tourism demand of urban and rural residents in China: does relative income matter? [J]. Tourism Management, 2014, 40: 193-202.

[5] Brau R, Lanza A, Pigliaru F. How fast are small tourism countries growing? Evidence from the data for 1980-2003 [J]. Tourism Economics, 2007, 13 (4): 603-613.

[6] 彭华. 旅游发展驱动机制及动力模型探析 [J]. 旅游学刊，1999，14 (6)：39-44.

[7] 左冰，保继刚. 1992—2005年中国旅游业全要素生产率及省际差异 [J]. 地理学报，2008，63 (4)：417-427.

明显[①]。齐子鹏和王颖（2015）以1994年为断点，认为1979—1993年我国旅游经济增长的主动力为旅游资源，包括观光型的山水和历史人文旅游景点资源，1994年之后旅游经济增长主动力为资本投入[②]。总的来说，研究普遍认为我国旅游增长属于要素驱动型增长。

2.3 文献综述

2.3.1 旅游经济增长与资源、环境的关系

2.3.1.1 旅游经济增长与资源的关系

旅游经济增长是一个旅游生产要素投入量不断增加的过程（杨萍，2010）[③]，相较于资本、劳动力等传统的生产要素，旅游生产中比较独特的要素是旅游资源。自然界和人类社会中各种事物或因素可以产生旅游吸引力、可以进行旅游利用与开发，可以产生经济、社会和环境效益的皆能称为旅游资源。旅游资源作为旅游的载体和对象，是影响游客目的地选择的重要因素，也是旅游目的地发展的重要基础（Deasy and Griess，1966；Priskin，2001）[④][⑤]。陆林和余凤龙（2005）认为旅游资源是造成旅游经济发展不平衡的重要因素[⑥]。杨勇（2008）认为旅游资源是我国旅游业发展的重要支撑，即使我国旅游业发展不再仅依靠旅游资源[⑦]。当旅游资源与旅游经济发展不同步时，存在"资源诅咒"现象（左冰，2013；刘法建等，2015；邓涛涛

---

① 吴玉鸣. 旅游经济增长及其溢出效应的空间面板计量经济分析 [J]. 旅游学刊，2014，29 (2)：16—24.

② 齐子鹏，王颖. 创意：中国旅游经济增长的新动力 [J]. 管理世界，2015 (5)：178—179.

③ 杨萍. 从旅游流到物质流：对旅游经济增长与发展的思考 [J]. 思想战线，2010，36 (4)：124—128.

④ Deasy G F, Griess P R. Impact of a tourist facility on its hinterland [J]. Annals of the Association of American Geographers，1966，56 (2)：290—306.

⑤ Priskin J. Assessment of natural resources for nature-based tourism: the case of the Central Coast Region of Western Australia [J]. Tourism Management，2001，22 (6)：637—648.

⑥ 陆林，余凤龙. 中国旅游经济差异的空间特征分析 [J]. 经济地理，2005，25 (3)：406—410.

⑦ 杨勇. 旅游资源与旅游业发展关系研究 [J]. 经济与管理研究，2008，(7)：22—27.

等，2017）①②③。虽然旅游资源对旅游经济增长的促进作用存在争论，但旅游资源作为生产要素应当被纳入旅游经济增长模型中（罗浩等，2016）④。尽管旅游资源的数量、品位和层次能够被不断发现、开发和提高，但是那些对游客构成吸引的原始森林、湖泊、溶洞和冰川等旅游资源却是绝对稀缺的。我国旅游发展还处于从观光游为主过渡到休闲游、体验游的阶段，最重要的投入要素仍然是旅游自然资源，比如世界自然遗产、国家地质公园、国家森林公园和国家级风景名胜区等（杨天英等，2017）⑤。稀缺和独特的旅游资源不仅影响着旅游经济增长，同时还制约着旅游发展。

旅游资源禀赋⑥是旅游经济增长独特的生产要素，逐渐得到学者的关注，但在旅游经济增长过程中旅游能源投入常常被忽视。其实旅游已经有能源密集的特性，能源是旅游活动开展的基本前提。Tabatchnaia-Tamirisa et al.（1997）测算了夏威夷能源消耗量，得到旅游能源消耗占夏威夷总能耗的60%⑦。Becken et al.（2001）指出旅游住宿是能源密集的部门，并分析了新西兰不同旅游住宿的能源消耗，得到酒店能源消耗高于仅提供早餐和床的住宿、汽车旅馆和露营地的能源消耗，是最高的能耗住宿类型⑧。能源投入被认为是旅游住宿中除了劳动力成本之外最大的成本投入（Bohdanowicz et al.，2001）⑨。旅游住宿需要提供供暖、空调制冷、供应热水、冰箱和照

---

① 左冰. 旅游能打破资源诅咒吗？——基于中国31个省（市，区）的比较研究［J］. 商业经济与管理，2013，1（5）：60-69.

② 刘法建，方叶林，李东和，等. 省域旅游发展"资源诅咒"测度及其与区域经济的响应［J］. 华东经济管理，2015，29（11）：66-70.

③ 邓涛涛，王丹丹，刘璧如. "资源诅咒"理论在旅游研究中的应用：综述与启示［J］. 旅游学刊，2017，32（11）：60-68.

④ 罗浩，颜钰荛，杨旸. 中国各省的旅游增长方式"因地制宜"吗？——中国省际旅游增长要素贡献与旅游资源比较优势研究［J］. 旅游学刊，2016，31（3）：43-53.

⑤ 杨天英，李许卡，郭达. 不同旅游资源对区域旅游经济增长的影响研究——基于中国省际面板数据分析［J］. 生态经济，2017，33（6）：105-109.

⑥ 为了与劳动、资本等旅游资源区分开来，研究将作为旅游吸引物的旅游资源称为旅游资源禀赋。

⑦ Tabatchnaia-Tamirisa N, Loke M K, Leung P S, et al. Energy and tourism in Hawaii ［J］. Annals of Tourism Research，1997，24（2）：390-401.

⑧ Becken S, Frampton C, Simmons D. Energy consumption patterns in the accommodation sector—the New Zealand case ［J］. Ecological Economics，2001，39（3）：371-386.

⑨ Bohdanowicz P, Churie-Kallhauge A, Martinac I, et al. Energy-efficiency and conservation in hotels—towards sustainable tourism ［C］. Hawaii：The 4th international symposium on Asia Pacific architecture，2001.

明等服务（Bohdanowicz and Martinac，2007；Kumar，2005）[①][②]，消耗大量的电能（Deng and Burnett，2000）[③]、天然气和柴油（Rosselló-Batle et al.，2010）[④]。而且旅游住宿运营阶段的能源消耗只占其整个生命周期能源消耗的70%~80%，旅游住宿在建设阶段还会产生能源消耗（Rosselló-Batle et al.，2010）[⑤]。除了旅游住宿的能耗，旅游交通还会消耗大量的能源。Becken et al.（2003）分析了游客选择不同的交通、住宿、目的地和旅游活动所发生的能源消耗，得到交通是主要的能源消耗环节，比重大约为70%[⑥]。航空运输每年消耗2.43亿吨燃料，占世界产量的6.3%（Nygren et al.，2009）[⑦]。Becken（2002）得到新西兰国际游客乘坐飞机带来的能源消耗会导致多消耗6%的国家能源[⑧]。Howitt et al.（2009）测算了国际邮轮旅游的能源消耗，得出邮轮是比航空能源更加密集的国际旅游交通方式[⑨]。姚治国（2017）测算了2012年中国海南省旅游能源消耗，得到交通能耗占旅游能源消耗总量最大，外部交通能耗高于内部交通能耗[⑩]。Nepal（2008）发现旅游增加了尼泊尔乡村地区木材和煤油等能源消耗[⑪]。此外，能源的供应及其价格直接影响旅游经济（Becken，2011；Lennox，2012；

---

① Bohdanowicz P, Martinac I. Determinants and benchmarking of resource consumption in hotels—Case study of Hilton International and Scandic in Europe [J]. Energy and Buildings, 2007, 39 (1): 82－95.

② Kumar S. Resource use and waste management in Vietnam hotel industry [J]. Journal of Cleaner Production, 2005, 13 (2): 109－116.

③ Deng S M, Burnett J. A study of energy performance of hotel buildings in Hong Kong [J]. Energy and Buildings, 2000, 31 (1): 7－12.

④ Rosselló-Batle B, Moià A, Cladera A, et al. Energy use, CO_2 emissions and waste throughout the life cycle of a sample of hotels in the Balearic Islands [J]. Energy and Buildings, 2010, 42 (4): 547－558.

⑤ Rosselló-Batle B, Moià A, Cladera A, et al. Energy use, CO_2 emissions and waste throughout the life cycle of a sample of hotels in the Balearic Islands [J]. Energy and Buildings, 2010, 42 (4): 547－558.

⑥ Becken S, Simmons D G, Frampton C. Energy use associated with different travel choices [J]. Tourism Management, 2003, 24 (3): 267－277.

⑦ Nygren E, Aleklett K, Höök M. Aviation fuel and future oil production scenarios [J]. Energy Policy, 2009, 37 (10): 4003－4010.

⑧ Becken S. Analysing international tourist flows to estimate energy use associated with air travel [J]. Journal of Sustainable Tourism, 2002, 10 (2): 114－131.

⑨ Howitt O J A, Revol V G N, Smith I J, et al. Carbon emissions from international cruise ship passengers' travel to and from New Zealand [J]. Energy Policy, 2010, 38 (5): 2552－2560.

⑩ 姚治国. 旅游能源消耗模型及海南省实证研究 [J]. 干旱区资源与环境, 2017, 31 (2): 191－196.

⑪ Nepal S K. Tourism-induced rural energy consumption in the Annapurna region of Nepal [J]. Tourism Management, 2008, 29 (1): 89－100.

Pentelow and Scott，2010)[1][2][3]，许多国家因为旅游能源消耗出现了经济脆弱（Gössling，2013)[4]。旅游人数也会影响能源消耗，Katircioglu（2014）以土耳其为研究对象，得到旅游人数会增加能源消耗[5]，旅游人数与能源消耗的正相关关系同样存在于塞浦路斯和印度（Katircioglu et al.，2014；Tang et al.，2016)[6][7]。旅游部门过度依赖石油产品导致尼泊尔能源短缺（Nepal et al.，2019)[8]。Frantál 和 Urbánková（2017）认为能源对旅游经济增长同时具有推动和制约作用[9]。

2.3.1.2 旅游经济增长与环境的关系

环境是旅游产品的核心特征之一，包括气候、风景、文化和历史遗产等资源（Cooper，2003)[10]，旅游者为了体验产品去到旅游目的地，旅游经济增长需要环境资源作为旅游体验的核心要素和重要支撑（Williams and Ponsford，2009)[11]。一方面，旅游活动受到环境资源质量的影响（Tribe，2011)[12]。另一方面，依赖环境的特性意味着旅游发展必然会给环境带来变化，可能是积极的也有可能是消极的变化。但如果是消极的影响，旅游活动

---

[1] Becken S. A critical review of tourism and oil [J]. Annals of Tourism Research, 2011, 38(2): 359-379.

[2] Lennox J. Impacts of high oil prices on tourism in New Zealand [J]. Tourism Economics, 2012, 18 (4): 781-800.

[3] Pentelow L, Scott D. The implications of climate change mitigation policy and oil price volatility for tourism arrivals to the Caribbean [J]. Tourism and Hospitality Planning & Development, 2010, 7 (3): 301-315.

[4] Gössling S. National emissions from tourism: an overlooked policy challenge? [J]. Energy Policy, 2013, 59: 433-442.

[5] Katircioglu S T. International tourism, energy consumption, and environmental pollution: the case of Turkey [J]. Renewable and Sustainable Energy Reviews, 2014, 36: 180-187.

[6] Katircioglu S T, Feridun M, Kilinc C. Estimating tourism-induced energy consumption and CO_2 emissions: the case of Cyprus [J]. Renewable and Sustainable Energy Reviews, 2014, 29: 634-640.

[7] Tang C F, Tiwari A K, Shahbaz M. Dynamic inter-relationships among tourism, economic growth and energy consumption in India [J]. Geosystem Engineering, 2016, 19 (4): 158-169.

[8] Nepal R, Irsyad M I, Nepal S K. Tourist arrivals, energy consumption and pollutant emissions in a developing economy—implications for sustainable tourism [J]. Tourism Management, 2019, 72: 145-154.

[9] Frantál B, Urbánková R. Energy tourism: an emerging field of study [J]. Current Issues in Tourism, 2017, 20 (13): 1395-1412.

[10] Cooper C. Classic reviews in tourism [M]. Bristol: Channel View Publications, 2003.

[11] Williams P W, Ponsford I F. Confronting tourism's environmental paradox: transitioning for sustainable tourism [J]. Futures, 2009, 41 (6): 396-404.

[12] Tribe J. The economics of recreation, leisure and tourism [M]. Oxford: Routledge, 2011.

的环境后果更为严重,因为旅游活动通常发生在生态敏感区域内(Miller,2003)[1]。旅游与环境之间的关系与制造业截然不同,在制造业中环境被认为是生产的投入要素,而在旅游业中,环境资源不仅仅是投入要素,更是产出的关键组成部分(Razumova et al.,2009)[2]。

早期旅游发展范围和规模相对有限,基本不曾受到环境批评,它被认为是一种环境友好的活动,即无烟产业。直到全球越来越关注可持续旅游和气候变化,导致对旅游环境问题的研究和争论日益增多。Gössling(2000)认为与旅游相关的化石燃料使用会对环境造成不利的后果[3]。Becken 和 Simmons(2002)认为旅游是能源消耗以及全球气候变化的主要构成部分[4]。Patterson 和 McDonald(2004)认为旅游能源消耗和二氧化碳排放是旅游最主要的两个环境问题,测算得到新西兰旅游二氧化碳排放量占整个国家二氧化碳排放量的 24.3%[5]。Gössling 和 Hall(2008)得出瑞典旅游碳排放占整个瑞典碳排放的 11%,建议政府制定缓解碳排放污染的政策[6]。联合国世界旅游组织(UNWTO)、联合国环境规划署(UNEP)和世界气象组织(WMO)(2008)报告在 2005 年旅游二氧化碳排放占全球总排放量的 5%,如果把全球旅游碳排放作为一个独立单位,与其他国家碳排放对比,它排在第五位[7]。这一报告激发了旅游碳排放的研究,Scott et al.(2010)得出 2005 年旅游二氧化碳占全球二氧化碳排放量的 7.9%[8]。Dwyer et al.(2010)得出澳大利亚旅游二氧化碳排放是整个国家二氧化碳排放第五的产

---

[1] Miller G A. Consumerism in sustainable tourism: a survey of UK consumers [J]. Journal of Sustainable Tourism, 2003, 11 (1): 17-39.

[2] Razumova M, Lozano J, Rey-Maquieira J. Is environmental regulation harmful for competitiveness? The applicability of the Porter hypothesis to tourism [J]. Tourism Analysis, 2009, 14 (3): 387-400.

[3] Gössling S. Sustainable tourism development in developing countries: some aspects of energy use [J]. Journal of Sustainable Tourism, 2000, 8 (5): 410-425.

[4] Becken S, Simmons D G. Understanding energy consumption patterns of tourist attractions and activities in New Zealand [J]. Tourism Management, 2002, 23 (4): 343-354.

[5] Patterson M G, McDonald G. How clean and green is New Zealand tourism? Lifecycle and future environmental impacts [M]. Lincoln N Z: Manaaki Whenua Press, 2004.

[6] Gössling S, Hall C M. Swedish tourism and climate change mitigation: an emerging conflict? [J]. Scandinavian Journal of Hospitality and Tourism, 2008, 8 (2): 141-158.

[7] UNWTO, UNEP, WMO. Climate change and tourism: responding to global challenges [R]. United Nations World Tourism Organization (UNWTO), United Nations Environment Programme (UNEP) and World Meteorological Organization (WMO), Madrid: UNWTO, 2008.

[8] Scott D, Peeters P, Gössling S. Can tourism deliver its "aspirational" greenhouse gas emission reduction targets? [J]. Journal of Sustainable Tourism, 2010, 18 (3): 393-408.

业，占 5.3%[1]。Bernard et al.（2010）测算出马尔代夫旅游二氧化碳排放占整个国家二氧化碳的 36%，如果加上国际航空的碳排放量，将会占全国碳排放量的 68%[2]。De Bruijn et al.（2010）测算出 2008 年荷兰居民度假二氧化碳排放量占荷兰碳排放总量的 9.1%[3]。Konan 和 Chan（2010）得出夏威夷地区旅游温室气体排放占整体温室气体排放的 22%[4]。在全球范围内，旅游被认为是依赖化石燃料的产业以及高温室气体排放的产业（Gössling，2013）[5]。航空交通被认为是所有旅游部门中二氧化碳排放最高的部门（Perch-Nielsen，2010；Filimonau et al.，2013）[6][7]。旅游所消耗的大部分能源来自化石燃料，燃烧过程中产生温室气体排放，其中大部分为二氧化碳排放（Gössling and Peeters，2015）[8]，在应对全球气候变暖的背景下，二氧化碳排放能够有效表征旅游带来的环境压力（Nepal et al.，2019；Zhang and Gao，2016；Gössling and Peeters，2015）[9][10][11]。因此本研究采用旅游二氧化碳排放代表环境污染。

Lenzen et al.（2018）对比了 2009—2013 年间全球 160 个国家的旅游

---

[1] Dwyer L, Forsyth P, Spurr R, et al. Estimating the carbon footprint of Australian tourism [J]. Journal of Sustainable Tourism, 2010, 18 (3): 355-376.

[2] Bernard F, Khelil T B, Pichon V, et al. The Maldives' 2009 carbon audit [M]. Paris: BeCitzen, 2010.

[3] De Bruijn K, Dirven R, Eijgelaar E, et al. Travelling large in 2011. The carbon footprint of Dutch holidaymakers in 2011 and the development since 2002 [M]. Netherland: NHTV Breda University for Applied Sciences, 2013.

[4] Konan D E, Chan H L. Greenhouse gas emissions in Hawaii: household and visitor expenditure analysis [J]. Energy Economics, 2010, 32 (2): 210-219.

[5] Gössling S. National emissions from tourism: an overlooked policy challenge? [J]. Energy Policy, 2013, 59: 433-442.

[6] Perch-Nielsen S, Sesartic A, Stucki M. The greenhouse gas intensity of the tourism sector: the case of Switzerland [J]. Environmental Science & Policy, 2010, 13 (2): 131-140.

[7] Filimonau V, Dickinson J, Robbins D, et al. The role of 'indirect' greenhouse gas emissions in tourism: assessing the hidden carbon impacts from a holiday package tour [J]. Transportation Research Part A: Policy and Practice, 2013, 54: 78-91.

[8] Gössling S, Peeters P. Assessing tourism's global environmental impact 1900-2050 [J]. Journal of Sustainable Tourism, 2015, 23: 639-659.

[9] Nepal R, al Irsyad M I, Nepal S K. Tourist arrivals, energy consumption and pollutant emissions in a developing economy-implications for sustainable tourism [J]. Tourism Management, 2019, 72: 145-154.

[10] Zhang L, Gao J. Exploring the effects of international tourism on China's economic growth, energy consumption and environmental pollution: evidence from a regional panel analysis [J]. Renewable and Sustainable Energy Reviews, 2016, 53: 225-234.

[11] Gössling S, Peeters P. Assessing tourism's global environmental impact 1900-2050 [J]. Journal of Sustainable Tourism, 2015, 23 (5): 639-659.

碳排放量，得出中国旅游碳排放仅次于美国，位居第二[①]。如表2.2所示，由于我国未把旅游业列为独立的行业，所以我国能源统计中也没有核算旅游业能源消耗量。自下而上法以旅游过程为依据，基于目的地游客的数据，向上逐级分别对旅游交通、住宿、餐饮和活动等部门碳排放进行计算，加总合计为旅游碳排放总量（石培华和吴普，2011；肖健红等，2011；陶玉国和张红霞，2011；焦庚英等，2012；赵先超和朱翔，2013；Tang et al.，2014；王凯等，2014；姜东晖和靳雪，2015；Liu et al.，2018）[②③④⑤⑥⑦⑧⑨⑩]；投入产出法以国家或地区投入产出表为基础，通过线性代数测算不同部门最终需求变化对部门或总碳排放量的变化（钟永德等，2014；Sun，2016）[⑪⑫]；旅游消费剥离系数法以国家统计局对旅游统计的口径为依据，从交通运输、邮电、商业、饮食业和社会服务业中把属于旅游消费的部分剥离出来，得到与旅游花费构成相关的能源消耗量，然后通过能源碳排放系数转换得到旅游碳排放量（谢园方和赵媛，2012；查建平，2015；Wu et al.，2015；韩元

---

① Lenzen M，Sun Y Y，Faturay F，et al. The carbon footprint of global tourism [J]. Nature Climate Change，2018，8（6）：522−528.

② 石培华，吴普. 中国旅游业能源消耗与CO_2排放量的初步估算 [J]. 地理学报，2011，66（2）：235−243.

③ 肖建红，于爱芬，王敏. 旅游过程碳足迹评估——以舟山群岛为例 [J]. 旅游科学，2011，25（4）：58−66.

④ 陶玉国，张红霞. 江苏旅游能耗和碳排放估算研究 [J]. 南京社会科学，2011（8）：151−156.

⑤ 焦庚英，郑育桃，叶清. 江西省旅游业能耗及CO_2排放的时空特征 [J]. 中南林业科技大学学报，2012，32（10）：105−112.

⑥ 赵先超，朱翔. 湖南省旅游业碳排放的初步估算及脱钩效应分析 [J]. 世界地理研究，2013，22（1）：166−176.

⑦ Tang Z，Shang J，Shi C，et al. Decoupling indicators of CO_2 emissions from the tourism industry in China：1990−2012 [J]. Ecological Indicators，2014，46：390−397.

⑧ 王凯，李娟，席建超. 中国旅游经济增长与碳排放的耦合关系研究 [J]. 旅游学刊，2014，29（6）：24−33.

⑨ 姜东晖，靳雪. 基于终端消费的山东省旅游碳足迹研究 [J]. 中国人口·资源与环境，2015，25（S1）：450−453.

⑩ Liu G，Shi P，Hai F，et al. Study on measurement of green productivity of tourism in the Yangtze River economic zone，China [J]. Sustainability，2018，10（8）：1−17.

⑪ 钟永德，石晟屹，李世宏，等. 中国旅游业碳排放计量框架构建与实证研究 [J]. 中国人口·资源与环境，2014，24（1）：78−86.

⑫ Sun Y Y. Decomposition of tourism greenhouse gas emissions：Revealing the dynamics between tourism economic growth，technological efficiency，and carbon emissions [J]. Tourism Management，2016，55：326−336.

军和吴普，2016；潘植强和梁保尔，2016)①②③④⑤。这些方法均有其优点与不足之处，自下而上法虽然能够得到旅游子部门的碳排放量，但对认定旅游子部门缺乏一定标准，往往根据具体研究对象确定包含哪些旅游子部门，同时在测算子部门碳排放量时所参照的系数具有不一致性，因此基于自下而上法的旅游碳排放研究结论不能轻易地进行横向比较；投入产出法依赖投入产出表，虽然得到的结果较为系统完整，但因为投入产出表每五年编制一次，得到的旅游碳排放量时间段不连续；旅游消费剥离系数法与旅游卫星账户的思想相一致，基于统计数据，把部门中旅游消费产出与部门总产出相比，得到旅游消费比值，然后剥离出部门中旅游碳排放，合计各部门旅游碳排放量为旅游碳排放总量，数据搜集工作量巨大。

旅游经济增长与二氧化碳的关系并不明确。根据环境库兹涅茨曲线（EKC）假设，类似于解释收入不平等与人均收入之间动态关系的库兹涅茨曲线（Kuznet，1955)⑥，人均收入与各种环境污染物之间的关系随着经济发展水平的不同而变化。EKC假设认为经济增长与环境污染物之间存在倒U型关系（Stern，2004)⑦，在经济发展的早期阶段，负面环境影响显著增加，一旦超过人均收入门槛，排放量随之下降，这意味着环境质量的改善（Dinda，2004)⑧。EKC假设在旅游经济增长与环境污染关系研究中不一定成立，Zhang和Gao（2016）分析了1995—2011年中国旅游与污染物的关系，得到旅游环境库兹涅茨曲线假设在中部地区不成立，在东部和西部地区

---

① 谢园方，赵媛. 基于低碳旅游的旅游业碳排放测度方法研讨[J]. 人文地理，2012，27(1)：147−151.

② 查建平. 低碳经济视角下中国旅游经济发展模式研究[J]. 旅游学刊，2015，30(11)：63−73.

③ Wu P, Han Y, Tian M. The measurement and comparative study of carbon dioxide emissions from tourism in typical provinces in China [J]. Acta Ecologica Sinica, 2015, 35 (6): 184−190.

④ 韩元军，吴普. 京津冀地区旅游业的碳排放测算与比较研究[J]. 人文地理，2016，31(4)：127−134.

⑤ 潘植强，梁保尔. 旅游业碳排放强度分布及其驱动因子的时空异质研究——基于30个省（市、区）2005—2014年的面板数据分析[J]. 人文地理，2016，31(6)：152−158.

⑥ Kuznets S. Economic growth and income inequality [J]. The American economic review, 1955, 45 (1): 1−28.

⑦ Stern D I. The rise and fall of the environmental Kuznets curve [J]. World Development, 2004, 32 (8): 1419−1439.

⑧ Dinda S. Environmental Kuznets curve hypothesis: a survey [J]. Ecological Economics, 2004, 49 (4): 431−455.

极弱地成立[①]；董红梅和赵景波（2010）对 1980—2002 年中国入境旅游人均消费与第三产业碳排放量进行相关分析，得到两者显著相关，且呈 U 型曲线，随着入境旅游人均消费水平的提高，第三产业碳排放量从缓慢增加到快速增加[②]。Lee 和 Brahmasrene（2013）探讨了 1988—2009 年欧洲地区旅游收入、地区碳排放与经济增长的动态关系，得到旅游发展能减缓地区碳排放量[③]。Katircioglu et al.（2014）调查 1970—2009 年 Cyprus 地区国际旅游人次与能源消耗、碳排放的长期动态均衡关系，结果显示国际旅游人次显著影响地区的能源消耗与环境污染（以二氧化碳表征）的增加[④]。这一结论同样适用于土耳其（Katircioglu，2014）[⑤]。汪清蓉（2014）以中国深圳市为研究对象，得到 2001—2011 年深圳市旅游业能源消耗及二氧化碳排放量与旅游业 GDP 收入、游客接待总量正相关[⑥]。Dogan et al.（2017）调查了 1995—2010 年 OECD 国家的旅游、二氧化碳排放、能源消耗和 GDP 的长期动态关系，结果显示旅游对二氧化碳排放、能源消耗有单向因果关系[⑦]。Zaman et al.（2016）得出东亚和欧洲地区国家 2005—2013 年也存在旅游对二氧化碳排放单向因果关系[⑧]。Dogan 和 Aslan（2017）在以往面板数据计量地区碳排放、能源消耗与旅游收入的基础上，改进了计量模型，得到更为

[①] Zhang L, Gao J. Exploring the effects of international tourism on China's economic growth, energy consumption and environmental pollution: evidence from a regional panel analysis [J]. Renewable and Sustainable Energy Reviews, 2016, 53: 225-234.

[②] 董红梅，赵景波. 中国第三产业碳排放量与入境旅游人均消费的相关关系探析 [J]. 干旱区资源与环境, 2010, 24 (4): 185-189.

[③] Lee J W, Brahmasrene T. Investigating the influence of tourism on economic growth and carbon emissions: evidence from panel analysis of the European Union [J]. Tourism Management, 2013, 38 (13): 69-76.

[④] Katircioglu S T, Feridun M, Kilinc C. Estimating tourism-induced energy consumption and CO_2, emissions: the case of Cyprus [J]. Renewable & Sustainable Energy Reviews, 2014, 29 (7): 634-640.

[⑤] Katircioglu S T. International tourism, energy consumption, and environmental pollution: the case of Turkey [J]. Renewable & Sustainable Energy Reviews, 2014, 36 (36): 180-187.

[⑥] 汪清蓉，谢飞龙. 城市旅游业 CO_2 排放态势及旅游业低碳化发展模式 [J]. 旅游学刊, 2014, 29 (8): 98-109.

[⑦] Dogan E, Seker F, Bulbul S. Investigating the impacts of energy consumption, real GDP, tourism and trade on CO_2 emissions by accounting for cross-sectional dependence: a panel study of OECD countries [J]. Current Issues in Tourism, 2017, 20 (16): 1701-1719.

[⑧] Zaman K, Shahbaz M, Loganathan N, et al. Tourism development, energy consumption and Environmental Kuznets Curve: trivariate analysis in the panel of developed and developing countries [J]. Tourism Management, 2016, 54: 275-283.

科学的三者 Granger 因果关系[①]。旅游业二氧化碳排放是旅游经济增长的单向 Granger 原因（王凯等，2014）[②]。囿于回归分析法只能反映变量间的平均变化关系，不能反映每一年旅游经济增长与环境的状态。赵先超和朱翔（2013）首先将脱钩指数应用于旅游经济增长与环境影响的关系中，以二氧化碳排放量表征环境影响，以湖南省为实证对象，得出 2000—2009 年间湖南省旅游经济增长与环境影响主要为弱脱钩关系[③]。Tang et al.（2014）运用脱钩指数分析了 1990—2012 年中国旅游业经济与旅游碳排放之间的关系，发现两者之间交替出现负脱钩和弱脱钩，总的来说，中国旅游经济增长速度快于旅游业二氧化碳排放量速度[④]。王凯等（2014）得出 1991—2010 年中国旅游经济增长与二氧化碳排放量处于相对脱钩的状态[⑤]。汤姿（2015）以 1995—2011 年黑龙江旅游经济增长与碳排放量关系为研究对象，进一步细分了脱钩的特征状态，得出该省在研究期间旅游碳排放与旅游经济处于弱脱钩和负脱钩状态[⑥]。张广海和刘菁（2015）将旅游碳排放与旅游收入的脱钩关系分解为旅游能源消耗与旅游收入之间的能源利用效率和旅游碳排放与能源消耗的减排弹性，以中国沿海 11 个省（市）2003—2012 年作为实证对象，得到沿海各地区的脱钩关系[⑦]。

2.3.2 旅游经济增长动力研究进展

在旅游经济研究中，最多关注的是研究旅游对经济增长的影响，学者们争论旅游发展对经济增长到底有怎样的影响。第一类是认为旅游对地区经济有积极作用，支持旅游导向型经济增长假说（Shan and Wilson，2001；

---

① Dogan E, Aslan A. Exploring the relationship among CO_2, emissions, real GDP, energy consumption and tourism in the EU and candidate countries: evidence from panel models robust to heterogeneity and cross-sectional dependence [J]. Renewable & Sustainable Energy Reviews, 2017, 77: 239−245.

② 王凯，李娟，席建超. 中国旅游经济增长与碳排放的耦合关系研究 [J]. 旅游学刊，2014, 29（6）：24−33.

③ 赵先超，朱翔. 湖南省旅游业碳排放的初步估算及脱钩效应分析 [J]. 世界地理研究，2013, 22（1）：166−175.

④ Tang Z, Shang J, Shi C, et al. Decoupling indicators of CO_2 emissions from the tourism industry in China: 1990−2012 [J]. Ecological Indicators, 2014, 46: 390−397.

⑤ 王凯，李娟，席建超. 中国旅游经济增长与碳排放的耦合关系研究 [J]. 旅游学刊，2014, 29（6）：24−33.

⑥ 汤姿. 旅游业碳排放测算及其与经济增长的脱钩分析 [J]. 统计与决策，2015（2）：117−120.

⑦ 张广海，刘菁. 中国沿海区域旅游发展与碳排放脱钩关系研究 [J]. 资源开发与市场，2015, 31（11）：1352−1357.

2 理论基础与文献综述

Gunduz and Hatemi，2005；Chatziantoniou et al.，2013)[1][2][3]；第二类是认为旅游对经济增长有负面影响，比如资源诅咒效应（Copeland，1991)[4]、资本挤出效应（Rosentraub and Joo，2009)[5]、福利漏损效应（Brau et al.，2007）等[6]；第三类是认为旅游对经济增长的影响不确定（Cerina，2007；Lanza and Pigliaru，2000；Lozano et al.，2008)[7][8][9]。大量研究探讨旅游发展与地区经济增长之间的关系，较少探讨旅游增长的动力，然而明确旅游增长的驱动力十分必要，旅游政策制定者可以借此找到促进增长最有力的因素（Smeral，2009)[10]。

早期认为旅游经济增长的动力主要是人力资本和物质资本，人力资本直接影响服务质量与经营绩效，物质资本购入设备、新技术以及扩张公司规模，对实现规模经济[11]有关键作用（Hope，2007；King and McVey，2005；

---

[1] Shan J, Wilson K. Causality between trade and tourism: empirical evidence from China [J]. Applied Economics Letters2001, 8 (4): 279−283.

[2] Gunduz L, Hatemi J A. Is the tourism−led growth hypothesis valid for Turkey？ [J]. Applied Economics Letters, 2005, 12 (8): 499−504.

[3] Chatziantoniou I, Filis G, Eeckels B, et al. Oil prices, tourism income and economic growth: a structural VAR approach for European Mediterranean countries [J]. Tourism Management, 2013, 36 (3): 331−341.

[4] Copeland B R. Tourism, welfare and de−industrialization in a small open economy [J]. Economica, 1991, 58 (232): 515−529.

[5] Rosentraub M S, Joo M. Tourism and economic development: which investments produce gains for regions？ [J]. Tourism Management, 2009, 30 (5): 759−770.

[6] Brau R, Lanza A, Pigliaru F. How fast are small tourism countries growing？ Evidence from the data for 1980−2003 [J]. Tourism Economics, 2007, 13 (4): 603−613.

[7] Cerina F. Tourism specialization and environmental sustainability in a dynamic economy [J]. Tourism Economics, 2007, 13 (4): 553−582.

[8] Lanza A, Pigliaru F. Why are tourism countries small and fast−growing？ [M] //Fossati A, Panella G. Tourism and sustainable economic development. Boston: Springer, 2000: 57−69.

[9] Lozano J, Gomez C M, Rey−Maquieira J. The TALC hypothesis and economic growth theory [J]. Tourism Economics, 2008, 14 (4): 727−749.

[10] Smeral E. Growth accounting for hotel and restaurant industries [J]. Journal of Travel Research, 2009, 47 (4): 413−424.

[11] 规模经济指由于边际成本下降或生产中存在固定成本，单位成本随着产量的增加而下降。

Parilla et al.，2007)[1][2][3]。技术进步被认为对旅游经济增长的作用不大，因为旅游业属于第三产业，而第三产业相较制造业通过资本与技术替代劳动力的机会更少（Inman，1985)[4]。Smeral（2009）首次采用增长核算模型对旅游经济增长动力进行系统分析，得到增长贡献主要来自大量的低技术劳动力和非信息与通信技术的硬件资本投入，但这样的增长公式是否在未来能够持续还有待考证，因为技术创新可能会带来旅游的革新[5]。表2.3总结了对我国旅游经济增长动力进行探讨的相关研究。唐晓云（2007）以1992—2005年中国为实证对象，得出资本投入是旅游经济增长的主要动力[6]。李仲广和宋慧林（2008）以1996—2005年中国旅游业为实证对象，得出40%的旅游业增长率来自劳动投入，全要素生产率平均年增长率不到2%[7]。左冰和保继刚（2008）实证得出1992—2005年中国旅游经济增长主要来自劳动投入，根据要素的贡献度对旅游经济增长方式进行划分，认为我国旅游属于要素驱动增长[8]。以1996—2006年中国旅游业为实证对象同样得出要素投入贡献大，技术进步贡献小的结论（黄秀娟，2009)[9]。牛丹丹等（2010）以2001—2008年中国旅游业为研究对象，得出资本投入是旅游增长的主要贡献，旅游业还处于经济发展的初期，即粗放型经济增长[10]。左冰（2011）认为1995—2008年中国旅游经济增长中，95%以上的贡献来自要素投入，技

---

[1] Hope C A. Is there an inverse relationship between service quality and productivity or not? It's all in the definition! [M]//Keller P, Bieger T. Productivity in tourism: fundamentals and concepts for achieving growth and competitiveness. Berlin: Erich Schmidt – Verlag, 2007: 111 – 122.

[2] King B, McVey M. Hotels in Australia 1988—2003: A tale of booms and busts [J]. Tourism Economics, 2006, 12 (2): 225 – 246.

[3] Parrilla J C, Font A R, Nadal J R. Tourism and long – term growth a Spanish perspective [J]. Annals of Tourism Research, 2007, 34 (3): 709 – 726.

[4] Inman R P. Managing the service economy [M]. Cambridge: Cambridge University Press, 1985.

[5] Smeral E. Growth accounting for hotel and restaurant industries [J]. Journal of Travel Research, 2009, 47 (4): 413 – 424.

[6] 唐晓云. 中国旅游经济增长因素的理论与实证研究 [D]. 天津：天津大学, 2007.

[7] 李仲广, 宋慧林. 中国旅游业增长的要素贡献率 [J]. 辽宁工程技术大学学报（社会科学版），2008, 10 (2): 138 – 140.

[8] 左冰, 保继刚. 1992—2005年中国旅游业全要素生产率及省际差异 [J]. 地理学报, 2008, 63 (4): 417 – 427.

[9] 黄秀娟. 中国旅游产业经济增长的因素贡献分析 [J]. 技术经济, 2009, 28 (7): 67 – 71.

[10] 牛丹丹, 郑志娟, 刘熠萌. 基于柯布－道格拉斯生产函数对全国旅游产业要素的贡献分析 [J]. 农技服务, 2010, 27 (11): 1478 – 1480.

术进步的影响十分小[1]。饶品样（2012）认为1991—2010年中国旅游业增长的动力主要来自资本和劳动投入的增长，要素利用率的提高，而不是技术进步，仍然属于投资驱动型增长[2]。宋子千和韩元军（2013）以2005—2009年中国22个旅游城市为研究对象，得出虽然资本仍然是旅游经济增长的主要动力，但技术进步与技术效率的作用在逐渐增强，旅游业在向现代服务业迈进[3]。吴玉鸣（2014）认为2001—2009年我国旅游经济增长属于资本要素驱动，是一种资本密集型产业，劳动驱动作用尚不明显[4]。罗浩等（2016）基于资源经济学理论，在传统动力上引入了旅游资源要素投入对旅游经济增长的贡献，得出1991—2009年我国西部地区多是旅游资源驱动，东部和中部地区多是资本驱动旅游经济增长，全国旅游业发展主要是自然资源驱动[5]。Zha和Li（2016）以2005—2012年中国旅游业为研究对象，得出2005—2008年中国旅游经济增长属于要素投入驱动，2008—2012年属于全要素生产率驱动，全要素生产率对旅游经济增长的贡献已经超过了要素投入贡献[6]。东中西部各区域旅游经济增长动力存在差异，中部与西部的旅游经济增速超过东部，中部主要受规模效率驱动，西部主要受纯技术效率驱动（查建平等，2017）[7]。杨天英等（2017）将旅游资源和服务资源作为旅游经济增长贡献之一，实证得出2000—2014年我国旅游经济增长近98%来自资本投入和旅游资源贡献，属于资本-旅游资源共同驱动型增长方式[8]。刘小燕（2018）实证发现1997—2015年我国旅游经济增长仍主要受资本驱动，2007—2010年劳动投入出现负贡献，提出不优化人力资本会导致劳动投入

---

[1] 左冰. 中国旅游经济增长因素及其贡献度分析［J］. 商业经济与管理，2011，1（10）：82-90.

[2] 饶品样. 中国旅游产业增长的技术因素及其贡献分析［J］. 郑州大学学报（哲学社会科学版），2012，45（4）：69-72.

[3] 宋子千，韩元军. 中国旅游产业的增长方式与面向现代服务业的转型——基于2005—2009年22个旅游城市面板数据的实证分析［J］. 经济地理，2013，33（10）：163-167.

[4] 吴玉鸣. 旅游经济增长及其溢出效应的空间面板计量经济分析［J］. 旅游学刊，2014，29（2）：16-24.

[5] 罗浩，颜钰荛，杨旸. 中国各省的旅游增长方式"因地制宜"吗？——中国省际旅游增长要素贡献与旅游资源比较优势研究［J］. 旅游学刊，2016，31（3）：43-53.

[6] Zha J, Li Z. Drivers of tourism growth: evidence from China［J］. Tourism Economics, 2017, 23（5）：941-962.

[7] 查建平，贺腊梅，舒皓羽. 中国旅游经济增长源泉分解及其时空演化特征［J］. 长江流域资源与环境，2017，26（12）：1981-1990.

[8] 杨天英，李许卡，曾瑶. 我国旅游经济增长方式及省际差异实证研究——基于省际面板数据［J］. 经济体制改革，2017（4）：64-69.

阻碍旅游经济增长[①]。

表 2.3 中国旅游经济增长动力研究

来源	研究对象	研究模型	主要动力
唐晓云（2007）	1992—2005 年中国	主成分回归	资本投入
李仲广和宋慧林（2008）	1996—2005 年中国	Dension 要素分析法	劳动力投入
左冰和保继刚（2008）	1992—2005 年中国	生产函数法	劳动力投入
黄秀娟（2009）	1996—2006 年中国	生产函数法	资本和劳动力增长
牛丹丹等（2010）	2001—2008 年中国	生产函数法	资本投入
左冰（2011）	1995—2008 年中国	回归计量	资本投入
饶品样（2012）	1991—2010 年中国	索洛余值	资本和劳动力增长、要素利用率提高
宋子千和韩元军（2013）	2005—2009 年中国 22 个旅游城市	回归计量	资本、技术进步和技术效率
吴玉鸣（2014）	2001—2009 年中国	空间面板计量	资本投入
罗浩等（2016）	1991—2009 年中国	经济增长模型	西部地区多为资源驱动，东部和中部地区多为资本驱动
Zha 和 Li（2016）	2005—2012 年中国	非参数分解模型	2005—2008 年属于要素驱动，2008—2012 年属于全要素生产率驱动
杨天英等（2017）	2000—2014 年中国	生产函数法	资本和旅游资源共同驱动
刘小燕（2018）	1997—2015 年中国	生产函数法	资本投入与技术进步

注：由作者整理制作

2.3.3 旅游经济增长质量研究进展

目前关于旅游经济增长质量的研究并没有形成一个系统的分析框架。杨

---

① 刘小燕. 基于 Tinbergen C-D 生产函数视角的中国旅游业经济增长分析 [J]. 统计与决策，2018，34（13）：138—141.

若平和段圳宗（2001）从调整旅游产品结构、转变旅游经济增长方式和提高旅游服务质量等方面，定性地为云南省提高旅游经济增长质量提供了建议[①]。张洪和候利莉（2015）认为旅游经济增长质量包括旅游经济增长的稳定性、协调性、可持续性等方面，建立了多层级多指标的评价体系，以2012年全国省级截面数据为实证对象，提出了提升增长质量的建议[②]。刘佳等（2016）从效率、结构、环境三方面出发，同样构建了多指标旅游经济增长质量评价体系，以2003—2012年全国省级面板数据为实证对象，根据东中西部空间差异，提出了促进中国旅游经济增长质量提升的建议[③]。鉴于现有旅游经济增长质量评价指标多样化，本研究基于前文的旅游经济增长动力文献综述，得出旅游效率与全要素生产率提高是经济长期可持续增长的保障，也是衡量旅游经济增长质量的主要指标，为了贯穿前后，此处通过对旅游效率与全要素生产率的相关研究进行综述，反映旅游经济增长质量的研究进展。

在Web of Science数据库中以"tourism" OR "hotel" OR "travel" OR "restaurant" AND "efficiency" OR "productivity" OR "total factor productivity"和中国知网数据库中以"旅游效率"或"旅游全要素生产率"为主题词进行搜索，整理SSCI和CSSCI中与之相关的文献，制作成表2.4。

表2.4 旅游效率与全要素生产率相关研究

来源	研究对象	研究模型	产出指标	投入指标
研究对象为酒店				
Morey and Dittman (1995)[④]	1993年美国的54家酒店	投入导向的数据包络分析模型	客房总收入、顾客平均满意度	房间数量、环境因素、可控因素（客房部工资、利润和膳食）

[①] 杨若平，段圳宗. 提高旅游经济增长质量全面提升云南旅游业水平 [J]. 经济问题探索，2001（11）：118-120.

[②] 张洪，候利莉. 基于AHP的旅游经济发展质量评价研究 [J]. 资源开发与市场，2015，31（10）：1277-1280.

[③] 刘佳，王娟，奚一丹. 中国旅游经济增长质量的空间格局演化 [J]. 经济管理，2016，38（8）：171-184.

[④] Morey R C, Dittman D A. Evaluating a hotel GM's performance [J]. Cornell Hotel & Restaurant Administration Quarterly，1995，36（5）：30-35.

续表

来源	研究对象	研究模型	产出指标	投入指标
Anderson et al. (1999)[①]	1994年Las Vegas、Atlantic City、Florida和Hawaii地区的48家酒店	随机前沿分析模型	客房、游戏（博彩）、餐饮收入及其他收入	全职从业人数、房间总数、游戏（博彩）费用、餐饮总费用及其他费用
Anderson et al. (2000)[②]	1994年Las Vegas、Atlantic City、Florida和Hawaii地区的48家酒店	投入导向的数据包络分析模型	客房、游戏（博彩）、餐饮收入及其他收入	全职从业人数、房间总数、游戏（博彩）费用、餐饮总费用及其他费用
Brown and Ragsdale (2002)[③]	2001年美国46家酒店	产出导向的数据包络分析模型	顾客满意度、连锁饭店的品牌价值	投诉、服务质量、酒店物业及客房的状况及清洁度
Hwang and Chang (2003)[④]	1994与1998年中国台湾地区的45家酒店	产出导向的数据包络分析模型、Malmquist指数	客房收入、餐饮收入及其他收入	全职员工人数、客房数量、餐饮部门总面积、营业费用
Morey and Dittman (2003)[⑤]	1993年美国的54家酒店	投入导向的数据包络分析模型	收入、利润、服务满意度指数、有形设施满意度指数	资源消耗、入住率、劳动力、客房数量

[①] Anderson R I, Fish M, Xia Y, et al. Measuring efficiency in the hotel industry: a stochastic frontier approach [J]. International Journal of Hospitality Management, 1999, 18 (1): 45—57.

[②] Anderson R I, Fok R, Scott J. Hotel industry efficiency: an advanced linear programming examination [J]. American Business Review, 2000, 18 (1): 40—48.

[③] Brown J R, Ragsdale C T. The competitive market efficiency of hotel brands: an application of data envelopment analysis [J]. Journal of Hospitality & Tourism Research, 2002, 26 (4): 332—360.

[④] Hwang S N, Chang T Y. Using data envelopment analysis to measure hotel managerial efficiency change in Taiwan [J]. Tourism Management, 2003, 24 (2): 357—369.

[⑤] Morey R C, Dittman D A. Update and extension to "evaluating a hotel GM's performance" [J]. Cornell Hotel & Restaurant Administration Quarterly, 2003, 44 (5): 60—68.

续表

来源	研究对象	研究模型	产出指标	投入指标
Sigala (2003)[1]	2001年希腊的216家酒店	产出导向的数据包络分析模型	网站访问量、预订、客户服务质量、每日平均房价	与客户关系、虚拟信息、分发和交易空间相关的变量
Barros and Alives (2004)[2]	1999—2001年葡萄牙126家酒店	数据包络分析模型、Malmquist生产率指数	销售额、顾客人数、入住的夜晚	全职员工、劳动成本、运营成本、其他成本
Barros (2004)[3]	2000年葡萄牙的216家酒店	随机前沿分析模型	销售额、入住的夜晚	劳动力、资本、粮食、经理的意见
Chiang et al. (2004)[4]	2000年中国台湾地区的25家酒店	投入导向的数据包络分析模型	收益指数、餐饮收入、其他收入	酒店客房、餐饮容量、员工人数、总成本
彭建军和陈浩（2004）[5]	1999—2002年北京、上海和广东的星级酒店	投入导向的数据包络分析模型	营业收入、人均实现利润、客房出租率	固定资产、从业人员
Barros (2005)[6]	2001年葡萄牙连锁品牌下的43家酒店	产出导向的数据包络分析模型	销售量、客人数量、过夜（住宿）天数	全职员工数、劳动力成本、酒店面积、产业账面价值、房间数量、营运成本及外部成本

---

[1] Sigala M. Developing and benchmarking Internet marketing strategies in the hotel sector in Greece [J]. Journal of Hospitality & Tourism Research，2003，27（4）：375—401.

[2] Barros C P，Alves F P. Productivity in the tourism industry [J]. International Advances in Economic Research，2004，10（3）：215—225.

[3] Barros C P. A stochastic cost frontier in the Portuguese hotel industry [J]. Tourism Economics the Business & Finance of Tourism & Recreation，2004，10（2）：177—192.

[4] Chiang W E，Tsai M H，Wang S M. A DEA evaluation of Taipei hotels [J]. Annals of Tourism Research，2004，31（3）：712—715.

[5] 彭建军，陈浩. 基于DEA的星级酒店效率研究——以北京、上海、广东相对效率分析为例 [J]. 旅游学刊，2004，19（2）：59—62.

[6] Barros C P. Measuring efficiency in the hotel sector [J]. Annals of Tourism Research，2005，32（2）：456—477.

续表

来源	研究对象	研究模型	产出指标	投入指标
Barros (2005)[1]	2000—2001年葡萄牙连锁品牌下的42家酒店	延伸的数据包络分析模型（two-stage）、Malmquist指数	销售量、入住人数、入住夜晚数	全职员工数、物质资本
Barros (2006)[2]	1998—2002年葡萄牙15家酒店	随机前沿分析模型	销售量、市场占有率	经营成本、总薪金支出、雇员、房地产账面价值
Barros and Mascarehas (2005)[3]	2001年葡萄牙连锁品牌下的43家酒店	数据包络分析模型	销售量、入住人数、入住夜晚数	全职员工数、物质资本、房间数
Wang et al. (2006)[4]	2001年中国台湾地区的49家国际酒店	投入导向的数据包络分析模型	客房收入、餐饮部收入、其他收入	客房及餐饮部全职员工数、客房数量、餐饮部面积
Davutyan (2007)[5]	2003年土耳其的21家酒店	投入导向的数据包络分析模型	入住率	现有的床位、雇员、营业费用
Min et al. (2008)[6]	2002—2003年韩国的豪华酒店	数据包络分析模型	净利润、房间出租率	房间成本、食物饮料费用、其他服务费用
Barros and Dieke (2008)[7]	2000—2006年非洲Luanda的12家酒店	产出导向的数据包络分析模型	销售量	总成本、投资额

[1] Barros C P. Evaluating the efficiency of a small hotel chain with a Malmquist productivity index [J]. International Journal of Tourism Research，2005，7（3）：173-184.

[2] Barros C P. Analysing the rate of technical change in the Portuguese hotel industry [J]. Tourism Economics，2006，12（3）：325-346.

[3] Barros C P, Mascarenhas M J. Technical and allocative efficiency in a chain of small hotels [J]. International Journal of Hospitality Management，2005，24（3）：415-436.

[4] Wang F C, Hung W T, Shang J K. Measuring the cost efficiency of international tourist hotels in Taiwan [J]. Tourism Economics，2006，12（1）：65-85.

[5] Davutyan N. Measuring the quality of hospitality at Antalya [J]. International Journal of Tourism Research，2007，9（1）：51-57.

[6] Min H, Min H, Joo S J. A data envelopment analysis-based balanced scorecard for measuring the comparative efficiency of Korean luxury hotels [J]. International Journal of Quality & Reliability Management，2008，25（4）：349-365.

[7] Barros C P, Dieke P U C. Technical efficiency of African hotels [J]. International Journal of Hospitality Management，2008，27（3）：438-447.

续表

来源	研究对象	研究模型	产出指标	投入指标
Shang et al. (2008)[1]	2005年中国台湾地区的57家国际酒店	数据包络分析模型	客房收入、餐饮收入	客房数、餐饮供给能力、全职员工数、运营费用
Zhou et al. (2008)[2]	2005年中国31个省（区、市）的酒店	数据包络分析模型	总收入、平均入住率	全职员工总数、客房数、酒店业固定资产
Botti et al. (2009)[3]	1997年法国的16家酒店	数据包络分析模型	销售额	成本、规模、连锁成立年限
Perrigot et al. (2009)[4]	法国的15家连锁酒店	数据包络分析模型	入住率、总销售额	连锁年限、连锁规模、忠诚度
Chen (2009)[5]	2008年中国台湾地区的7家连锁酒店	数据包络分析模型	入住率、客户满意度、客房收入、其他收入	楼层总面积、客房数、运营费用、折旧费
Min et al. (2009)[6]	2003年韩国的31家酒店	数据包络分析模型	客房收入、餐饮收入、运营收入	土地、建筑、其他固定资产、区位

---

[1] Shang J K, Hung W T, Lo C F, et al. Ecommerce and hotel performance: three-stage DEA analysis [J]. The Service Industries Journal, 2008, 28 (4): 529-540.

[2] Zhou Z, Huang Y, Hsu M K. Using data envelopment analysis to evaluate efficiency: an exploratory study of the Chinese hotel industry [J]. Journal of Quality Assurance in Hospitality & Tourism, 2008, 9 (3): 240-256.

[3] Botti L, Briec W, Cliquet G. Plural forms versus franchise and company-owned systems: a DEA approach of hotel chain performance [J]. Omega, 2009, 37 (3): 566-578.

[4] Perrigot R, Cliquet G, Piot-Lepetit I. Plural form chain and efficiency: insights from the French hotel chains and the DEA methodology [J]. European Management Journal, 2009, 27 (4): 268-280.

[5] Chen T H. Performance measurement of an enterprise and business units with an application to a Taiwanese hotel chain [J]. International Journal of Hospitality Management, 2009, 28 (3): 415-422.

[6] Min H, Min H, Joo S J. A data envelopment analysis on assessing the competitiveness of Korean hotels [J]. The Service Industries Journal, 2009, 29 (3): 367-385.

续表

来源	研究对象	研究模型	产出指标	投入指标
Yu and Lee (2009)[1]	2004年的中国台湾地区的57家国际酒店	数据包络分析模型	客房总收入、餐饮收入、其他收入	客房部全职员工数量、餐饮部全职员工数量、客房数、餐饮部楼层面积、各个服务部门的总费用
Barros et al. (2009)[2]	1998—2004年葡萄牙的15家酒店	数据包络分析模型、Luenberger生产率指数	销售额、附加值	员工人数、物质资产
Ashrafi et al. (2013)[3]	1995—2010新加坡的酒店	延伸的数据包络分析模型（超效率）	客房盈利、餐饮盈利、入住率、租金	平均房价、国际旅游者人次、GDP
Corne (2015)[4]	2013年法国48家的酒店	产出导向数据包络分析模型	入住率、每间房盈利额	开支预算
Aissa and Goaied (2016)[5]	2000—2010年突尼斯的27家酒店	数据包络分析模型	总营业额	直接和间接费用
研究对象为旅行社、餐饮等旅游企业					
Bell and Morey (1995)[6]	1993年美国31家的旅行企业	数据包络分析模型	服务水平评价	旅行开支、其他成本
Wöber (2000)[7]	1997年澳大利亚的61家酒店与饭店	投入导向的数据包络分析模型	住宿总收入、餐饮收入、平均床位占用率	总薪金、能源、清洁、维护、沟通、营销与管理费用

[1] Yu M M, Lee B C Y. Efficiency and effectiveness of service business: evidence from international tourist hotels in Taiwan [J]. Tourism Management, 2009, 30 (4): 571-580.

[2] Barros C P, Peypoch N, Solonandrasana B. Efficiency and productivity growth in hotel industry [J]. International Journal of Tourism Research, 2009, 11 (4): 389-402.

[3] Ashrafi A, Seow H V, Lee L S, et al. The efficiency of the hotel industry in Singapore [J]. Tourism Management, 2013, 37: 31-34.

[4] Corne A. Benchmarking and tourism efficiency in France [J]. Tourism Management, 2015, 51: 91-95.

[5] Aissa S B, Goaied M. Determinants of Tunisian hotel profitability: the role of managerial efficiency [J]. Tourism Management, 2016, 52: 478-487.

[6] Bell R A, Morey R C. Increasing the efficiency of corporate travel management through macro benchmarking [J]. Journal of Travel Research, 1995, 33 (3): 11-20.

[7] Wober K W. Benchmarking hotel operations on the Internet: a data envelopment analysis approach [J]. Information Technology & Tourism, 2000, 3 (3): 195-211.

续表

来源	研究对象	研究模型	产出指标	投入指标
Barros and Matias (2006)[①]	2000—2004年葡萄牙的25家旅行社	随机前沿分析模型	营业额	运营成本、人均工资、物质资本
Köksal and Aksu (2007)[②]	2004年土耳其Antalya地区的155家旅行社	数据包络分析模型	客户数	员工数、年花费、服务设施容量
Reynolds and Thompson (2007)[③]	2001年美国的62家连锁餐厅	产出导向的数据包络分析模型	每年销售额	员工数、工作时长、餐厅面积、餐厅座位
Giménez-García et al. (2007)[④]	2001—2002年西班牙的54家连锁餐厅	延伸的数据包络分析模型（three-stage）	销售额、质量评价	员工人数、餐厅座位
Fuentes (2011)[⑤]	2008年西班牙的22家旅行社	延伸的数据包络分析模型（Bootstrap）	客户数、客户人均消费	员工数、年支出、潜在服务
Assaf (2012)[⑥]	2007—2009年亚太地区10个国家的酒店与旅行运营企业	随机前沿分析模型、数据包络分析模型	总盈利	固定资产、全职员工、其他运营成本

---

① Barros C P, Matias Á. Assessing the efficiency of travel agencies with a stochastic cost frontier: a Portuguese case study [J]. International Journal of Tourism Research, 2006, 8 (5): 367−379.

② Köksal C D, Aksu A A. Efficiency evaluation of a-group travel agencies with data envelopment analysis (DEA): a case study in the Antalya region, Turkey [J]. Tourism Management, 2007, 28 (3): 830−834.

③ Reynolds D, Thompson G M. Multiunit restaurant productivity assessment using three-phase data envelopment analysis [J]. International Journal of Hospitality Management, 2007, 26 (1): 20−32.

④ Giménez-García V M, Martínez-Parra J L, Buffa F P. Improving resource utilization in multi-unit networked organizations: the case of a Spanish restaurant chain [J]. Tourism Management, 2007, 28 (1): 262−270.

⑤ Fuentes R. Efficiency of travel agencies: a case study of Alicante, Spain [J]. Tourism Management, 2011, 32 (1): 75−87.

⑥ Assaf A G. Benchmarking the Asia Pacific tourism industry: a Bayesian combination of DEA and stochastic frontier [J]. Tourism Management, 2012, 33 (5): 1122−1127.

续表

来源	研究对象	研究模型	产出指标	投入指标
Goncalves et al. (2012)[①]	2006—2008年摩洛哥的15家旅行社	延伸的数据包络分析模型（inverse Bconvex）	销售额、利润	薪资外的运营成本、薪资、资本
任毅等（2017）[②]	2011—2015年中国的26家旅游上市公司	数据包络分析模型、Malmquist指数	净利润、主营业务收入	公司总资产、员工人数
研究对象为旅游景点				
Barrio et al. (2009)[③]	2004年西班牙的224座博物馆	数据包络分析模型	游客数量	员工数量、馆藏情况、可用设备
Taheri and Ansari (2013)[④]	2008—2010年伊朗Tehran的19家博物馆	数据包络分析模型	游客数量	空间及可进入性、人力资本、设施费用、宣传花费
Fuentes et al. (2012)[⑤]	2003—2008年西班牙和葡萄牙的22家海滩旅游目的地	延伸的数据包络分析模型（three-stage）	旅游业收入、人均停留时间、人均每日花费	海滩床数量、员工数、年均气温、海滩长度、带生态标签的海岸数量
Goncalves (2013)[⑥]	2008—2010年法国的64家滑雪度假目的地	数据包络分析模型、Luenberger生产率指数	旅游停留时间、景区收入	滑索数量、开放时长、员工人数、电力

[①] Goncalves O, Liang Q B, Peypoch N, et al. Technical efficiency measurement and inverse B-Convexity: moroccan travel agencies [J]. Tourism Economics, 2012, 18 (3): 597-606.

[②] 任毅, 刘婉琪, 赵珂, 等. 中国旅游上市公司经营效率的测度与评价——基于混合DEA模型的实证分析 [J]. 旅游学刊, 2017, 32 (7): 27-36.

[③] Del Barrio M J, Herrero L C, Sanz J Á. Measuring the efficiency of heritage institutions: a case study of a regional system of museums in Spain [J]. Journal of Cultural Heritage, 2009, 10 (2): 258-268.

[④] Taheri H, Ansari S. Measuring the relative efficiency of cultural-historical museums in Tehran: DEA approach [J]. Journal of Cultural Heritage, 2013, 14 (5): 431-438.

[⑤] Fuentes M, González G, Morini M. Measuring efficiency of sun & beach tourism destinations [J]. Annals of Tourism Research, 2012, 39 (2): 1248-1251.

[⑥] Goncalves O. Efficiency and productivity of French ski resorts [J]. Tourism Management, 2013, 36: 650-657.

续表

来源	研究对象	研究模型	产出指标	投入指标
刘长生（2012）①	2005—2010年张家界市景区	数据包络分析模型、随机前沿分析模型	旅游总人次、旅游景区环境质量指数	员工工资性支出、固定资产投资性支出、办公性支出、燃料支出、金融性转移支出、其他支出
刘改芳和杨威（2013）②	2008—2010年山西的18个人文类景区	数据包络分析模型	旅游收入、旅游人次	资金投入总量、从业人员数
查建平和王挺之（2015）③	2012和2013年四川省成都市的26家旅游景区	延伸的数据包络分析模型（网络DEA）	旅游收入、初始碳足迹、最终碳足迹	从业人数、固定资产投资、旅游资源禀赋、垃圾清理与回收年度费用、林地面积
Ma et al.（2009）④	2001—2005年中国的72个国家公园	数据包络分析模型	旅游收入	开支费用、投资额、员工数
曹芳东等（2014）⑤	1982、1988、1994、2000和2010年国家级风景名胜区	数据包络分析模型	旅游收入、游客人数	土地面积、景区从业人数、固定资产投资、经营支出
Xu et al.（2016）⑥	2013年中国的203家国家级风景名胜区	延伸的数据包络分析模型（three-stage）	公众参与度、关注者	运营费用、维护费用、固定资产总投资

---

① 刘长生. 低碳旅游服务提供效率评价研究——以张家界景区环保交通为例 [J]. 旅游学刊, 2012, 27 (3)：90-98.

② 刘改芳, 杨威. 基于DEA的文化旅游业投资效率模型及实证分析 [J]. 旅游学刊, 2013, 28 (1)：77-84.

③ 查建平, 王挺之. 环境约束条件下景区旅游效率与旅游生产率评估 [J]. 中国人口·资源与环境, 2015, 25 (5)：92-99.

④ Ma X L, Bao J G, Ryan C. Evaluating the total factor productivity growth of national parks in China with data enveloped analysis [J]. Asia Pacific Journal of Tourism Research, 2009, 14 (4)：385-402.

⑤ 曹芳东, 黄震方, 余凤龙, 等. 国家级风景名胜区旅游效率空间格局动态演化及其驱动机制 [J]. 地理研究, 2014, 33 (6)：1151-1166.

⑥ Xu J, Wei J, Zhao D. Influence of social media on operational efficiency of national scenic spots in china based on three-stage DEA model [J]. International Journal of Information Management, 2016, 36 (3)：374-388.

续表

来源	研究对象	研究模型	产出指标	投入指标
Cao et al. (2016)①	1982—2010年中国的国家级风景名胜区	数据包络分析模型	旅游收入、游客人数	风景区土地面积、固定资产投资额、景区从业人数、经营支出
研究对象为区域旅游				
朱顺林 (2005)②	2003年中国31个省（区、市）	数据包络分析模型	旅游收入	旅游从业人数、固定资产
顾江和胡静 (2007)③	1997、2001、2005年中国31个省（区、市）	投入导向的数据包络分析模型	旅游收入	地区旅游资源、旅游服务设施、基础交通条件、接待服务质量、旅游管理水平
Peypoch (2007)④	2000—2003年法国	数据包络分析模型、Luenberger生产率指数	旅游总收入	过夜旅游人次及其消费
Crocolici et al. (2008)⑤	2001年意大利的103个地区	数据包络分析模型与随机前沿分析模型	过夜数	文化遗产数、教育水平、劳动力
左冰和保继刚 (2008)⑥	1992—2005年中国31个省（区、市）	生产函数法	旅游企业营业收入	年末就业人数、资本存量
朱承亮等 (2009)⑦	2000—2006年中国31个省（区、市）	随机前沿分析模型	旅游营业收入	旅游从业人员、固定资产投入量

---

① Cao F, Huang Z, Jin C, et al. Influence of Chinese economic fluctuations on tourism efficiency in national scenic areas [J]. Tourism Economics, 2016, 22 (5): 884-907.

② 朱顺林. 区域旅游产业的技术效率比较分析 [J]. 经济体制改革, 2005 (2): 116-119.

③ 顾江, 胡静. 中国分省区旅游生产效率模型创建与评价 [J]. 同济大学学报（社会科学版）, 2008, 19 (4): 93-98.

④ Peypoch N. On measuring tourism productivity [J]. Asia Pacific Journal of Tourism Research, 2007, 12 (3): 237-244.

⑤ Cracolici M F, Nijkamp P, Rietveld P. Assessment of tourism competitiveness by analysing destination efficiency [J]. Tourism Economics, 2008, 14 (2): 325-342.

⑥ 左冰, 保继刚. 1992—2005年中国旅游业全要素生产率及省际差异 [J]. 地理学报, 2008, 63 (4): 417-427.

⑦ 朱承亮, 岳宏志, 严汉平, 等. 基于随机前沿生产函数的我国区域旅游产业效率研究 [J]. 旅游学刊, 2009, 24 (12): 18-22.

续表

来源	研究对象	研究模型	产出指标	投入指标
Barros et al. (2011)[①]	2003—2007年法国22个地区	数据包络分析模型	过夜人数	旅游人次、酒店房间数
Hadad et al. (2012)[②]	2009年全球105个国家	延伸的数据包络分析模型（超效率）	旅游人数、人均旅游花费	旅游从业人数、住宿容量、文化资源、自然资源
许陈生(2012)[③]	2000—2007年中国31个省（区、市）	数据包络分析模型	营业收入、旅游外汇收入、税金	固定资产、旅游从业人员
曹芳东等(2012)[④]	1998—2008年中国上海、江苏、浙江和安徽	数据包络分析模型、Malmquist生产率指数	旅游总人数、旅游总收入	城市第三产业从业人数、旅游吸引力的资源要素、服务要素
赵磊(2013)[⑤]	2001—2009年中国30个省（区、市）	数据包络分析模型、Malmquist生产率指数	旅游业总收入	固定资产投资、旅游业从业人员
杨春梅和赵宝福(2014)[⑥]	2010年中国50强旅游城市	延伸的数据包络分析模型（三阶段）	旅游人数、旅游总收入	旅游资源吸引力、星级饭店数量、旅行社的数量
龚艳和郭峥嵘(2014)[⑦]	2001—2012年中国江苏省13个市	数据包络分析模型	国内旅游收入与接待人次、国际旅游收入与接待人次	星级饭店数量、旅行社数量、旅游景区数量、第三产业从业人员、等级公路密度

---

① Barros C P, Botti L, Peypoch N, et al. Performance of French destinations: tourism attraction perspectives [J]. Tourism Management, 2011, 32 (1): 141−146.

② Hadad S, Hadad Y, Malul M, et al. The economic efficiency of the tourism industry: a global comparison [J]. Tourism Economics, 2012, 18 (5): 931−940.

③ 许陈生. 财政分权，法治环境与地方旅游业效率 [J]. 旅游学刊，2012，27 (5): 80−87.

④ 曹芳东，黄震方，吴江，等. 城市旅游发展效率的时空格局演化特征及其驱动机制——以泛长江三角洲地区为例 [J]. 地理研究，2012，31 (8): 1431−1444.

⑤ 赵磊. 中国旅游全要素生产率差异与收敛实证研究 [J]. 旅游学刊，2013，28 (11): 12−23.

⑥ 杨春梅，赵宝福. 中国著名旅游城市旅游业的效率研究 [J]. 旅游科学，2014，28 (1): 65−75.

⑦ 龚艳，郭峥嵘. 江苏旅游业发展效率及对策研究——基于超效率DEA和Malmquist指数分析 [J]. 华东经济管理，2014，28 (4): 7−12.

续表

来源	研究对象	研究模型	产出指标	投入指标
韩元军等(2015)[1]	2009—2011年中国北京、浙江、山东、河北和海南	延伸的数据包络分析模型（非期望DEA）	营业收入与营业税金、旅游业碳排放	从业人数、固定资产原值
郭悦等(2015)[2]	2005—2012年31个省（区、市）	数据包络分析模型	营业收入	旅游服务设施、从业人员、固定资产原值
Sun et al.(2015)[3]	2001—2009年中国31个省（区、市）	数据包络分析模型、Malmquist生产率指数	旅游总收入	旅游从业人数、固定资产
刘建国和刘宇（2015）[4]	2006—2013年中国杭州	数据包络分析模型	旅游总收入、旅游者总人数	第三产业从业人数、固定资本存量、旅游吸引力
王坤等(2016)[5]	2001、2007和2013年中国泛长三角城市	延伸的数据包络分析模型（boostrap）	旅游收入、旅游人次	旅游资源、旅游服务要素、旅游从业人数
王松茂等，(2016)[6]	2004—2013年中国新疆	数据包络分析模型、Malmquist生产率指数	旅游接待总人次、旅游总收入	旅游资源禀赋、旅行社数量、客房数、旅游固定资产投资
王虹和胡胜德(2017)[7]	2011—2016年"一带一路"省（区、市）	数据包络分析模型	接待游客数量、地区旅游收入	行业固定资产投资、行业就业人员数

---

[1] 韩元军，吴普，林坦. 基于碳排放的代表性省份旅游产业效率测算与比较分析 [J]. 地理研究，2015，34（10）：1957-1970.

[2] 郭悦，钟廷勇，安烨. 产业集聚对旅游业全要素生产率的影响——基于中国旅游业省级面板数据的实证研究 [J]. 旅游学刊，2015，30（5）：14-22.

[3] Sun J, Zhang J, Zhang J, et al. Total factor productivity assessment of tourism industry: evidence from China [J]. Asia Pacific Journal of Tourism Research, 2015, 20 (3): 280-294.

[4] 刘建国，刘宇. 2006—2013年杭州城市旅游全要素生产率格局及影响因素 [J]. 经济地理，2015，35（7）：190-197.

[5] 王坤，黄震方，曹芳东，等. 泛长江三角洲城市旅游绩效空间格局演变及其影响因素 [J]. 自然资源学报，2016，31（7）：1149-1163.

[6] 王松茂，邓峰，瓦哈甫·哈力克. 新疆旅游产业全要素生产率的时空演变 [J]. 经济地理，2016，36（5）：202-207.

[7] 王虹，胡胜德. 基于Tobit模型的"一带一路"旅游产业效率投资影响因素及策略研究 [J]. 中国软科学，2017（12）：62-70.

续表

来源	研究对象	研究模型	产出指标	投入指标
徐东等(2018)[①]	2003—2015年中国浙江省65个县城	延伸的数据包络分析模型(bootstrap)	旅游收入、旅游人次	旅游服务要素、资源要素、第三产业从业人数
Assaf and Tsionas (2018)[②]	2008—2012年全球101个地区	随机前沿分析模型	国际旅游人次、国内旅游收入、国际旅游收入、国际游客平均停留日期	旅游业从业人员、固定资产投资、酒店房间数
Chaabouni (2019)[③]	2008—2013年中国31个省（区、市）	延伸的数据包络分析模型（two-stage double bootstrap）	旅游收入	固定资产、劳动力、旅游人次

注：由作者整理制作

2.3.3.1 研究对象从旅游部门扩展到旅游产业

从表2.4可以看出，自20世纪90年代起，效率首先被应用于酒店，Morey和Dittman（1995）测算了54家酒店的运营效率，并以此为指标作为标杆比较酒店间的管理水平[④]。Anderson et al.（1999）测算了酒店的管理效率，反映管理者是否有效地利用资源[⑤]。如果不能进行有效的内部管理，酒店将不能在竞争市场中长期存活（Anderson et al, 2000）[⑥]。Wöber（2000）提出效率能够判断出行业内经营最好的酒店与饭店企业，为其余经营者提供可以借鉴学习的对象，从而帮助他们规划自身能够达到的最好目

[①] 徐冬，黄震方，胡小海，等. 浙江省县域旅游效率空间格局演变及其影响因素 [J]. 经济地理，2018，38（5）：197-207.

[②] Assaf A G, Tsionas M. The estimation and decomposition of tourism productivity [J]. Tourism Management，2018，65：131-142.

[③] Chaabouni S. China's regional tourism efficiency: a two-stage double bootstrap data envelopment analysis [J]. Journal of Destination Marketing & Management，2019，11：183-191.

[④] Morey R C, Dittman D A. Evaluating a hotel GM's performance [J]. Cornell Hotel & Restaurant Administration Quarterly，1995，36（5）：30-35.

[⑤] Anderson R I, Fish M, Xia Y, et al. Measuring efficiency in the hotel industry: a stochastic frontier approach [J]. International Journal of Hospitality Management，1999，18（1）：45-57.

[⑥] Anderson R I, Fok R, Scott J. Hotel industry efficiency: an advanced linear programming examination [J]. American Business Review，2000，18（1）：40-48.

标[1]。Brown和Ragsdale（2002）运用效率测算比较了酒店的品牌价值，相较于存在无效管理的竞争酒店，处于有效管理水平的酒店在相同投入情况下能够得到更好的顾客满意度和品牌价值[2]。Sigala（2003）将效率用来衡量酒店网络营销水平，对酒店的网络营销管理提出建议[3]。效率能够判断出酒店使用资源的有效情况以及找到优化的方向（Reynolds，2003）[4]。因为效率能够实现拥有多投入多产出的多个决策单元的绩效横向比较，逐渐被运用到更多的实证对象。实证对象为酒店部门：葡萄牙的酒店效率（Barros，2004）[5]、中国台湾地区的酒店效率（Chiang et al.，2004）[6]、中国北上广一线城市的星级酒店效率（彭建军和陈浩，2004）[7]、葡萄牙连锁酒店效率（Barros，2005）[8]、土耳其酒店效率（Davutyan，2007）[9]、韩国豪华酒店效率（Min et al.，2008）[10]、非洲酒店效率（Barros and Dieke，2008）[11]、法国酒店效率（Botti et al.，2009）[12]、新加坡酒店效率（Ashrafi et al.，

---

[1] Wöber K W. Benchmarking hotel operations on the Internet：a data envelopment analysis approach [J]. Information Technology & Tourism，2000，3：195—211.

[2] Brown J R, Ragsdale C T. The competitive market efficiency of hotel brands：an application of data envelopment analysis [J]. Journal of Hospitality & Tourism Research，2002，26（4）：332—360.

[3] Sigala M. Developing and benchmarking Internet marketing strategies in the hotel sector in Greece [J]. Journal of Hospitality & Tourism Research，2003，27（4）：375—401.

[4] Reynolds D. Hospitality-productivity assessment：using data-envelopment analysis [J]. Cornell Hotel and Restaurant Administration Quarterly，2003，44（2）：130—137.

[5] Barros C P. A stochastic cost frontier in the Portuguese hotel industry [J]. Tourism Economics the Business & Finance of Tourism & Recreation，2004，10（2）：177—192.

[6] Chiang W E, Tsai M H, Wang S M. A DEA evaluation of Taipei hotels [J]. Annals of Tourism Research，2004，31（3）：712—715.

[7] 彭建军，陈浩. 基于DEA的星级酒店效率研究——以北京、上海、广东相对效率分析为例 [J]. 旅游学刊，2004，19（2）：59—62.

[8] Barros C P. Measuring efficiency in the hotel sector [J]. Annals of Tourism Research，2005，32（2）：456—477.

[9] Davutyan N. Measuring the quality of hospitality at Antalya [J]. International Journal of Tourism Research，2007，9（1）：51—57.

[10] Min H, Min H, Joo S J. A data envelopment analysis-based balanced scorecard for measuring the comparative efficiency of Korean luxury hotels [J]. International Journal of Quality & Reliability Management，2008，25（4）：349—365.

[11] Barros C P, Dieke P U C. Technical efficiency of African hotels [J]. International Journal of Hospitality Management，2008，27（3）：438—447.

[12] Botti L, Briec W, Cliquet G. Plural forms versus franchise and company-owned systems：A DEA approach of hotel chain performance [J]. Omega，2009，37（3）：566—578.

2013)[1]、法国酒店效率（Corne，2015）[2]、突尼斯酒店效率（Aissa and Goaied，2016）[3]。实证对象为旅行社、餐饮等旅游企业：美国旅行企业效率（Bell and Morey，1995）[4]、葡萄牙旅行社效率（Barros and Matias 2006）[5]、土耳其旅行社效率（Köksal and Aksu 2007）[6]、美国饭店效率（Reynolds and Thompson，2007）[7]、西班牙饭店效率（Giménez-García et al.，2007）[8]、西班牙旅行社效率（Fuentes，2011）[9]、摩洛哥旅行社效率（Goncalves et al.，2012）[10]、中国旅游上市公司效率（许陈生，2007；任毅等，2017）[11][12]。实证对象为旅游景点：西班牙和葡萄牙的海滩旅游目的地效率（Fuentes et al.，2012）[13]、中国人文类景区效率（刘改芳和杨威，

---

[1] Ashrafi A, Seow H V, Lee L S, et al. The efficiency of the hotel industry in Singapore [J]. Tourism Management, 2013, 37: 31-34.

[2] Corne A. Benchmarking and tourism efficiency in France [J]. Tourism Management, 2015, 51: 91-95.

[3] Aissa S B, Goaied M. Determinants of Tunisian hotel profitability: the role of managerial efficiency [J]. Tourism Management, 2016, 52: 478-487.

[4] Bell R A, Morey R C. Increasing the efficiency of corporate travel management through macro benchmarking [J]. Journal of Travel Research, 1995, 33 (3): 11-20.

[5] Barros C P, Matias Á. Assessing the efficiency of travel agencies with a stochastic cost frontier: a Portuguese case study [J]. International Journal of Tourism Research, 2006, 8 (5): 367-379.

[6] Köksal C D, Aksu A A. Efficiency evaluation of a-group travel agencies with data envelopment analysis (DEA): a case study in the Antalya region, Turkey [J]. Tourism Management, 2007, 28 (3): 830-834.

[7] Reynolds D, Thompson G M. Multiunit restaurant productivity assessment using three-phase data envelopment analysis [J]. International Journal of Hospitality Management, 2007, 26 (1): 20-32.

[8] Giménez-García V M, Martínez-Parra J L, Buffa F P. Improving resource utilization in multi-unit networked organizations: the case of a Spanish restaurant chain [J]. Tourism Management, 2007, 28 (1): 262-270.

[9] Fuentes R. Efficiency of travel agencies: a case study of Alicante, Spain [J]. Tourism Management, 2011, 32 (1): 75-87.

[10] Goncalves O, Liang Q B, Peypoch N, et al. Technical efficiency measurement and inverse B-Convexity: moroccan travel agencies [J]. Tourism Economics, 2012, 18 (3): 597-606.

[11] 许陈生. 我国旅游上市公司的股权结构与技术效率 [J]. 旅游学刊, 2007, 22 (10): 34-39.

[12] 任毅, 刘婉琪, 赵珂, 等. 中国旅游上市公司经营效率的测度与评价——基于混合DEA模型的实证分析 [J]. 旅游学刊, 2017, 32 (7): 27-36.

[13] Fuentes M, González G, Morini M. Measuring efficiency of sun & beach tourism destinations [J]. Annals of Tourism Research, 2012, 39 (2): 1248-1251.

2013)①、西班牙博物馆效率（Barrio et al.，2009）②、伊朗 Tehran 博物馆效率（Taheri and Ansari，2013）③、中国国家级风景名胜区效率（曹芳东等，2014；Xu et al.，2016；Cao et al.，2016）④⑤⑥。

除了将效率应用到单独的旅游部门中，效率也被应用于区域旅游业中，Crocalici et al.（2008）测算了意大利 103 个地区的旅游效率，比较这些地区间的旅游竞争力⑦。Hadad et al.（2012）以全球 105 个国家（34 个发达国家和 71 个发展中国家）的旅游业为实证对象，对国家旅游业经济效率进行对比分析⑧。在中国区域旅游效率研究进展方面，朱顺林（2005）测算了 2003 年中国 31 个省（区、市）旅游业的综合效率⑨。顾江和胡静（2008）测算了 1997、2001 和 2005 年中国分省区的旅游生产效率，发现旅游生产效率呈现东西高，中部低的格局⑩。马晓龙（2009）认为区域经济不平衡导致的旅游资源投入规模差异，是旅游效率差异的根本原因⑪。朱承亮等（2009）测算了 2000—2006 年我国 31 个省（区、市）旅游业效率，全国旅游业效率均值仅 0.63，处于较低水平，且呈现出东中西依次递减特征，提出要改变产业增长方式来提高旅游业效率⑫。陶卓民等（2010）测算了

---

① 刘改芳，杨威. 基于 DEA 的文化旅游业投资效率模型及实证分析 [J]. 旅游学刊，2013，28（1）：77—84.

② Del Barrio M J，Herrero L C，Sanz J Á. Measuring the efficiency of heritage institutions: a case study of a regional system of museums in Spain [J]. Journal of Cultural Heritage，2009，10（2）：258—268.

③ Taheri H，Ansari S. Measuring the relative efficiency of cultural–historical museums in Tehran: DEA approach [J]. Journal of Cultural Heritage，2013，14（5）：431—438.

④ 曹芳东，黄震方，余凤龙，等. 国家级风景名胜区旅游效率空间格局动态演化及其驱动机制 [J]. 地理研究，2014，33（6）：1151—1166.

⑤ Xu J，Wei J，Zhao D. Influence of social media on operational efficiency of national scenic spots in china based on three–stage DEA model [J]. International Journal of Information Management，2016，36（3）：374—388.

⑥ Cao F，Huang Z，Jin C，et al. Influence of Chinese economic fluctuations on tourism efficiency in national scenic areas [J]. Tourism Economics，2016，22（5）：884—907.

⑦ Cracolici M F，Nijkamp P，Rietveld P. Assessment of tourism competitiveness by analysing destination efficiency [J]. Tourism Economics，2008，14（2）：325—342.

⑧ Hadad S，Hadad Y，Malul M，et al. The economic efficiency of the tourism industry: a global comparison [J]. Tourism Economics，2012，18（5）：931—940.

⑨ 朱顺林. 区域旅游产业的技术效率比较分析 [J]. 经济体制改革，2005（2）：116—119.

⑩ 顾江，胡静. 中国分省区旅游生产效率模型创建与评价 [J]. 同济大学学报（社会科学版），2008，19（4）：93—98.

⑪ 马晓龙，保继刚. 中国主要城市旅游效率影响因素的演化 [J]. 经济地理，2009，29（7）：1203—1208.

⑫ 朱承亮，岳宏志，严汉平，等. 基于随机前沿生产函数的我国区域旅游产业效率研究 [J]. 旅游学刊，2009，24（12）：18—22.

1999—2006年中国省际旅游业效率，同样得出总体效率偏低、空间上呈东中西部依次递减格局，并应用Malmqusit生产率指数得出加快技术进步是旅游业持续高效发展的有效手段[①]。2000—2007年我国东部地区旅游业效率始终高于中部与西部地区（许陈生，2012）[②]。梁明珠等（2013）测算了2005—2010年广东省21个地级市的旅游效率，按效率大小与效率变化对21个城市进行了战略分类[③]。马晓龙和金远亮（2015）测算了22年来张家界城市旅游的效率，划分张家界旅游经济发展阶段[④]。王虹和胡胜德（2017）测算了2011—2016年"一带一路"省（区、市）的旅游效率，技术进步的滞后导致旅游效率下降[⑤]。徐东等（2018）测算了2003—2015年中国浙江省65个县城旅游效率，得到浙江省县城旅游效率处于较高水平[⑥]。Assaf和Tsionas（2018）以全要素生产率为标杆对比了2008—2012年全球101个地区旅游发展水平[⑦]。Chaabouni（2019）测算了2008—2013年中国31个省（区、市）旅游效率，得出旅游效率处于较低水平[⑧]。

2.3.3.2 从测算延伸到旅游效率分解与旅游效率动态变化分解

在将旅游效率用作衡量某个旅游部门的管理绩效或某个地区的旅游发展水平，进行横向比较找到最优实践决策单元的基础上，研究者通过对旅游效率模型的创新，将旅游效率进一步分解成纯技术效率与规模效率。Barros（2005）将纯技术效率理解为与管理水平相关的因素，规模效率是与生产规

---

① 陶卓民，薛献伟，管晶晶. 基于数据包络分析的中国旅游业发展效率特征［J］. 地理学报，2010，65（8）：1004-1012.

② 许陈生. 财政分权、法治环境与地方旅游业效率［J］. 旅游学刊，2012，27（5）：80-87.

③ 梁明珠，易婷婷，Bin Li. 基于DEA-MI模型的城市旅游效率演进模式研究［J］. 旅游学刊，2013，28（5）：53-62.

④ 马晓龙，金远亮. 张家界城市旅游发展的效率特征与演进模式［J］. 旅游学刊，2015，30（2）：24-32.

⑤ 王虹，胡胜德. 基于Tobit模型的"一带一路"旅游产业效率投资影响因素及策略研究［J］. 中国软科学，2017（12）：62-70.

⑥ 徐冬，黄震方，胡小海，等. 浙江省县域旅游效率空间格局演变及其影响因素［J］. 经济地理，2018，38（5）：197-207.

⑦ Assaf A G, Tsionas M. The estimation and decomposition of tourism productivity［J］. Tourism Management，2018，65：131-142.

⑧ Chaabouni S. China's regional tourism efficiency: a two-stage double bootstrap data envelopment analysis［J］. Journal of Destination Marketing & Management，2019，11：183-191.

模的规模经济相关的部分[1]。梁流涛和杨建涛（2012）[2]、王坤等（2013）[3]分别以1999—2008年中国31个省（区、市）和2004—2010年长三角25个城市为实证对象，对旅游效率进行了纯技术效率与规模效率分解。龚艳和郭峥嵘（2014）以江苏省旅游业为研究对象，得出纯技术效率而非规模效率是影响旅游业效率的主要原因[4]。方叶林等（2015）测算了1997—2011年中国31个省（区、市）旅游业效率，从纯技术效率与规模效率两方面得出各地区效率提升的建议[5]。刘佳等（2015）将沿海地区旅游产业效率同样分解为纯技术效率与规模效率，认为纯技术效率是影响旅游效率的主要原因[6]。推动纯技术效率也被认为是湖北省旅游效率提升的关键因素（查建平，2016）[7]。另一种分解是在能够得到生产要素投入的价格数据时，将旅游效率分解为技术效率与配置效率。Barros和Mascarenhas（2005）指出技术效率表示在给定投入下实际产出与生产可能性边界上的最大潜力产出之比，配置效率表示根据各自的价格以最优比例组合使用投入和产出的能力，并以葡萄牙连锁酒店为实证对象，得到当酒店处于生产可能性边界下方时，技术效率存在无效率部分，即使处在生产可能性边界上，酒店也有可能存在无效率的配置[8]。因为投入要素的价格如果高于市场价格，投入成本变大导致配置无效。Wang et al.（2006）以中国台湾地区国际酒店为实证对象，测算了酒店总效率、技术效率、配置效率、纯技术效率和规模效率，得出台湾地区酒店无效率主要由技术效率没达到最佳实践技术导致[9]。第二种旅游效率的分解因为需要知道投入要素的价格，在分析区域旅游效率时无法实现，所以区

---

[1] Barros C P. Evaluating the efficiency of a small hotel chain with a Malmquist productivity index [J]. International Journal of Tourism Research，2005，7（3）：173−184.

[2] 梁流涛，杨建涛. 中国旅游业技术效率及其分解的时空格局 [J]. 地理研究，2012，31（8）：1422−1430.

[3] 王坤，黄震方，陶玉国，等. 区域城市旅游效率的空间特征及溢出效应分析——以长三角为例 [J]. 经济地理，2013，33（4）：161−167.

[4] 龚艳，郭峥嵘. 江苏旅游业发展效率及对策研究——基于超效率DEA和Malmquist指数分析 [J]. 华东经济管理，2014，28（4）：7−12.

[5] 方叶林，黄震方，李东和，等. 中国省域旅游业发展效率测度及其时空演化 [J]. 经济地理，2015，35（8）：189−195.

[6] 刘佳，陆菊，刘宁. 基于DEA−Malmquist模型的中国沿海地区旅游产业效率时空演化、影响因素与形成机理 [J]. 资源科学，2015，37（12）：2381−2393.

[7] 查建平. 旅游业能源消费、CO_2排放及低碳效率评估 [J]. 中国人口·资源与环境，2016，26（1）：47−54.

[8] Barros C P, Mascarenhas M J. Technical and allocative efficiency in a chain of small hotels [J]. International Journal of Hospitality Management，2005，24（3）：415−436.

[9] Wang F C, Hung W T, Shang J K. Measuring the cost efficiency of international tourist hotels in Taiwan [J]. Tourism Economics，2006，12（1）：65−85.

域旅游效率通常被分解为纯技术效率与规模效率，纯技术效率衡量剔除规模经济报酬后的技术效率，规模效率可以判断是否达到最佳生产规模，相当于在采用旅游效率衡量比较了各实证对象后，进一步将旅游效率差距细致到技术环节与规模经济环节。

旅游效率是同一时期的相对效率，因为参考时期的不同，所以无法直接比较不同时期的旅游效率是否变动，需要采用新的研究方法。Hwang 和 Chang（2003）采用 Färe et al.（1992）[①] 构建的 Malmquist 生产率指数比较 1994 年与 1998 年酒店效率的变动，判断酒店效率是否有提升，以此为标准将 45 家酒店分为六类，分类型提出管理战略[②]。Barros 和 Alves（2004）使用 Malmquist 生产率将酒店效率的变动归因于技术进步与技术效率变化[③]。技术进步的提高主要通过新技术、方法或程序的采用，是技术创新的结果。Ma et al.（2009）以国家公园为研究对象，运用 Malmquist 生产率指数得出技术效率变化对其生产率变化的影响超过技术进步[④]。Goncalves（2013）以法国滑雪度假目的地为实证对象，得出技术进步是滑雪度假目的地生产率变动的主要原因[⑤]。总的来说，可运用生产率指数来衡量旅游效率变动，并可以进一步将这种变动归因于技术进步和技术效率变化。

与此同时，旅游全要素生产率代表着旅游经济增长的质量变化，并解释在经济增长率中除要素投入积累之外的剩余部分贡献。Blake et al.（2006）计算了英国旅游企业的资本生产率、劳动生产率和全要素生产率，得出各个生产率增长 1% 对整个生产过程效率的贡献[⑥]。Such 和 Zamora（2006）以旅游业劳动生产率高低为基准衡量西班牙内部 17 个地区的旅游增长模式[⑦]。

[①] Färe R, Grosskopf S, Lindgren B, et al. Productivity changes in Swedish pharamacies 1980—1989: a non-parametric Malmquist approach [J]. Journal of Productivity Analysis, 1992, 3 (1-2): 85-101.

[②] Hwang S N, Chang T Y. Using data envelopment analysis to measure hotel managerial efficiency change in Taiwan [J]. Tourism Management, 2003, 24 (2): 357-369.

[③] Barros C P, Alves F P. Productivity in the tourism industry [J]. International Advances in Economic Research, 2004, 10 (3): 215-225.

[④] Ma X L, Bao J G, Ryan C. Evaluating the total factor productivity growth of national parks in China with data enveloped analysis [J]. Asia Pacific Journal of Tourism Research, 2009, 14 (4): 385-402.

[⑤] Goncalves O. Efficiency and productivity of French ski resorts [J]. Tourism Management, 2013, 36: 650-657.

[⑥] Blake A, Sinclair M T, Soria J A C. Tourism productivity: evidence from the United Kingdom [J]. Annals of Tourism Research, 2006, 33 (4): 1099-1120.

[⑦] Such M J, Zamora M D M. Spanish productivity: a regional approach [J]. Annals of Tourism Research, 2006, 33 (3): 666-683.

在中国旅游全要素生产率研究方面，左冰和保继刚（2008）测算了1992—2005年中国省际旅游业全要素生产率，认为技术进步增长率的差别造成了各地旅游发展水平不同[①]。赵磊（2013）测算了2001—2009年中国省际旅游业全要素生产率，运用Malmquist生产率指数发现技术进步是旅游全要素生产率增长的主要源泉[②]。何俊阳和贺灵（2015）分析了中国中部地区八个省份的旅游全要素生产率，得出旅游全要素生产率主要由技术进步驱动[③]。Sun et al.（2015）以2001—2009年中国31个省（区、市）旅游全要素生产率为实证对象，得出了相似的结论[④]。技术进步也是2004—2013年新疆及四个旅游区旅游全要素生产率增长的主要动因（王松茂等，2016）[⑤]。

2.3.3.3 探讨影响旅游效率与全要素生产率的外部因素

针对地区间旅游效率与全要素生产率的差异，学者认为地区的外部环境会影响这种差异。田喜洲和王渤（2003）从旅行社产品出发得出政府加强旅游市场管控能改善旅游整体效率较低的现状[⑥]。Alipour和Kilic（2005）分析了政府制度对Cyprus旅游发展的影响，得出提升政府管理能力能够实现旅游效率的提高[⑦]。Causevic和Lynch（2013）以Bosnia和Herzegovina为研究对象，得出稳定的政治才能有利旅游发展[⑧]。杨颖和王琴（2016）对全球47个国家入境旅游效率的影响因素进行研究，发现国家制度显著影响入境旅游效率[⑨]。马晓龙（2009）认为区域经济不平衡导致城市在发展旅游过程中组合利用各种资源能力存在差距，进而影响城市旅游绩效，并认为这是

[①] 左冰，保继刚. 1992—2005年中国旅游业全要素生产率及省际差异[J]. 地理学报，2008，63（4）：417-427.

[②] 赵磊. 中国旅游全要素生产率差异与收敛实证研究[J]. 旅游学刊，2013，28（11）：12-23.

[③] 何俊阳，贺灵. 中部地区旅游全要素生产率评价及其影响因素分析[J]. 湘潭大学学报（哲学社会科学版），2015，39（3）：85-90.

[④] Sun J, Zhang J, Zhang J, et al. Total factor productivity assessment of tourism industry: evidence from China [J]. Asia Pacific Journal of Tourism Research, 2015, 20 (3): 280-294.

[⑤] 王松茂，邓峰，瓦哈甫·哈力克. 新疆旅游产业全要素生产率的时空演变[J]. 经济地理，2016，36（5）：202-207.

[⑥] 田喜洲，王渤. 旅游市场效率及其博弈分析——以旅行社产品为例[J]. 旅游学刊，2003，18（6）：57-60.

[⑦] Alipour H, Kilic H. An institutional appraisal of tourism development and planning: the case of the Turkish Republic of North Cyprus (TRNC) [J]. Tourism Management, 2005, 26 (1): 79-94.

[⑧] Causevic S, Lynch P. Political (in) stability and its influence on tourism development [J]. Tourism Management, 2013, 34: 145-157.

[⑨] 杨颖，王琴. 国际入境旅游业增长效率及其影响因素研究——基于47个国家的数据分析[J]. 经济体制改革，2016（3）：176-181.

导致各城市旅游绩效差异的根本原因[①]。Ramukumba et al.（2012）认为当地的经济发展水平以及服务行业的发展规模对旅游效率有促进作用[②]。梁明珠等（2013）认为经济水平是造成城市旅游效率差异的核心原因，其次是区位条件与人口素质，有效的市场竞争与旅游企业化程度有助于提高旅游效率[③]。杨春梅和赵宝福（2014）发现人力资本和政府支持有助于提高旅游效率[④]。

表2.5总结了定量分析中国不同地理尺度旅游效率及全要素生产率影响因素的相关研究，可以看出各个研究根据研究对象选择的影响因素。

表2.5 旅游效率与全要素生产率影响因素相关研究

来源	研究方法	研究对象	影响因素
许陈生（2012）	Tobit模型	2000—2007年中国31个省（区、市）旅游业效率	对外开放（+）、人力资本（ns）、财政收入分权（+）、法治环境（+）、经济发展水平（倒U型显著）、基础设施（ns）
王坤等（2013）	空间滞后模型	2004—2010年中国长三角25座城市旅游效率	劳动力投入（+）、固定资产投入（+）、外商直接投资（+）、旅游资源丰度（+）
王慧英（2014）	Tobit模型	2005—2009年中国31个省（区、市）旅游效率	产业结构（+）、经济开放程度（+）、居民文化水平（+）、交通条件（+）
刘佳等（2015）	普通面板回归模型	1999—2012年中国11个沿海省（区、市）旅游产业效率	城市化水平（+）、对外开放程度（−/ns）、第三产业比重（+/−）
何俊阳和贺灵（2015）	Tobit模型	2004—2013年中国安徽、山西、湖南、江西、河南、湖北、吉林、黑龙江8个省份旅游全要素生产率	服务业发展水平（+）、居民可支配收入（+）、国有经济比重（−）、外商直接投资（ns）、基础交通条件（+）

[①] 马晓龙. 基于绩效差异的中国主要城市旅游发展阶段演化 [J]. 旅游学刊，2009，24（6）：25−30.

[②] Ramukumba T, Mmbengwa V M, Mwamayi K A, et al. Analysis of local economic development (LED) initiated partnership and support services for emerging tourism entrepreneurs in George municipality, Western Cape Province, RSA [J]. Tourism Management Perspectives，2012，23：7−12.

[③] 梁明珠，易婷婷，Bin Li. 基于DEA−MI模型的城市旅游效率演进模式研究 [J]. 旅游学刊，2013，28（5）：53−62.

[④] 杨春梅，赵宝福. 中国著名旅游城市旅游业的效率研究 [J]. 旅游科学，2014，28（1）：65−75.

续表

来源	研究方法	研究对象	影响因素
郭悦等(2015)	面板数据模型	2005—2012年31个省（区、市）旅游全要素生产率	产业集聚（+）
Sun et al.(2015)	面板数据模型	2001—2009年中国31个省（区、市）旅游全要素生产率	GDP（+）、产业结构（+）、基础交通条件（ns）、人力资本（ns）
刘建国和刘宇(2015)	面板数据模型	2006—2013年杭州旅游全要素生产率	产业结构（+）、基础设施（+）、对外开放程度（+）、经济发展水平（+）、服务业发展规模（+）
余凤龙和王英利(2016)	简单回归模型	2001—2013年中国江苏省13个城市旅游效率	经济水平（+）、对外开放（+）、景区数量（+）
何俊阳等(2016)	面板数据模型	2005—2014年中国泛珠三角9个省入境旅游发展效率	旅游业所占比重（+）、区位条件（+）、交通条件（+）、旅游服务设施（+）、资源禀赋（+）、经济开放水平（+）、突发事件（-）
王凯等(2016)	简单回归模型	2012年中国31个省（区、市）旅游技术效率	旅游产业的规模化集中度（+）、企业集中度（-）、劳动力集中度（-）
吴芳梅和曾冰(2016)	生产函数回归	2005—2014年少数民族八省区旅游效率	旅游资源禀赋（+）、交通（+）、对外开放度（+）、政府政策（+）
王坤等(2016)	空间面板模型	2001、2007和2013年中国泛长三角城市旅游效率	城市经济发展水平（+）、产业结构（+）、市场化程度（ns）、交通条件（+）、对外开放程度（ns）、旅游资源禀赋（ns）、科技信息水平（+）、城市化水平（+）
龚艳等(2016)	Tobit模型	2000—2014年中国长江经济带11个省（区、市）旅游效率	经济发展水平（+/-/ns）、交通便利程度（+/-/ns）、旅游产业结构（+/ns）、对外开放程度（+/-/ns）、科技发展水平（+/-/ns）
王虹和胡胜德(2017)	Tobit模型	2011—2016年"一带一路"省（区、市）旅游效率	产业比较利益（+）、产业区位熵（+）、产业静态集聚指数（+）、日照时长（ns）、地方产品创新投入（+）、能耗水平（-）、交通事故规模（ns）、产业结构升级程度（+）

续表

来源	研究方法	研究对象	影响因素
徐东等（2018）	简单回归模型	2003—2015年中国浙江省65个县域旅游效率	经济发展水平（+）、旅游资源禀赋（+）、县城市场规模（+/ns）、城镇化水平（/+ns）、区位交通（+/ns）、政府宏观调控（+/ns）
Chaabouni（2019）	Tobit模型	2008—2013年中国31个省（区/市）旅游效率	对外开放程度（+）、教育水平（−）、温度（+）、城市人口（ns）、饭店数量（+）

注：由作者整理制作，（+）表示显著正向影响，（−）表示显著负向影响，（ns）表示无显著影响，显著水平包括了1%、5%、10%水平上显著

归纳探讨较多的影响因素是对外开放程度或外商直接投资，许陈生（2012）以实际利用的外商直接投资占比代表对外开放水平，实证得出对外开放水平有利于地方旅游业效率提升[1]。王坤等（2013）以中国长三角城市为例也得出外商直接投资对城市旅游效率有正面影响[2]。区域开放程度的扩大有助于引入先进的管理技术与模式，从而提高旅游效率（王慧英，2014）[3]。对外开放程度的增强能够提升旅游知名度和增强吸引力，对江苏省旅游效率发展起显著积极作用（余凤龙和王英利，2016）[4]。吴芳梅和曾冰（2016）得出对外开放程度有助于加强区域间经济联系和市场沟通，所以能积极促进民族地区旅游效率的提升[5]。对外开放程度能增加国际游客量，从而对中国旅游效率起显著正向作用（Chaabouni，2019）[6]。对外开放对入境旅游发展效率的影响更为突出（何俊阳等，2016）[7]。另外，刘佳等

---

[1] 许陈生. 财政分权、法治环境与地方旅游业效率［J］. 旅游学刊，2012，27（5）：80−87.

[2] 王坤，黄震方，陶玉国，等. 区域城市旅游效率的空间特征及溢出效应分析——以长三角为例［J］. 经济地理，2013，33（4）：161−167.

[3] 王慧英. 基于管理与环境视角的中国旅游效率研究［J］. 旅游科学，2014，28（5）：31−40.

[4] 余凤龙，王英利. 江苏沿海区域旅游经济发展特征、影响因素与对策研究［J］. 资源开发与市场，2016，32（2）：244−248.

[5] 吴芳梅，曾冰. 环境约束下民族地区旅游经济效率及其影响因素研究［J］. 经济问题探索，2016（7）：177−184.

[6] Chaabouni S. China's regional tourism efficiency: a two-stage double bootstrap data envelopment analysis［J］. Journal of Destination Marketing & Management，2019，11：183−191.

[7] 何俊阳，贺灵，邓淇中. 泛珠三角区域入境旅游发展效率评价及影响因素［J］. 经济地理，2016，36（2）：195−201.

(2015)认为对外开放程度对沿海地区旅游业效率影响较小[①]。何俊阳和贺灵(2015)认为在中部地区外商投资主要关注劳动力和旅游资源,对旅游开发方式意义不大,难以实现提高旅游效率的目的[②]。刘建国和刘宇(2015)以杭州市旅游为例,得出对外开放水平虽然对旅游效率起正向影响,但它的影响作用并不那么重要[③]。对外开放水平在泛长江三角洲城市中对旅游效率没有显著影响(王坤等,2016)[④]。龚艳等(2016)以长江经济带省份为实证对象,得出不同省份旅游业效率受对外开放程度的影响不同:上海市、江苏省、浙江省和重庆市的旅游业效率与对外开放程度显著正向相关,而江西省、湖北省、云南省、贵州省和四川省旅游业效率与对外开放程度显著负相关[⑤]。

产业结构是第二个在旅游效率与全要素生产率研究中被高频讨论的影响因素。王慧英(2014)以旅游业占地区生产总值的比值代表产业结构,得出产业结构与旅游效率正向相关[⑥]。王坤等(2016)以泛长江三角洲城市为研究对象也得出两者正向相关的结论[⑦]。龚艳等(2016)认为旅游业收入占地区生产总值比重越高,旅游业的经济地位越突出,产业关联越强,从而带来旅游业效率的提高[⑧]。何俊阳等(2016)指出旅游业收入占地区生产总值比重越高,越有利于入境旅游的发展,从而提高入境旅游效率[⑨]。Jackson(2006)分析中国旅游市场发现服务业的发展规模和水平是影响旅游业发展

[①] 刘佳,陆菊,刘宁. 基于DEA-Malmquist模型的中国沿海地区旅游产业效率时空演化、影响因素与形成机理[J]. 资源科学,2015,37(12):2381-2393.

[②] 何俊阳,贺灵. 中部地区旅游全要素生产率评价及其影响因素分析[J]. 湘潭大学学报(哲学社会科学版),2015,39(3):85-90.

[③] 刘建国,刘宇. 2006—2013年杭州城市旅游全要素生产率格局及影响因素[J]. 经济地理,2015,35(7):190-197.

[④] 王坤,黄震方,曹芳东,等. 泛长江三角洲城市旅游绩效空间格局演变及其影响因素[J]. 自然资源学报,2016,31(7):1149-1163.

[⑤] 龚艳,张阳,唐承财. 长江经济带旅游业效率测度及影响因素研究[J]. 华东经济管理,2016,30(9):66-74.

[⑥] 王慧英. 基于管理与环境视角的中国旅游效率研究[J]. 旅游科学,2014,28(5):31-40.

[⑦] 王坤,黄震方,曹芳东,等. 泛长江三角洲城市旅游绩效空间格局演变及其影响因素[J]. 自然资源学报,2016,31(7):1149-1163.

[⑧] 龚艳,张阳,唐承财. 长江经济带旅游业效率测度及影响因素研究[J]. 华东经济管理,2016,30(9):66-74.

[⑨] 何俊阳,贺灵,邓淇中. 泛珠三角区域入境旅游发展效率评价及影响因素[J]. 经济地理,2016,36(2):195-201.

的关键因素①。刘佳等（2015）以第三产业产值占 GDP 比重代表产业结构，得出其对沿海地区旅游效率的作用方向与程度有明显的个体特征差异②。何俊阳和贺灵（2015）实证得出服务业发展水平越高，中部地区旅游全要素生产率越高③。类似地，Sun et al.（2015）得出服务产业占地区比重每提高 1%，旅游全要素生产率随之增长 0.7%，产业结构与旅游全要素生产率正向相关④。刘建国与刘宇（2015）分别采用第三产业产值占 GDP 比重和服务业占 GDP 比重代表产业结构和服务业发展规模，得出产业结构比重越大，旅游业效率越高；服务业发展规模越大越有利于提高旅游业效率⑤。王虹和胡胜德（2017）得出地区第三产业的发展能够带来"一带一路"省区旅游业效率的提高⑥。

第三个被高频考虑影响旅游效率与全要素生产率的因素是基础设施或交通条件。王慧英（2014）发现交通便利有助于促进旅游劳动力投入的集约化程度，从而提升旅游效率⑦。何俊阳和贺灵（2015）得出基础交通条件的完善对中部地区旅游业发展效率有显著提升作用⑧。交通基础条件也是杭州市（刘建国与刘宇，2015）⑨、民族地区（吴芳梅和曾冰，2016）⑩和泛长江三角洲城市（王坤等，2016）⑪旅游效率提高的显著积极因素。但也有不同的结论认为交通条件对旅游效率没有显著影响（许陈生，2012；Sun et al.，

---

① Jackson J. Developing regional tourism in China: the potential for activating business clusters in a socialist market economy [J]. Tourism Management，2006，27（4）：695—706.

② 刘佳，陆菊，刘宁. 基于 DEA—Malmquist 模型的中国沿海地区旅游产业效率时空演化、影响因素与形成机理 [J]. 资源科学，2015，37（12）：2381—2393.

③ 何俊阳，贺灵. 中部地区旅游全要素生产率评价及其影响因素分析 [J]. 湘潭大学学报（哲学社会科学版），2015，39（3）：85—90.

④ Sun J，Zhang J，Zhang J，et al. Total factor productivity assessment of tourism industry: evidence from China [J]. Asia Pacific Journal of Tourism Research，2015，20（3）：280—294.

⑤ 刘建国，刘宇. 2006—2013 年杭州城市旅游全要素生产率格局及影响因素 [J]. 经济地理，2015，35（7）：190—197.

⑥ 王虹，胡胜德. 基于 Tobit 模型的"一带一路"旅游产业效率投资影响因素及策略研究 [J]. 中国软科学，2017，（12）：62—70.

⑦ 王慧英. 基于管理与环境视角的中国旅游效率研究 [J]. 旅游科学，2014，28（5）：31—40.

⑧ 何俊阳，贺灵. 中部地区旅游全要素生产率评价及其影响因素分析 [J]. 湘潭大学学报（哲学社会科学版），2015，39（3）：85—90.

⑨ 刘建国，刘宇. 2006—2013 年杭州城市旅游全要素生产率格局及影响因素 [J]. 经济地理，2015，35（7）：190—197.

⑩ 吴芳梅，曾冰. 环境约束下民族地区旅游经济效率及其影响因素研究 [J]. 经济问题探索，2016（7）：177—184.

⑪ 王坤，黄震方，曹芳东，等. 泛长江三角洲城市旅游绩效空间格局演变及其影响因素 [J]. 自然资源学报，2016，31（7）：1149—1163.

2015；徐东等，2018)[1][2][3]。甚至有研究得出交通条件对旅游效率有显著负向影响（龚艳等，2016)[4]。

此外经济发展水平也被认为是影响旅游效率与全要素生产率的重要因素。许陈生（2012）认为经济发展水平对旅游效率起 U 型影响，在拐点左侧经济发展水平负向影响旅游效率，在拐点右侧经济发展水平与旅游效率呈现正向相关[5]；余凤龙和王英利（2016）认为经济发展水平正向显著影响江苏省城市旅游效率[6]；王坤等（2016）实证发现经济发展水平显著正向影响泛长三角城市旅游效率[7]；龚艳等（2016）认为经济发展水平并非对所有地方起相同作用，经济相对发达地区利用旅游资源的水平更优，有利于提高旅游效率，但经济发展水平相对落后的地区，因为粗放型增长模式导致投入冗余增加，旅游效率下降[8]。徐东等（2018）认为经济发展水平对浙江省县域旅游效率起显著正向影响[9]。另外还有一些常被考量的影响因素，比如城市化水平（刘佳等，2015)[10]、旅游劳动力集中度（王凯等，2016)[11] 和产业集聚（郭悦等，2015)[12] 等。

2.3.3.4 考虑资源与环境约束的旅游效率与全要素生产率研究进展

刘长生（2012）以张家界景区环保交通为对象，在测算其旅游效率时考

---

[1] 许陈生. 财政分权，法治环境与地方旅游业效率 [J]. 旅游学刊，2012，27 (5)：80−87.

[2] Sun J, Zhang J, Zhang J, et al. Total factor productivity assessment of tourism Industry: evidence from China [J]. Asia Pacific Journal of Tourism Research，2015，20 (3)：280−294.

[3] 徐冬，黄震方，胡小海，等. 浙江省县域旅游效率空间格局演变及其影响因素 [J]. 经济地理，2018，38 (5)：197−207.

[4] 龚艳，张阳，唐承财. 长江经济带旅游业效率测度及影响因素研究 [J]. 华东经济管理，2016，30 (9)：66−74.

[5] 许陈生. 财政分权，法治环境与地方旅游业效率 [J]. 旅游学刊，2012，27 (5)：80−87.

[6] 余凤龙，王英利. 江苏沿海区域旅游经济发展特征，影响因素与对策研究 [J]. 资源开发与市场，2016，32 (2)：244−248.

[7] 王坤，黄震方，曹芳东，等. 泛长江三角洲城市旅游绩效空间格局演变及其影响因素 [J]. 自然资源学报，2016，31 (7)：1149−1163.

[8] 龚艳，张阳，唐承财. 长江经济带旅游业效率测度及影响因素研究 [J]. 华东经济管理，2016，30 (9)：66−74.

[9] 徐冬，黄震方，胡小海，等. 浙江省县域旅游效率空间格局演变及其影响因素 [J]. 经济地理，2018，38 (5)：197−207.

[10] 刘佳，陆菊，刘宁. 基于 DEA−Malmquist 模型的中国沿海地区旅游产业效率时空演化，影响因素与形成机理 [J]. 资源科学，2015，37 (12)：2381−2393.

[11] 王凯，易静，肖燕，等. 中国旅游产业集聚与产业效率的关系研究 [J]. 人文地理，2016，31 (2)：120−127.

[12] 郭悦，钟廷勇，安烨. 产业集聚对旅游业全要素生产率的影响——基于中国旅游业省级面板数据的实证研究 [J]. 旅游学刊，2015，30 (5)：14−22.

虑了燃料消耗对旅游效率的负面影响[1]。李志勇（2013）以四川省成都市旅游景区为实证对象，在测算景区服务效率时，纳入旅游景区碳足迹作为非期望产出，得出有无考虑环境因素会对旅游效率产生很大影响[2]。查建平和王挺之（2015）同样以四川省成都市景区为研究对象，不仅考虑景区碳足迹作为非期望产出，还将垃圾治理作为投入花费，来测算景区旅游效率[3]。韩元军等（2015）以2009—2011年北京、浙江、山东、河北和海南五地为实证对象，对比分析了考虑碳排放与不考虑碳排放的旅游效率，不考虑碳排放时旅游效率更高[4]。查建平（2016）以2007—2011年湖北省17个州市为实证对象，实证得到若不考虑环境负面影响，旅游效率会被低估[5]。吴芳梅和曾冰（2016）以民族地区为实证对象，发现不考虑环境约束会造成旅游效率被高估[6]。可见，当前研究发现不考虑环境负面影响会导致旅游效率有偏差，但具体是高估还是低估了旅游效率有待商榷。同时考虑资源与环境约束的旅游环境全要素生产率目前仅有两篇文章：刘佳和张俊飞（2017）测算得到2005—2014年中国沿海11个省份旅游产业全要素生产率呈下降趋势[7]，Liu et al.（2018）测算得出中国长江经济圈旅游产业全要素生产率呈波动增长趋势[8]。

2.3.4 简要评述

综上所述，现有研究发现除了一般的资本、劳动力生产要素，旅游资源禀赋是旅游经济增长的独特生产要素，旅游活动受到环境质量影响同时也影响环境。因为旅游消费与生产同时发生，旅游与资源环境的关系与制造业不

---

[1] 刘长生. 低碳旅游服务提供效率评价研究——以张家界景区环保交通为例 [J]. 旅游学刊，2012，27（3）：90—98.

[2] 李志勇. 低碳经济视角下旅游服务效率评价方法 [J]. 旅游学刊，2013，28（10）：71—80.

[3] 查建平，王挺之. 环境约束条件下景区旅游效率与旅游生产率评估 [J]. 中国人口·资源与环境，2015，25（5）：92—99.

[4] 韩元军，吴普，林坦. 基于碳排放的代表性省份旅游产业效率测算与比较分析 [J]. 地理研究，2015，34（10）：1957—1970.

[5] 查建平. 旅游业能源消费、CO_2排放及低碳效率评估 [J]. 中国人口·资源与环境，2016，26（1）：47—54.

[6] 吴芳梅，曾冰. 环境约束下民族地区旅游经济效率及其影响因素研究 [J]. 经济问题探索，2016（7）：177—184.

[7] 刘佳，张俊飞. 旅游产业绿色全要素生产率变动及收敛性分析——基于中国沿海地区的实证研究 [J]. 资源开发与市场，2017，33（7）：867—872.

[8] Liu G, Shi P, Hai F, et al. Study on measurement of green productivity of tourism in the Yangtze River economic zone, China [J]. Sustainability, 2018, 10 (8): 1—17.

同，环境不仅是经济生产的投入要素，还是产出的关键组成部分。旅游对环境的负面影响存在各种形式，但在全球气候变暖背景下，常采用旅游二氧化碳排放表征旅游环境污染，鉴于没有明确的旅游二氧化碳统计数据，出现了采用不同方法对其进行测算的研究。但这类研究的目标是单一地减少旅游污染排放，并没考虑经济增长的需求。理想的状态是实现经济增长的同时减少环境污染，尽可能避免环境规制影响旅游经济增长。虽然目前研究通过脱钩分析表明我国旅游经济增长与资源环境之间并没有达到这一理想状态，但鲜有研究分析形成两者某一关系背后的原因，无法为实现这一理想状态提供准确的措施建议。

已有研究暗示资源环境约束着旅游经济增长，但在定量评估旅游经济增长质量时，却较少将资源环境纳入评估范畴，仅有少部分学者在评估时考虑了环境负面影响，初步显示出不考虑环境影响的旅游经济增长质量评估结果会出现偏差，政策制定者和管理者需要对没有考虑环境影响的评估结果持谨慎参考态度。不仅考虑环境负面的旅游经济增长质量研究较少，而且在纳入的生产要素中，常常忽略了旅游能源消耗这一重要的生产要素。能源是旅游活动开展的基本前提，在旅游环境影响的研究中普遍认为旅游具有能源密集的特性，在旅游的住宿、交通、目的地和旅游活动等过程都存在能源消耗，甚至能源投入是旅游住宿中除了劳动力成本之外最大的成本投入，旅游能源消耗应当与其他生产要素一样被纳入旅游生产过程研究中。考虑了能源消耗的生产要素投入和环境污染排放双重约束下的旅游经济增长研究还处于起步阶段，资源环境约束下旅游经济增长质量的内部作用动力和外部影响因素都有待研究。

通过梳理旅游经济增长质量的研究进展，发现研究内容的扩展离不开数理模型的创新，用来进行旅游经济增长质量标杆分析的旅游效率分解研究依靠运筹学模型的发展，用来衡量旅游经济增长质量变动的分解研究需要同时利用运筹学和生产率指数等方法。通过梳理旅游经济增长动力研究进展，发现研究内容的深化离不开研究理论的发展，在新古典经济理论框架下，旅游经济增长动力归为资本或劳动力要素驱动与全要素生产率驱动两大类，当以资源经济学理论为基础，可以在要素驱动中进一步区分出旅游资源增长动力。但目前还未有对资源环境约束下旅游经济增长方式的定量研究，还没有回答资源经济学理论和环境经济学理论基础上旅游经济增长的动力是什么，也就无法为经济新常态下旅游转型升级发展路径的选择和产业政策的制定提供准确的理论指导。

3 旅游经济增长与资源环境关系研究

近年来,旅游经济快速增长,成为我国经济的重要构成部门。随着旅游人数和旅游收入的大幅增加,中国变成全球重要的旅游接待国,据预测,中国将在2030年成为全球最大的旅游目的地[①]。然而,伴随旅游经济增长的是资源消耗和环境污染的增加,尤其是能源消耗与二氧化碳排放。大多数与旅游相关的活动涉及化石能源消耗,从而导致大量的二氧化碳排放(Becken,2013)[②]。旅游经济增长与能源消耗、二氧化碳排放之间存在着长期均衡关系(Lee and Brahmasrene,2013;Katircioglu,2014)[③][④]。正确认识旅游经济增长与资源环境的关系能够促进二者协调发展。囿于回归分析只能反映变量间的平均变化关系,不能反映每一年变量间的状态,本研究采用脱钩指数反映一定时期内旅游经济增长与资源环境的约束关系,判断地区旅游经济增长和资源环境的情况。

一般而言,资源消耗与环境影响总是伴随着经济增长,甚至处于同步增长状态,脱钩指数反映经济增长、资源消耗和环境影响的异步程度,当它们处于强脱钩状态时,说明经济增长不受资源环境的约束。这一脱钩状态是可持续旅游具体实践目标之一,也是绿色增长的重要表征。脱钩指数十分适合被用来定量检验旅游经济增长与资源环境的关系。

但目前的研究在使用脱钩指数检验两者关系后,鲜有文献研究得出某一脱钩状态背后的原因,以及得出如何达到强脱钩状态的建议。为了解答这一

---

① Wilson A. China will be the world's most visited country by 2030 [EB/OL]. (2018-11-06) [2019-03-05]. https://www.theguardian.com/travel/2018/nov/06/china-will-be-the-worlds-most-popular-holiday-destination-by-2030.

② Becken S. A review of tourism and climate change as an evolving knowledge domain [J]. Tourism Management Perspectives,2013,6:53-62.

③ Lee J W,Brahmasrene T. Investigating the influence of tourism on economic growth and carbon emissions:evidence from panel analysis of the European Union [J]. Tourism Management,2013,38(13):69-76.

④ Katircioglu S T. International tourism,energy consumption,and environmental pollution:the case of Turkey [J]. Renewable & Sustainable Energy Reviews,2014,36(36):180-187.

问题，本章在测算旅游资源消耗与环境污染的基础上，利用脱钩指数检验旅游经济增长与资源环境的关系，构建旅游经济增长与资源环境的脱钩分解模型，得出形成某一脱钩状态背后的原因，讨论如何有利于形成旅游经济增长与资源环境强脱钩状态，实现旅游经济的可持续增长。

3.1 分析框架与研究设计

3.1.1 旅游经济增长与资源环境脱钩模型

脱钩（decoupling）又被译为解耦，指物理学中两个有关联的实体之间的脱离状态。国际经济合作与发展组织（OECD，2002）将其应用到环境领域，通过比较一定时期内环境污染的增速与经济增长的速度，判断两者之间的状态。当环境污染增速慢于经济增速时，脱钩发生。当经济增长，环境污染稳定或下降时称为绝对脱钩，也是理想的绿色增长状态；当两者均增长，环境污染增速慢于经济增速时为相对脱钩[①]。但OECD的脱钩指数选择使用环境污染和经济增长期初值和期末值，容易导致偏差，Tapio（2005）提出选择一定时期作为时间尺度进行弹性分析来测度变量间的脱钩状态，并进一步将脱钩状态细分到脱钩、负脱钩与联结三种类型，一共总结出了八种脱钩状态（图3.1）[②]。Tapio脱钩指数能够避免OECD脱钩指数的偏差，更准确与客观，被广泛应用（Chen et al.，2017；Grand，2016；Tang et al.，2014）[③][④][⑤]。本研究采用Tapio脱钩指数来检验旅游经济增长与资源环境的关系，其数学表达式为：

$$\varepsilon(TC, TI) = \frac{(TC_t - TC_0)/TC_0}{(TI_t - TI_0)/TI_0} = \frac{\Delta TC}{\Delta TI} \tag{3.1}$$

其中，$\varepsilon(TC, TI)$表示资源环境与旅游经济增长的脱钩弹性指数，

[①] OECD. Indicators to measure decoupling of environmental press from economic growth [R]. Paris：OECD，2002.

[②] Tapio P. Towards a theory of decoupling：degrees of decoupling in the EU and the case of road traffic in Finland between 1970 and 2001 [J]. Transport Policy，2005，12（2）：137—151.

[③] Chen B, Yang Q, Li J S, et al. Decoupling analysis on energy consumption, embodied GHG emissions and economic growth—The case study of Macao [J]. Renewable & Sustainable Energy Reviews，2017，67：662—672.

[④] Grand M C. Carbon emission targets and decoupling indicators [J]. Ecological Indicators，2016，67：649—656.

[⑤] Tang Z, Shang J, Shi C, et al. Decoupling indicators of CO_2, emissions from the tourism industry in China：1990—2012 [J]. Ecological Indicators，2014，46（6）：390—397.

ΔTC 表示 t 期对基期的资源环境变化率，ΔTI 代表 t 期对基期旅游收入变化率。脱钩指数最理想的脱钩状态是强脱钩，表示该段时期内资源环境少消耗（$\Delta TC<0$），经济也可以增长（$\Delta TI>0$），资源环境消耗与经济增长出现背离关系，说明实现了资源环境改善与经济增长双赢的可能性。其次是弱脱钩状态，资源环境消耗与经济同时上升，但资源消耗上升速度低于经济增长的速度，说明经济增长带来的资源环境消耗较小。强脱钩状态又被称为绝对绿色增长，弱脱钩状态被称为相对绿色增长，相对绿色增长是向绝对绿色增长转型的过渡。当资源环境消耗与经济同时增长，但资源环境消耗增长速度高于经济增长的速度，处于扩张负脱钩状态，表明该时期经济增长属于非绿色增长。因为绿色增长的目标不仅是实现经济增长与资源环境之间的脱钩，也寻求经济增长（Meyer et al.，2012）[1]。所以，经济衰退（$\Delta TI<0$）的情况，即使资源消耗强度或总量下降，也被认为是非绿色增长。衰退脱钩、弱负脱钩和强负脱钩都属于非绿色增长，它们的区别在于：衰退脱钩状态下，资源环境消耗下降速度快于经济的衰退速度；弱负脱钩中资源环境消耗下降速度低于经济的衰退速度；而强负脱钩中经济衰退同时资源环境消耗增加，这一般属于经济发展的初级探索阶段。此外，联结状态是为了避免夸大细微变化的影响，因此设定指数值 1 附近的 20% 浮动，讨论其管理与经济的意义不大。总的来说，强脱钩与弱脱钩状态对绿色增长乐观，其余皆为不可持续的经济增长脱钩状态。

---

[1] Meyer B, Meyer M, Distelkamp M. Modeling green growth and resource efficiency: new results [J]. Mineral Economics, 2012, 24 (2): 145-154.

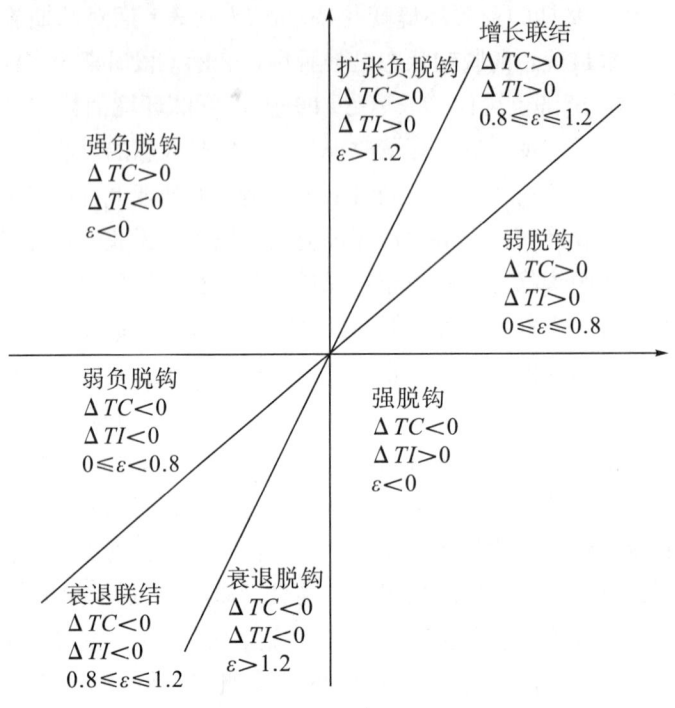

图 3.1　脱钩状态细分

注：来自 Tapio，2005①

3.1.2　旅游经济增长与资源环境脱钩分解模型

脱钩指数模型能够检验旅游经济增长与资源环境之间的关系，判断出该时期旅游经济增长是否受到资源环境约束，但无法得到旅游经济增长受资源环境约束的原因，以及得到如何达到强脱钩状态的建议。本研究将分解分析工具应用于脱钩指数模型中，构建旅游经济增长与资源环境脱钩指数分解模型，揭示形成二者某一脱钩状态背后的原因。

分解分析是通过分析经济环境社会等指标的历史变化来追踪导致被分解变量变化的潜在原因（Sun，2016）②。指数分解法因不对被分解变量进行限制，是分解分析中最广泛使用的工具（Xu and Ang，2013）③。指数分解法

---

① Tapio P. Towards a theory of decoupling：degrees of decoupling in the EU and the case of road traffic in Finland between 1970 and 2001 [J]. Transport Policy，2005，12（2）：137−151.

② Sun Y Y. Decomposition of tourism greenhouse gas emissions：revealing the dynamics between tourism economic growth, technological efficiency, and carbon emissions [J]. Tourism Management，2016，55：326−336.

③ Xu X Y, Ang B W. Index decomposition analysis applied to CO_2 emission studies [J]. Ecological Economics，2013，93：313−329.

包括 Passche 指数、Marshall-Edgeworth 指数、Laspeyres 指数和 Divisia 指数，其中后两者被广泛应用（Ang and Liu，2007）[1]。Laspeyres 指数基于百分比变化来分析结果，存在剩余项，Divisia 指数以期初和期末数量的变化均值作为权重，使用对数方法来计算驱动因子的增量（又被称为对数平均迪式指数法，Logarithmic Mean Divisia Index，LMDI）。LMDI 因路径独立、残差为零、聚合一致等特性，具有更强的适用性（Ang，2004）[2]，环境影响分解和二氧化碳排放分解多采用 LMDI（Tang et al.，2017；Kopidou，2016；Achour and Belloumi，2016）[3][4][5]。

目前 LMDI 分解分析也被用来分析旅游碳排放的影响因素，Liu et al. (2011) 运用了 LMDI 分析成都市 1999—2004 年旅游二氧化碳排放的影响因素，发现能源强度、旅游花费和产业规模是旅游二氧化碳排放增长的最主要因素[6]。潘植强和梁保尔（2016）采用 LMDI 分解得出经济产出、接待人次、行业结构是我国旅游业碳排放上升的增量因子，能源效率和能源结构是减量因子[7]。Tang et al.（2017）运用 LMDI 分解得出武汉市旅游二氧化碳的排放主要归因于游客规模和能源强度[8]。然而目前还未有研究将 LMDI 分解分析运用来分析旅游经济增长与资源环境脱钩关系背后的原因，本研究同时考虑资源环境消耗速度与旅游经济增长速度，将 LMDI 分解分析与脱钩指数相结合，探讨旅游经济增长与资源环境某一关系形成的隐藏原因。

旅游经济增长与资源环境脱钩指数分解模型构建的第一步：扩展 Kaya

---

[1] Ang B W, Liu N. Handling zero values in the logarithmic mean Divisia index decomposition approach [J]. Energy Policy, 2007, 35 (1): 238-246.

[2] Ang B W. Decomposition analysis for policymaking in energy: which is the preferred method? [J]. Energy Policy, 2004, 32 (9): 1131-1139.

[3] Tang C, Zhong L, Ng P, et al. Factors that influence the tourism industry's carbon emissions: a tourism area life cycle model perspective [J]. Energy Policy, 2017, 109: 704-718.

[4] Kopidou D, Tsakanikas A, Diakoulaki D. Common trends and drivers of CO_2 emissions and employment: a decomposition analysis in the industrial sector of selected European Union countries [J]. Journal of Cleaner Production, 2016, 112: 4159-4172.

[5] Achour H, Belloumi M. Decomposing the influencing factors of energy consumption in Tunisian transportation sector using the LMDI method [J]. Transport Policy, 2016, 52: 64-71.

[6] Liu J, Feng T, Yang X. The energy requirements and carbon dioxide emissions of tourism industry of Western China: a case of Chengdu city [J]. Renewable and Sustainable Energy Reviews, 2011, 15 (6): 2887-2894.

[7] 潘植强, 梁保尔. 旅游业碳排放强度分布及其驱动因子的时空异质研究——基于30个省（市、区）2005—2014 年的面板数据分析 [J]. 人文地理, 2016, 31 (6): 152-158.

[8] Tang C, Zhong L, Ng P, et al. Factors that influence the tourism industry's carbon emissions: a tourism area life cycle model perspective [J]. Energy Policy, 2017, 109: 704-718.

恒等式（Kaya，1989）[①]，分解旅游二氧化碳排放量，具体的数学公式如下：

$$TC = \sum_i \frac{TC_i}{E_i} \times \frac{E_i}{TI_i} \times \frac{TI_i}{TI} \times \frac{TI}{TP} \times TP \tag{3.2}$$

其中，TC_i 代表行业 i 中与由旅游消费引致的二氧化碳排放量，行业 i 分别为交通运输、仓储和邮政业与批发、零售、住宿和餐饮业，E_i 是行业 i 消耗能源中与旅游相关部分的能源消耗量，TI_i 是行业 i 中的旅游收入，TI 是旅游收入，TP 代表旅游人次。旅游二氧化碳排放量（TC）被分解为旅游能源碳排放强度（$EC_i = TC_i/E_i$）、能源强度（$EI_i = E_i/TI_i$）、旅游产业结构（$TIS_i = TI_i/TI$）、旅游业产出规模（$TIP = TI/TP$）与游客规模（TP）。

第二步：将旅游二氧化碳的分解项带入公式（3.1）的旅游经济增长与资源环境脱钩指数模型中，得到：

$$\begin{aligned}\varepsilon(TC, TI) &= \frac{TI_0}{TC_0 \times \Delta TI} \times (TC_t - TC_0) \\ &= \frac{TI_0}{TC_0 \times \Delta TI} \times (\sum_i EC_i^t \times EI_i^t \times TIS_i^t \times TIP^t \times \\ & \quad TP^t - \sum_i EC_i^0 \times EI_i^0 \times TIS_i^0 \times TIP^0 \times TP^0) \end{aligned} \tag{3.3}$$

第三步：借鉴 LMDI 分解分析，利用对数方法得到 t 期对基期影响旅游经济增长与资源环境脱钩状态形成的因素贡献量（也被称为分脱钩指数），具体公式如下：

$$\varepsilon(TC, TI) = \varepsilon_{EC} + \varepsilon_{EI} + \varepsilon_{TIS} + \varepsilon_{TIP} + \varepsilon_{TP}$$

其中：

$$\begin{cases} \varepsilon_{EC} = \frac{TI_0}{TC_0 \times \Delta TI} \sum_i \frac{TC_i^t - TC_i^0}{\ln(TC_i^t) - \ln(TC_i^0)} \times \ln\left(\frac{EC_i^t}{EC_i^0}\right) \\ \varepsilon_{EI} = \frac{TI_0}{TC_0 \times \Delta TI} \sum_i \frac{TC_i^t - TC_i^0}{\ln(TC_i^t) - \ln(TC_i^0)} \times \ln\left(\frac{EI_i^t}{EI_i^0}\right) \\ \varepsilon_{TIS} = \frac{TI_0}{TC_0 \times \Delta TI} \sum_i \frac{TC_i^t - TC_i^0}{\ln(TC_i^t) - \ln(TC_i^0)} \times \ln\left(\frac{TIS_i^t}{TIS_i^0}\right) \\ \varepsilon_{TIP} = \frac{TI_0}{TC_0 \times \Delta TI} \sum_i \frac{TC_i^t - TC_i^0}{\ln(TC_i^t) - \ln(TC_i^0)} \times \ln\left(\frac{TIP^t}{TIP^0}\right) \\ \varepsilon_{TP} = \frac{TI_0}{TC_0 \times \Delta TI} \sum_i \frac{TC_i^t - TC_i^0}{\ln(TC_i^t) - \ln(TC_i^0)} \times \ln\left(\frac{TP^t}{TP^0}\right) \end{cases} \tag{3.4}$$

[①] Kaya Y. Impact of carbon dioxide emission control on GNP growth: interpretation of proposed scenarios [R]. New York: Intergovernmental Panel on Climate Change/Response Strategies Working Group, 1989.

通过旅游经济增长与资源环境脱钩指数分解模型，得到某一时期旅游经济增长与资源环境之间关系形成的隐藏原因，分别是：旅游能源碳排放强度脱钩指数 ε_{EC}，反映旅游能源消耗中单位能源碳排放；能源强度脱钩指数 ε_{EI}，反映旅游能源效率；旅游产业结构脱钩指数 ε_{TIS}，反映旅游收入构成；旅游业产出规模脱钩指数 ε_{TIP}，反映游客消费边际污染排放；游客规模脱钩指数 ε_{TP}，反映旅游人次。后文实证分析这五项分脱钩指数对旅游经济增长与资源环境关系形成的作用程度与作用方向。

3.2 数据与变量计算

研究以中国 30 个省（区、市）[①] 2005—2014 年[②]旅游经济活动为实证对象，本章探讨旅游经济增长与资源环境的关系，涉及的数据与变量如下：

（1）旅游收入（TI）。国内旅游收入与国际旅游收入（按当年汇率折算成人民币）之和，并以 2004 年居民消费价格指数为基期进行平减，剔除旅游收入的价格波动。数据来源于 2006—2015 年 30 个省（区、市）的《国民经济和社会发展统计公报》与地区统计年鉴。

（2）旅游人次（TP）。国内旅游人数与接待入境旅游人数之和，数据来源于 2006—2015 年 30 个省（区、市）的地区统计年鉴与 2006—2015 年的《中国区域经济统计年鉴》。

（3）旅游能源消耗量（E）。通过上文 2.2.2 节对旅游能源消耗边界的界定，旅游能源消耗的测算思路就是从国家能源统计的交通运输、仓储和邮政业，批发、零售、住宿和餐饮业两个行业能源消耗中剥离出与旅游消费相关的能源消耗部分，因此第一步是找到旅游消费剥离系数。本研究采用李江帆和李美云（1999）[③] 的"旅游消费剥离系数"概念，通过交通运输、仓储

---

① 囿于数据可得性，西藏自治区、香港、澳门和台湾地区未纳入研究对象范围。
② 研究选择 2005 年作为分析起始时间主要有两个原因：一是国家统计数据显示 2003 年我国人均 GDP 达到 1090 美元，首次突破 1000 美元，以国际惯例，当人均 GDP 突破 1000 美元时，居民消费结构将从生存型向享受、发展型转变，旅游消费将逐步成为人民生活的重要需求，意味着我国旅游经济进入快速发展时期；二是 2002 年 11 月至 2013 年 6 月我国暴发了大规模的"非典"疫情，国家采取了严格的人口流动控制措施，对我国旅游发展冲击巨大，也是 21 世纪以来旅游收入唯一一次下降的年份，避免该事件的影响有助于旅游经济研究的连贯性与一致性。因为研究数据为面板数据，同时具有横截面和时间两个维度，能够解决单独的截面数据或时间序列所不能解决的问题，比如对于截面数据来说，由于没有时间维度，故无法观测到技术进步，面板数据能够提供更多个体行为的信息，样本容量更大，从而提高研究的精确度，所以这并不影响结论的丰富性。
③ 李江帆，李美云. 旅游产业与旅游增加值的测算［J］. 旅游学刊，1999（5）：16-19.

和邮政业，批发、零售、住宿和餐饮业两个行业中旅游增加值与行业增加值①相比，分别得到交通运输、仓储和邮政业的旅游消费剥离系数，批发、零售、住宿和餐饮业的旅游消费剥离系数。其中，这两个行业中旅游增加值分别是通过行业增加值率乘以行业中旅游收入得到，行业增加值率指行业增加值与行业总产值的比值，行业中旅游收入分别通过入境游客与国内游客的消费结构得到，旅游消费构成的项目中长途交通、市内交通、邮电及其他归到交通运输、仓储和邮政业，游览、购物、娱乐、住宿、餐饮归到批发、零售、住宿和餐饮业。

第二步是利用旅游消费剥离系数，得到交通运输、仓储和邮政业，批发、零售、住宿和餐饮业的能源消耗中旅游能源消耗部分，具体公式如下：

$$E_{ij} = E'_{ij} \times P_i \tag{3.5}$$

其中，E_{ij} 表示行业 i 所消耗的 j 类能耗量中由旅游消费产生的部分；P_i 为行业 i 的旅游消费剥离系数；E'_{ij} 是行业 i 所消耗的 j 类能耗量；$i=1$，2 分别是交通运输、仓储和邮政业，批发、零售、住宿和餐饮业；$j=1$，2，…，n 代表能源类型，囊括了煤炭、油品、天然气、热力和电力共 18 种常用能源类型，如图 3.2 所示。

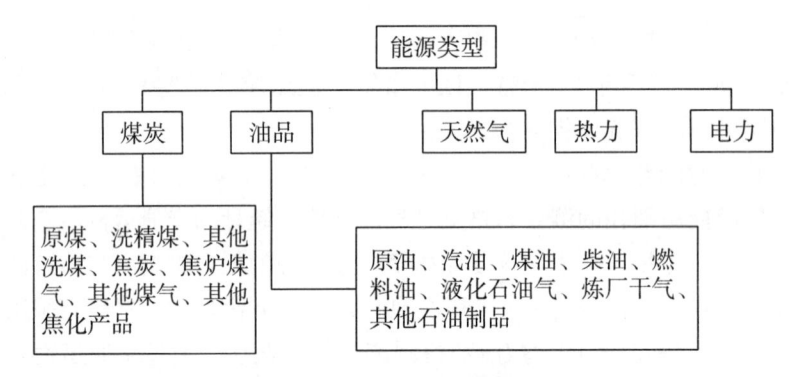

图 3.2 常用能源类型类别

注：与煤炭、油品相比，电力通常被认为是清洁能源，实际上，在能源平衡统计表中，终端消费量电力是一次能源生产的二次能源，它的 CO_2 排放由发电过程与发电效率共同作用。在中国电力生产主要是基于煤炭火力发电，导致大量的 CO_2 排放②。

将 E_{ij} 以平均低位发热量 r_j（见表 3.1）为基准统一换算得到一个地方全面的旅游能源消耗量，公式如下：

---

① 一个产业的产值包括总产值和增加值，总产值扣除中间消耗后的价值为增加值。

② You F, Hu D, Zhang H, et al. Carbon emissions in the life cycle of urban building system in China—A case study of residential buildings [J]. Ecological Complexity, 2011, 8（2）：201-212.

$$E = \sum_{i=1}^{m} \sum_{j=1}^{n} E_{ij} \times r_j \tag{3.6}$$

表 3.1 各类型能源平均低位发热量与折算标准煤参考系数

能源类型	单位	平均低位发热量	折算标准煤系数
原煤	万吨（10^4 tn）	20908kJ/kg（5000kcal/kg）	0.7143kgce/kg
洗精煤	万吨（10^4 tn）	26344kJ/kg（6300kcal/kg）	0.9000 kgce/kg
其他洗煤	万吨（10^4 tn）	9409kJ/kg（2250kcal/kg）	0.3214 kgce/kg
焦炭	万吨（10^4 tn）	28435kJ/kg（6800kcal/kg）	0.9714 kgce/kg
焦炉煤气	亿立方米（$10^8 m^3$）	17354 kJ/m^3（4150kcal/m^3）	0.5929 kgce/m^3
其他煤气	亿立方米（$10^8 m^3$）	16970 kJ/m^3（4058kcal/m^3）	0.5798 kgce/m^3
其他焦化产品	万吨（10^4 tn）	34289kJ/kg（8200kcal/kg）	0.6449 kgce/kg
原油	万吨（10^4 tn）	41816kJ/kg（10000kcal/kg）	1.4286 kgce/kg
汽油	万吨（10^4 tn）	43070kJ/kg（10300kcal/kg）	1.4714 kgce/kg
煤油	万吨（10^4 tn）	43070kJ/kg（10300kcal/kg）	1.4714 kgce/kg
柴油	万吨（10^4 tn）	42652kJ/kg（10200kcal/kg）	1.4571 kgce/kg
燃料油	万吨（10^4 tn）	41816kJ/kg（10000 kcal/kg）	1.4286 kgce/kg
液化石油气	万吨（10^4 tn）	50179kJ/kg（12000kcal/kg）	1.7143 kgce/kg
炼厂干气	万吨（10^4 tn）	46055kJ/kg（11000kcal/kg）	1.5714 kgce/kg
其他石油制品	万吨（10^4 tn）	37634kJ/kg（9000kcal/kg）	0.5857 kgce/kg
天然气	亿立方米（$10^8 m^3$）	38931kJ/m^3（9310kcal/m^3）	1.3300 kgce/m^3
热力（当量值）	万百万千焦（10^{10} kJ）	—	0.03412 kgce/MJ
电力（当量值）	亿千瓦小时（10^8 kW·h）	3596kJ/(kW·h)[（860/kcal/(kW·h)］	0.1229 kgce/(kW·h)

注：根据综合能耗计算通则（GB/T 2589—2008）与 Eggleston et al. （2006）[①] 整理得出，焦炉煤气的折算标准煤系数在 0.5714~0.6143 kgce/m^3 之间，按照研究中的通常方法取两数值的均值即 0.5929 kgce/m^3

计算旅游能源消耗量整个过程所需要的原始数据来源如下：通过各地方的旅游政务网、国民经济和社会发展统计公报、旅游统计便览、游客花费抽样调查、各地方的统计年鉴途径获取旅游外汇消费构成与旅游国内消费构

[①] Eggleston S, Buendia L, Miwa K, et al. 2006 IPCC guidelines for national greenhouse gas inventories [M]. Kyoto: Institute for Global Environmental Strategies, 2006.

成，外汇消费按当年汇率由美元折算成人民币；通过 2006—2015 年的《中国统计年鉴》获取交通运输、仓储和邮政业，批发、零售、住宿和餐饮业的产值与增加值；通过 2006—2015 年《中国能源统计年鉴》获取交通运输、仓储和邮政业，批发、零售、住宿和餐饮业中各类型能源消费量。

(4) 旅游二氧化碳排放量（TC）。在我国，能源燃烧产生的二氧化碳排放占到总量的 96%（Zhang and Gao，2016）[1]，所以直接基于旅游能源消耗量测算旅游二氧化碳排放量，将公式（3.6）得到的 E_{ij} 通过能源消耗向碳排放转换相关系数得出 E_{ij} 对应的二氧化碳排放量，最后合计得到一个地方旅游二氧化碳排放量，公式如下：

$$TC_i = \sum_{j=1}^{n} E_{ij} \times f_j \times \beta \qquad (3.7)$$

$$TC = \sum_{i=1}^{m} TC_i \qquad (3.8)$$

其中，TC_i 代表行业 i 中由旅游消费引致的二氧化碳排放量；f_j 为第 j 类能源的标准煤转换系数（见表 3.1）；β 为单位标准煤的二氧化碳排放量，即二氧化碳排放系数，根据陈飞和诸大建（2009）[2] 的研究工作，$\beta=2.45$。最后对旅游相关行业中旅游消费部分的二氧化碳排放量加总，得到一个地方旅游二氧化碳排放量 TC。表 3.2 报告了本章所需数据的描述性统计特征。

表 3.2 描述性统计

变量	样本量	均值	标准差	最小值	最大值
旅游收入（TI）（亿元）	300	1820.03	1847.94	17.74	10079.78
旅游人次（TP）（万人次）	300	15916.07	13016.06	500.82	59877.19
旅游业能源消耗量（E）（GJ）	300	17.79e+7	15.81e+7	0.4e+7	82.72e+7
旅游业二氧化碳排放量（TC）（万吨）	300	1484.51	1319.69	33.61	6923.79

3.3 实证分析与讨论

在测算出旅游环境污染排放的基础上，依次分析全国、三大经济地带与

---

[1] Zhang L, Gao J. Exploring the effects of international tourism on China's economic growth, energy consumption and environmental pollution：evidence from a regional panel analysis [J]. Renewable and Sustainable Energy Reviews，2016，53：225—234.

[2] 陈飞，诸大建. 低碳城市研究的理论方法与上海实证分析 [J]. 城市发展研究，2009，16 (10)：71—79.

各个省（区、市）的旅游经济地位水平与污染排放情况，然后利用脱钩指数模型检验旅游经济增长与资源环境的约束关系，通过脱钩指数分解模型分析形成旅游经济增长与资源环境某一脱钩状态背后五项原因的作用程度与作用方向，最后提出实现旅游经济增长与资源环境强脱钩的建议。

3.3.1 旅游二氧化碳分析

在整体层面上，全国30个省（区、市）旅游二氧化碳排放水平呈现上升趋势（图3.3），从2005年的20068.05万吨上升至2014年的87108.83万吨，年均增长率为17.72%。其中，旅游交通运输、仓储和邮政业占旅游二氧化碳排放总量的71.25%，是主要的旅游二氧化碳排放部门。这与已有的研究结果相符合，比如石培华等（2011）测算出的中国旅游交通二氧化碳排放量占全部排放量的67.72%，是旅游业二氧化碳排放的主要来源[1]；袁宇杰（2013）得到的中国旅游交通运输、仓储和邮政业碳排放比旅游批发、零售和住宿、餐饮业碳排放高[2]，再次验证了旅游长途交通、市内交通和邮电二氧化碳排放量高于旅游游览、购物、娱乐、住宿和餐饮二氧化碳排放量，是旅游主要的碳排放环节。

全国旅游交通运输、仓储和邮政业的二氧化碳排放量从2005年的14190.46万吨上升至2014年的63047.50万吨，年均增长率为18.02%。从旅游交通运输环节进行碳管理将会极大减少旅游二氧化碳的排放总量。Lumsdon et al.（2006）建议旅游者使用公共交通，旅游供给市场提供与旅游者特征需求相匹配的公共交通服务，从而减少旅游交通环节的碳排放[3]。Karen和Richard（2007）鼓励游客减少长途航空出游方式，并且建议英国航空税政以碳税代替登机税，降低旅游航空的碳排放量[4]。Mundet和Coenders（2010）建议打造绿道作为旅游目的地的吸引物，通过慢旅游的旅游方式减少旅游交通对化石燃料能源的使用，从而减少旅游环境压力[5]。

---

[1] 石培华，吴普. 中国旅游业能源消耗与CO_2排放量的初步估算［J］. 地理学报，2011，66（2）：235-243.

[2] 袁宇杰. 中国旅游间接能源消耗与碳排放的核算［J］. 旅游学刊，2013，28（10）：81-88.

[3] Lumsdon L, Downward P, Rhoden S. Transport for tourism: can public transport encourage a modal shift in the day visitor market?［J］. Journal of Sustainable Tourism，2006，14（2）：139-156.

[4] Mayor K, Tol R S J. The impact of the UK aviation tax on carbon dioxide emissions and visitor numbers［J］. Transport Policy，2007，14（6）：507-513.

[5] Mundet L, Coenders G. Greenways: a sustainable leisure experience concept for both communities and tourists［J］. Journal of Sustainable Tourism，2010，18（5）：657-674.

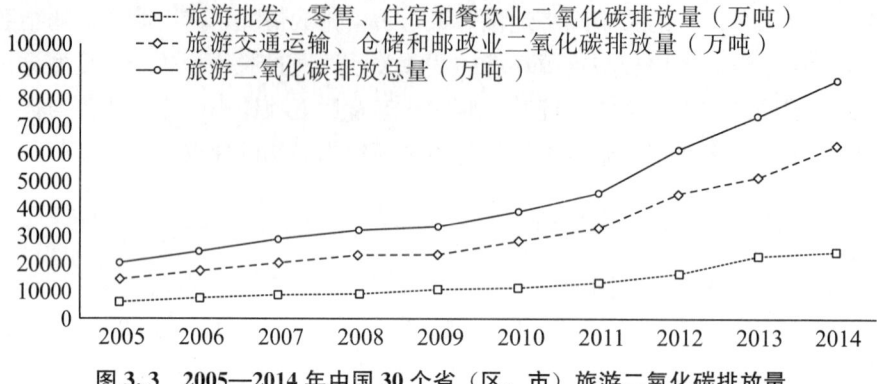

图 3.3 2005—2014 年中国 30 个省（区、市）旅游二氧化碳排放量

虽然旅游批发、零售、住宿和餐饮业二氧化碳排放量占旅游二氧化碳排放总量为 28.75%，远远低于旅游交通运输、仓储和邮政业二氧化碳排放量，但也呈现增长趋势，从 2004 年的 5877.59 万吨上升到 2014 年的 24061.33 万吨，有 3 倍的增长幅度，可见从旅游游览、购物、娱乐、住宿、餐饮环节进行碳管理减轻旅游环境压力也不容忽视。Deng 和 Burnett（2000）以中国香港地区酒店为实证对象，得到住宿中电力消耗是最主要的能源消耗，尤其是空调设备，因此建议控制酒店电器使用来缓解资源环境消耗[1]。Chan 和 Lam（2003）建议酒店使用热泵代替电锅炉和燃气进行供热，降低能源消耗[2]。Dalton（2009）建议度假酒店使用可再生能源，并认为该举措可以平衡酒店盈利增长与环境压力[3]，而且游客也愿意支持酒店提供微型可再生能源服务（Dalton，2008）[4]。

全国分为东中西部三大经济地带[5]，图 3.4 显示东部地区旅游二氧化碳

---

[1] Deng S M, Burnett J. A study of energy performance of hotel buildings in Hong Kong [J]. Energy & Buildings, 2000, 31 (1): 7-12.

[2] Chan W W, Lam J C. Energy-saving supporting tourism sustainability: a case study of hotel swimming pool heat pump [J]. Journal of Sustainable Tourism, 2003, 11 (1): 74-83.

[3] Dalton G J, Lockington D A, Baldock T E. Case study feasibility analysis of renewable energy supply options for small to medium-sized tourist accommodations [J]. Renewable Energy, 2009, 34 (4): 1134-1144.

[4] Dalton G J, Lockington D A, Baldock T E. A survey of tourist attitudes to renewable energy supply in Australian hotel accommodation [J]. Renewable Energy, 2008, 33 (10): 2174-2185.

[5] 按经济技术发展水平和地理位置相结合的原则，将全国划分为东中西部三大经济地带，东部地区包括北京市、天津市、河北省、辽宁省、上海市、江苏省、浙江省、福建省、山东省、广东省、海南省，中部地区包括山西省、内蒙古自治区、吉林省、黑龙江省、安徽省、江西省、河南省、湖北省、湖南省、广西壮族自治区，西部地区包括重庆市、四川省、贵州省、云南省、陕西省、甘肃省、青海省、宁夏回族自治区、新疆维吾尔自治区。

排放量远远高于中部与西部地区，但是从增长速度来看，东部地区旅游二氧化碳年均增长率（12.58%）低于中部（24.05%）与西部地区（23.19%），可见仅以二氧化碳排放量的绝对值作为地区旅游的环境压力容易导致资源环境约束偏差，因为这与地区旅游发展阶段有关。总体上，中部与西部的旅游发展阶段落后于东部地区，结合二氧化碳排放增长率，可以简单得出粗放型经济增长带来的环境污染排放增速更快。

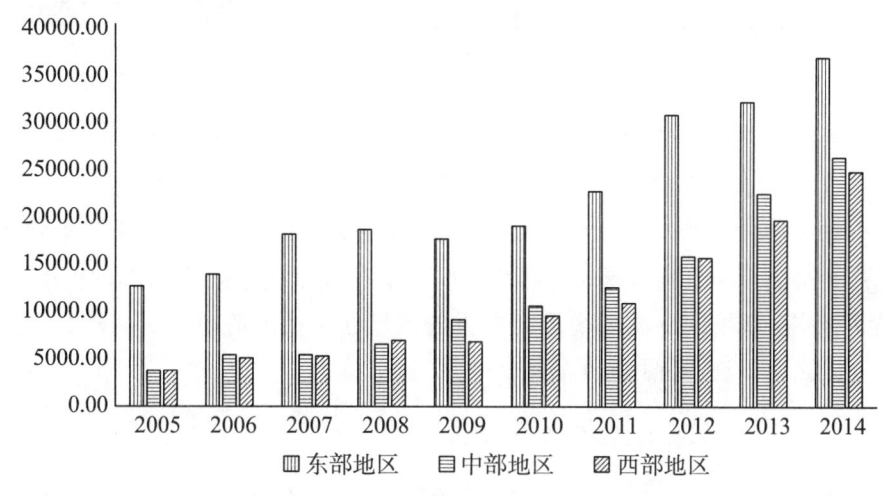

图 3.4　2005—2014 年东中西部地区旅游二氧化碳排放总量趋势（万吨）

从旅游二氧化碳总量构成部门来看，旅游交通运输、仓储和邮政业的二氧化碳排放量仍然是东中西部旅游二氧化碳排放的主要来源，呈现出"东高西低"的空间特征。根据图 3.5 的趋势变化，可以得到这一状况在短期内难以有较大改变。三个经济地带旅游二氧化碳排放量的差距主要来自旅游交通运输、仓储和邮政业的差距，旅游批发、零售、住宿和餐饮业碳排放量的差别在 2010 年后逐渐缩小，因此想要缩短三个经济地带旅游二氧化碳排放的差异，在于缩小旅游交通运输、仓储和邮政业的二氧化碳排放差异。

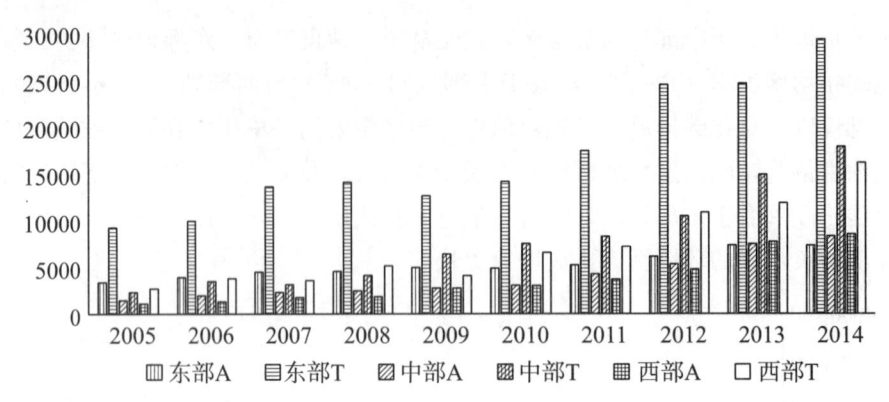

图 3.5　2005—2014 年东中西部地区旅游批发、零售、住宿和餐饮业二氧化碳排放量（A）与旅游交通运输、仓储和邮政业的二氧化碳排放量（T）

就单个省（区、市）旅游环境压力大小来看，广东省旅游发展带来的环境压力最高，而且逐年增长，年均旅游二氧化碳排放量达到 3934.48 万吨。整个样本分析期间旅游环境压力严重的区域还包括上海市、浙江省、江苏省、北京市、辽宁省和山东省等。

3.3.2　各地区旅游经济水平分析

全国 30 个省（区、市）旅游总收入从 2005 年 17918.60 亿元增长到 2014 年的 93369.72 亿元，年均增长率为 20.13%，呈现逐年递增，但增长速度有所下降，尤其是在 2008 年显著下降，这与当年的全球金融危机、中国南部地区冰雪灾害、汶川大地震等外部环境有关。图 3.6 显示，三大经济地带的旅游总收入仍旧呈现"东高西低"的差异。但年均增长率上，中部地区旅游总收入增长率（25.04%）高于西部（24.25%）与东部（17.10%），可见中部与西部地区旅游经济增长追赶效应明显。

在单个省（区、市）旅游收入方面，样本期末旅游总收入最高的地区是江苏省（8049.80 亿元），是旅游总收入最低地区宁夏回族自治区（142.70 亿元）的 56.41 倍。其次是广东省（7852.06 亿元）、浙江省（6300.43 亿元）、山东省（5854.33 亿元）、辽宁省（5289.59 亿元）与四川省（4890.99 亿元），这与旅游环境压力大小相一致。然而就十年旅游经济增长速度来看，增速最快的却不是东部地区的省市，而是西部地区的甘肃省，年均增速为 32.37%。增速在 30% 以上的地区多来自中部与西部（贵州省，30.67%；安徽省，30.62%）；上海市旅游总收入年均增速最低，仅为 8.30%，尽管在样本分析期末上海旅游总收入是甘肃省的 4.22 倍。

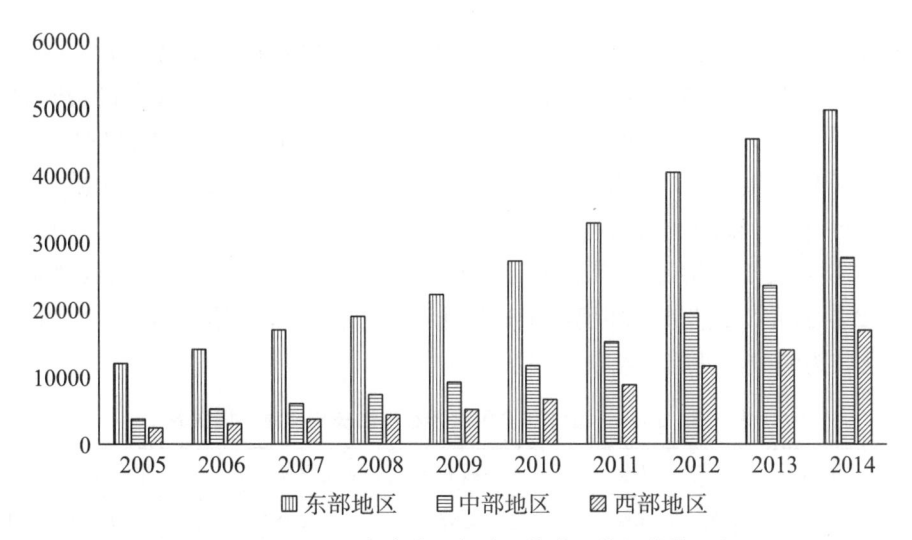

图 3.6　2005—2014 年东中西部地区旅游总收入趋势（亿元）

图 3.7 报告了 30 个省（区、市）在期初与期末的旅游总收入及其占地区 GDP 的比重。可以看到各地旅游的经济地位不一，虽然整体上旅游的经济地位随时间变化有所提升。通过比较 2005 年与 2014 年旅游总收入占该地区 GDP 的比重，发现并非所有东部地区省市旅游产业地位得到提升，比如北京与上海旅游总收入占 GDP 比重下降。然而，中部与西部地区的 19 个省（区、市）旅游产业地位大幅提升，旅游产业在这两个地区发挥的经济作用增强。国际上对战略性支柱产业的标准是该产业收入占 GDP 比重超过 8%，云南与贵州旅游总收入占比已经达到了 20% 以上。中部与西部地区因区域经济发展特色，更依赖旅游的经济发展。

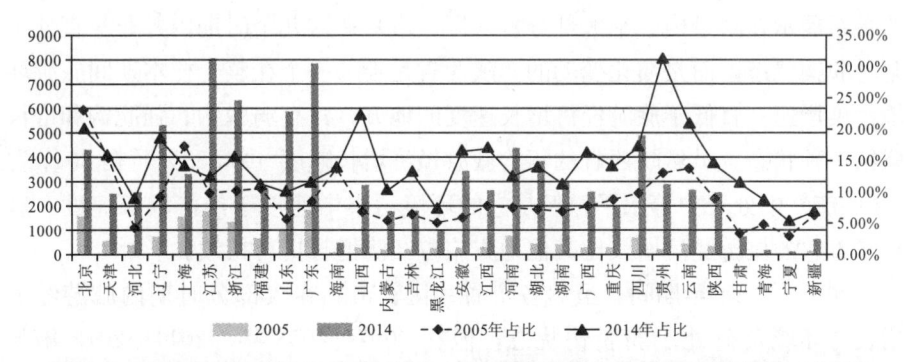

图 3.7　2005 与 2014 年 30 个省（区、市）旅游总收入及其占 GDP 比重（亿元）

3.3.3　旅游经济增长与环境压力脱钩关系分析

基于旅游经济增长与资源环境脱钩指数模型，可以检验旅游经济增长与

资源环境的约束关系,得出旅游经济增长对资源环境造成的影响情况。

从表3.3可以看到,整体而言,全国30个省(区、市)旅游经济一直处于增长态势,在整个样本期间,$\Delta TI > 0$,不存在经济衰退的情况。2005—2011年期间,旅游环境污染速度慢于旅游经济增长速度,旅游经济增长与资源环境处于弱脱钩状态,直到2012年,旅游环境污染速度($\Delta TC = 0.348$)快于旅游经济增长速度($\Delta TI = 0.277$),处于扩张负脱钩状态。2012年之后,虽然旅游环境污染速度重新低于旅游经济增长速度,但因为变化较为细微,处于增长联结关系。

表3.3 2005—2014年全国旅游经济增长与资源环境关系

年份	ΔTC	ΔTI	$\varepsilon(TC, TI)$	脱钩状态
2005—2006	0.209	0.267	0.784	弱脱钩
2006—2007	0.182	0.220	0.826	增长联结
2007—2008	0.114	0.161	0.712	弱脱钩
2008—2009	0.044	0.164	0.266	弱脱钩
2009—2010	0.166	0.305	0.544	弱脱钩
2010—2011	0.177	0.300	0.590	弱脱钩
2011—2012	0.348	0.277	1.254	扩张负脱钩
2012—2013	0.193	0.207	0.934	增长联结
2013—2014	0.184	0.195	0.942	增长联结

各个省(区、市)在这九段时期内的旅游经济增长与环境负荷之间的脱钩关系展示在附录内。绝大部分省(区、市)在这九个时期内并非一直处于某种脱钩状态,而是演化变动的。陕西省是唯一一个在整个样本期间旅游环境污染增速一直低于旅游经济增长速度的地方,只有弱脱钩、强脱钩和增长联结三种状态。虽然陕西省的年均旅游经济增长速度(24.53%)在30个省(区、市)内处于中等水平,但是它的环境污染增速慢于经济增长速度,这意味着它的旅游经济增长比其他地方旅游经济增长更可持续。

2005—2014年期间,虽然各个省(区、市)在大部分时期内旅游经济增长与环境负荷处于弱脱钩状态,但在2007—2008年、2011—2012年与2012—2013年三个时期内,多数地方出现了扩张负脱钩关系,即旅游环境污染增速快于旅游经济增长速度,旅游发展以污染环境为代价实现经济增长。在九段时期内,重庆市、贵州省、云南省、甘肃省和青海省频繁出现扩张负脱钩。还有个别地方出现了强负脱钩与衰退脱钩状态,在旅游经济衰退同时还伴随着环境污染增加。比如，广东省在 2013—2014 年内处于强负脱钩状态，即 2014 年广东省的旅游经济衰退但旅游环境污染上升。

旅游经济增长与资源环境脱钩指数客观定量地反映了某一时期旅游经济增长与资源环境的关系。它纠正了直接采用旅游碳排放绝对量来判断可持续旅游发展的偏差。比如，根据 3.3.1 节旅游二氧化碳排放的特征，北京、上海、浙江和江苏等地属于旅游环境污染严重区域，但在脱钩指数中，它们并非长期处于扩张负脱钩、强负脱钩和衰退脱钩这类不可持续的旅游经济增长状态中，相反更多的是处于旅游环境污染增速低于旅游经济增长速度的弱脱钩状态。频繁出现扩张负脱钩状态的地区是在中部与西部省（区、市）。所以，旅游二氧化碳排放量呈现"东高西低"，并不意味着西部地区的旅游经济属于可持续增长。

旅游经济增长与资源环境脱钩指数虽然检验出旅游经济增长受资源环境约束，没有达到旅游经济增长与资源环境强脱钩的状态，但也没有揭示更多的信息，比如形成二者某一脱钩状态的原因是什么，二者脱钩关系变动是由什么导致的，怎样才能有利于实现二者的强脱钩状态。有鉴于此，本研究构建了旅游经济增长与资源环境脱钩指数分解模型，通过实证分析解答这些问题。

3.3.4 旅游经济增长与环境压力脱钩分解分析

公式（3.4）得到影响某一时期旅游经济增长与资源环境脱钩状态形成的五项因素：旅游能源碳排放强度、旅游能源强度、旅游产业结构、旅游业产出规模与游客规模五项分脱钩指数。图 3.8 显示了 2005—2014 年这五项因素对全国旅游经济增长与环境压力脱钩关系的作用程度与作用方向。

首先，游客规模脱钩指数 ε_{TP} 是形成旅游经济增长与环境负荷某一脱钩状态的主要贡献因素，平均贡献度达到 90%，其贡献大小在整个样本期间呈现波动式增长趋势。结合表 3.3 全国旅游经济增长与资源环境脱钩状态，可以知道旅游环境污染增长主要由游客规模造成。尤其是 2011—2012 这段时期的扩张负脱钩状态，游客规模脱钩指数贡献了 69.20%，旅游人次增加所带来的环境压力是制约旅游经济可持续增长的主要因素。这与 Tang et al.（2017）得出游客规模是导致旅游环境压力快速增长的主要推手相一致[①]。Nepal et al.（2019）得出游客人次每增加 1% 就会增加 0.98% 的环境

---

① Tang C, Zhong L, Ng P. Factors that influence the tourism industry's carbon emissions: a tourism area life cycle model perspective [J]. Energy Policy, 2017, 109: 704−718.

污染①。2005—2014 年间全国旅游人次呈现陡峰式增长，从 2005 年的 20.54 亿人次增长到 2014 年的 86.58 亿人次，如此大规模的游客活动相应地消耗更多的资源，造成更大的环境负荷。那么如何调整游客规模脱钩指数效应，让它有利于促成旅游经济增长与环境负荷强脱钩状态的形成？部分自然保护区和世界自然遗产旅游目的地引进游客容量实时监控技术，限制游客容量以及对高峰时间段旅游人数进行分流，来减轻大量游客涌入带来的环境压力。本研究认为除了依据旅游目的地的生态敏感程度进行游客容量管理外，建议通过提高单位游客旅游收入来实现旅游经济增长与资源环境的强脱钩。旅游供给市场提供高附加值的旅游产品或服务，减轻旅游经济收入对旅游人次的依赖，延长和增加旅游者停留时间与消费，让旅游市场从短频快的观光旅游向深度体验游发展。

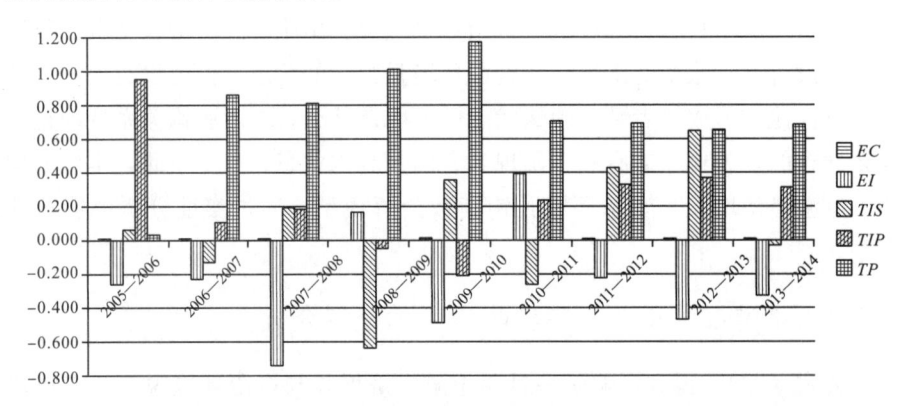

图 3.8 2005—2014 年全国旅游经济增长与资源环境脱钩指数分解项

旅游业产出规模脱钩指数 ε_{TIP} 对旅游经济增长与环境负荷脱钩关系形成的作用方向时正时负，在 2008—2009 年与 2009—2010 年两段时间为负贡献，其余时期为正向贡献，平均达到 30% 贡献度；在 2010—2011 年间贡献度为 32.68%，也是导致 2011—2012 年旅游经济增长与环境负荷扩张负脱钩的重要因素。旅游业产出规模脱钩指数基于旅游总收入与旅游总人次之比，说明当游客消费边际污染排放高时不利于旅游经济可持续增长。Keller 和 Williams（2005）指出旅游者在旅行过程中发生的能源等物质消耗高于在

---

① Nepal R, Irsyad M I, Nepal S K. Tourist arrivals, energy consumption and pollutant emissions in a developing economy—implications for sustainable tourism [J]. Tourism Management, 2019, 72: 145−154.

家的活动消耗[1]。旅游代表了一种远离社区规范的放纵消费环境，当人们旅游时逃离了日常的生活，追求无拘无束的度假体验，所以旅游者即使知道航空碳足迹高仍然会选择乘坐航空快速抵达旅游目的地（Koc，2013；Kroesen，2013；Alcock et al.，2017）[2][3][4]。因此在降低旅游消费边际污染排放方面，政府和旅游企业管理者应当承担起传播旅游环境影响知识，教育游客正确认识旅游环境污染排放，培育旅游者环境友好消费行为的责任。此外，实证显示旅游长途交通、市内交通和邮电消费边际污染排放高于游览、购物、娱乐、住宿、餐饮消费边际污染排放，因此尤其要注意培养在旅游交通运输环节上的旅游环境友好消费行为。

旅游产业结构脱钩指数ε_{TIS}对形成旅游经济增长与环境负荷的某一脱钩关系的贡献在 2006—2007 年、2008—2009 年、2010—2011 年和 2013—2014 年期间为负，其余时期为正，在 2011—2012 年贡献了 42.42%，是导致这一时期旅游经济增长与环境负荷扩张负脱钩状态的主要因素之一。旅游产出结构脱钩指数反映了旅游收入构成，实证显示当旅游交通运输、仓储和邮政业的收入比重大幅上升，即旅游批发、零售、住宿和餐饮业的收入比重下降，会导致旅游经济增长与环境负荷出现扩张负脱钩状态。这说明通过调整旅游收入结构，有助于实现旅游经济增长与资源环境的强脱钩状态。

旅游能源强度脱钩指数ε_{EI}在 2008—2009 年与 2010—2011 年期间对旅游经济增长与环境负荷脱钩指数贡献为正，其余时期均为负，是有利于旅游经济增长与环境负荷形成强脱钩状态的主要因素。因为旅游能源强度的提高能抑制旅游污染排放的增长速度（Robaina-Aleves et al.，2016；Chen et al.，2018）[5][6]。旅游能源强度脱钩指数反映旅游能源效率，提高旅游能源

---

[1] Kelly J, Williams P W. Assessing material flow eco-efficiency strategies in tourism destinations [M]//Keller P, Bieger T. Innovation in tourism: creating customer value, St. Gallen: AIEST, 2005: 277-288.

[2] Koc E. Inversionary and liminoidal consumption: gluttony on holidays and obesity [J]. Journal of Travel & Tourism Marketing, 2013, 30 (8): 825-838.

[3] Kroesen M. Exploring people's viewpoints on air travel and climate change: understanding inconsistencies [J]. Journal of Sustainable Tourism, 2013, 21 (2): 271-290.

[4] Alcock I, White M P, Taylor T, et al. 'Green' on the ground but not in the air: pro-environmental attitudes are related to household behaviours but not discretionary air travel [J]. Global Environmental Change, 2017, 42: 136-147.

[5] Robaina-Alves M, Moutinho V, Costa R. Change in energy-related CO_2 (carbon dioxide) emissions in Portuguese tourism: a decomposition analysis from 2000 to 2008 [J]. Journal of Cleaner Production, 2016, 111: 520-528.

[6] Chen L, Thapa B, Yan W. The relationship between tourism, carbon dioxide emissions, and economic growth in the Yangtze River Delta, China [J]. Sustainability, 2018, 10 (7): 1-20.

效率，相应地旅游能源强度脱钩指数对促成旅游经济增长与环境负荷强脱钩状态的作用越大。然而当前我国旅游能源效率水平较低，存在较大的提升空间（He et al.，2019）[①]。一般通过采用清洁新能源、引入低能耗低污染的新技术来提高能源效率，有效的资本配置对提高旅游能源效率也十分重要。

旅游能源碳排放强度脱钩指数 ε_{EC} 虽然是促成旅游经济增长与环境负荷强脱钩状态的有利因素，但它的贡献作用小。无论是旅游交通运输、仓储和邮政业，还是旅游批发、零售、住宿和餐饮业，主要的能源消耗均是油品、煤炭和电力，它们的能源碳排放系数恒定，而短期内改变旅游能源结构可能性不大（林伯强等，2010）[②]，所以通过旅游能源碳排放强度脱钩指数来促进旅游经济增长与资源环境强脱钩的作用不大。

就单个省（区、市）的旅游经济增长与环境负荷脱钩关系影响因素而言，频繁出现扩张负脱钩的重庆市、贵州省和云南省等，背后的主要影响因素是游客规模脱钩指数效应。旅游经济增长与环境负荷的强脱钩主要出现在2008—2009 年间，2008 年国务院发布的《关于旅游业应对气候变化问题若干意见》全面引导了旅游经济增长与环境负荷的脱钩。而出现强脱钩状态的东部地区省（市），主要影响因素是能源强度脱钩指数效应。资本投入环境越好的地方，越有利于发挥旅游能源强度脱钩指数对旅游经济增长与环境污染排放强脱钩状态的促进作用。

3.4 本章小结

本章采用旅游消费剥离系数测算了 2005—2014 年我国 30 个省（区、市）旅游能源消耗与环境污染排放（即二氧化碳排放），然后运用 Tapio 脱钩指数检验了旅游经济增长与资源环境之间的关系，在此基础上，将 LMDI 分解分析与 Tapio 脱钩指数相结合，构建了旅游经济增长与资源环境脱钩指数分解模型。在以往的研究基础上，通过构建新的研究方法深化了研究内容，得出形成旅游经济增长与资源环境某一脱钩状态背后的原因、它们的作用程度与作用方向，为实现旅游经济增长与资源环境强脱钩状态提供建议。

首先，旅游业已经不再是"无烟产业"，它的资源消耗与环境污染排放应当引起政府与学界重视。我国旅游二氧化碳排放量逐年递增，至 2014 年

[①] He L, Zha J, Loo H A. How to improve tourism energy efficiency to achieve sustainable tourism: evidence from China [J]. Current Issues in Tourism，2019：1—16.

[②] 林伯强，姚昕，刘希颖. 节能和碳排放约束下的中国能源结构战略调整 [J]. 中国社会科学，2010（1）：58—71.

达到 87108.83 万吨。旅游长途交通、市内交通、邮电环节二氧化碳排放量占总量的 71.25%，是主要的旅游二氧化碳排放部门；旅游游览、购物、娱乐、住宿、餐饮环节二氧化碳排放量占总量的 28.75%，虽然占比不高，但逐年递增，也不容忽视。从东中西三大经济地带来看，东部地区旅游二氧化碳排放量远远高于中部与西部地区，其中东部地区的广东省、上海市、北京市、浙江省和江苏省长期处于旅游环境压力严重的状态，但东部地区旅游二氧化碳年均增长速度却大大低于中部与西部地区。

结合各地区旅游经济水平来看，中部地区旅游总收入增长率高于西部和东部地区，在整个样本分析期间，中部与西部地区的省（区、市）旅游产业地位有大幅提升，东部地区存在旅游产业地位下降的省（市），中部与西部地区因区域经济发展特色，更依赖旅游的经济发展。总的来说，中部与西部旅游经济增长率高的同时，旅游二氧化碳排放增长速度也快。

通过旅游经济增长与资源环境脱钩指数模型，实证得出整个样本分析期间，除了 2011—2012 年旅游环境污染排放增速快于旅游经济增长速度，二者处于扩张负脱钩状态，其余时期旅游环境污染排放增速慢于旅游经济增长速度。各个省（区、市）在样本分析期间大部分时期处于旅游经济增长与环境负荷的弱脱钩状态，具体而言，陕西省是唯一一个在整个样本期间旅游环境污染增速一直低于旅游经济增长速度的地方，它的旅游经济增长比其他地方旅游经济增长更可持续；重庆市、贵州省、云南省、甘肃省和青海省频繁出现旅游环境污染增速高于旅游经济增长速度的扩张负脱钩状态，西部地区旅游发展存在以牺牲环境为代价换取旅游经济增长的情况。所以尽管旅游二氧化碳排放量呈现"东高西低"的空间特征，不代表西部地区的旅游经济属于可持续增长，仅以旅游二氧化碳排放量为指标来判断旅游可持续发展容易出现偏差，旅游经济增长与资源环境脱钩指数比直接采用旅游二氧化碳排放作为旅游可持续发展指标更全面。

脱钩指数显示我国旅游经济增长与资源环境还未实现强脱钩状态，旅游经济增长受资源环境约束。旅游经济增长与资源环境脱钩分解模型分析了影响二者脱钩关系形成的隐藏原因，并为促成二者强脱钩状态提供了建议。脱钩分解模型得出影响某一时期旅游经济增长与资源环境脱钩状态形成的五项因素，分别是旅游能源碳排放强度、旅游能源强度、旅游产业结构、旅游业产出规模与游客规模脱钩指数效应。反映旅游人次的游客规模脱钩指数是形成旅游经济增长与资源环境某一脱钩状态的主要贡献因素，也是阻碍二者达到强脱钩状态的主要因素；反映游客消费边际污染排放的旅游业产出规模脱钩指数对形成二者强脱钩状态的作用时正时负，当旅游消费边际污染排放高

时呈现抑制作用,当旅游消费边际污染低时起促进作用;反映旅游收入构成的旅游产业结构脱钩指数对促进旅游经济增长与资源环境强脱钩状态的作用方向与旅游业产出规模脱钩指数相似,当旅游游览、购物、娱乐、住宿、餐饮收入与旅游交通、邮电收入比值越大时越有利于促进形成旅游经济增长与资源环境强脱钩状态;反映旅游能源效率的旅游能源强度脱钩指数是推动旅游经济增长与资源环境强脱钩状态形成的主要因素;反映旅游能源结构的能源碳排放强度脱钩指数也是有利于促成旅游经济增长与资源环境强脱钩状态的因素,但贡献作用不明显。

据此,为了促成旅游经济增长与资源环境强脱钩状态,在旅游供给方面,可采用清洁新能源、引入低能耗低污染的新技术以及有效配置资本来提高旅游能源效率;调整旅游收入结构,提高旅游游览、购物、娱乐、住宿和餐饮环节收入,缓解与旅游长途交通、市内交通和邮电收入伴随的旅游环境压力;提供适宜游客需求的公共交通服务,设计绿道等。在旅游市场方面,可依据旅游目的地的生态敏感程度进行游客容量管理,但主要通过提供高附加值的旅游产品或服务,提高单位游客旅游收入,减轻旅游经济收入对旅游人次的依赖,延长和增加旅游者停留时间与消费,让旅游市场从短频快的观光旅游向深度体验游发展。在游客管理方面,政府和旅游企业管理者应当承担起传播旅游环境影响知识,教育游客正确认识旅游环境污染排放,培育旅游者环境友好消费意识的责任,尤其是要注意培养在旅游交通运输环节上的旅游环境友好消费行为。比如鼓励游客减少长途航空的出游方式,建议使用公共交通,提倡慢旅游的旅行方式。

4 资源环境约束下旅游经济增长质量研究

上一章研究结果显示，资源稀缺与环境压力对旅游经济增长形成约束。然而资源环境与经济、社会需求相互关联，不能简单地将其归结为增长问题，所以平衡旅游经济增长与资源环境的关系不在于缩减旅游总收入，而是需要提升旅游经济增长质量。资源环境约束下旅游经济增长质量包含两重目标：一是不以牺牲资源环境为代价实现旅游经济增长，二是实践旅游经济可持续增长的同时不损害经济实体。资源环境约束下旅游经济增长质量能够反映旅游经济增长与资源环境之间的协调程度，但需要一个科学合理的指标来进行表示。效率与全要素生产率是衡量经济增长质量的常用指标（钞小静和任保平，2012）[1]。在旅游经济研究中亦是如此，通过旅游效率与全要素生产率评估旅游经济增长质量水平，以及判断旅游经济增长质量有无提高（左冰和保继刚，2008；赵磊，2013；Sun et al., 2015）[2][3][4]。根据第 2 章表 2.4 总结的相关研究，可以看到已有的研究在构建区域旅游效率与全要素生产率指标时，主要考核旅游资本、劳动这类传统的生产投入要素和旅游收入的关系，旅游资源消耗与环境污染常常被忽略。

然而，随着资源稀缺与环境污染问题的突出，资源与环境在经济增长中的角色发生了转变，不仅是经济增长的内生变量还是制约因素（王兵等，2010）[5]。旅游是典型的资源环境依赖活动，资源环境是支撑旅游生产和消

---

[1] 钞小静，任保平. 资源环境约束下的中国经济增长质量研究 [J]. 中国人口资源与环境，2012，22（4）：102−107.

[2] 左冰，保继刚. 1992—2005 年中国旅游业全要素生产率及省际差异 [J]. 地理学报，2008，63（4）：417−427.

[3] 赵磊. 中国旅游全要素生产率差异与收敛实证研究 [J]. 旅游学刊，2013，28（11）：12−23.

[4] Sun J, Zhang J, Zhang J, et al. Total factor productivity assessment of tourism industry: evidence from China [J]. Asia Pacific Journal of Tourism Research, 2015, 20（3）：280−294.

[5] 王兵，吴延瑞，颜鹏飞. 中国区域环境效率与环境全要素生产率增长 [J]. 经济研究，2010，45（5）：95−109.

费的核心生产要素，更需要重视资源环境在旅游经济增长中的地位（Williams and Ponsford，2009）[1]。将资源环境等同于传统生产要素纳入旅游效率与全要素生产率指标中十分必要，因此本研究构建了资源环境约束下的旅游效率与全要素生产率指标，用以评估资源环境约束下旅游经济增长质量，然后采用 Luenberger 生产率指数分解分析影响资源环境约束下旅游经济增长质量变化的内部原因。通过各内部原因的作用程度与作用方向，得出应该继续发挥哪些原因的积极作用，避免或改善哪些原因能够提高旅游经济增长质量，以期为旅游经济可持续增长提供更具体的理论与实践参考。

4.1 分析框架与研究设计

4.1.1 变量框架与指标的选择

就地区的旅游生产过程来看，资本与劳动是旅游经济增长的基本投入要素，旅游是典型的劳动力密集活动，旅游食住行游购娱等功能均需要大量的人员支撑，资本是建设旅游活动发生所依赖的基础设施或休闲娱乐设施的必要投入，尤其是在旅游自然资源有限且稀缺的情况下，可通过资本投入来弥补这一劣势。旅游区别于其他经济生产的特征是它不受土地面积约束，但需要将旅游吸引物作为旅游生产过程的投入要素（Sun et al.，2015）[2]。旅游资源禀赋作为吸引游客的核心要素应当被引入旅游经济增长模型中（罗浩等，2016；杨天英等，2017）[3][4]。同时旅游还具有能源密集型的特征（Becken，2002；Frantál and Urbánková，2017）[5][6]，旅游的经济活动要消耗大量的能源（杨萍，2010）[7]。这在传统的旅游经济增长质量研究中常被

---

[1] Williams P W, Ponsford I F. Confronting tourism's environmental paradox: transitioning for sustainable tourism [J]. Futures, 2009, 41 (6): 396−404.

[2] Sun J, Zhang J, Zhang J, et al. Total factor productivity assessment of tourism industry: evidence from China [J]. Asia Pacific Journal of Tourism Research, 2015, 20 (3): 280−294.

[3] 罗浩，颜钰荛，杨旸. 中国各省的旅游增长方式"因地制宜"吗？——中国省际旅游增长要素贡献与旅游资源比较优势研究 [J]. 旅游学刊，2016，31 (3): 43−53.

[4] 杨天英，李许卡，郭达. 不同旅游资源对区域旅游经济增长的影响研究——基于中国省际面板数据分析 [J]. 生态经济，2017，33 (6): 105−109.

[5] Becken S. Analysing international tourist flows to estimate energy use associated with air travel [J]. Journal of Sustainable Tourism, 2002, 10 (2): 114−131.

[6] Frantál B, Urbánková R. Energy tourism: an emerging field of study [J]. Current Issues in Tourism, 2017, 20 (13): 1395−1412.

[7] 杨萍. 从旅游流到物质流：对旅游经济增长与发展的思考 [J]. 思想战线，2010，36 (4): 124−128.

忽视，而资源经济学理论为旅游经济增长质量研究提供了旅游资源禀赋与旅游能源消耗的研究思路。伴随旅游产出的除了经济增长还有环境污染排放，环境经济学理论提出实现经济与环境双赢，在旅游生产过程中，将旅游环境污染排放作为非期望产出纳入旅游经济增长质量的分析框架中。在对区域旅游投入产出要素的分析基础上，本研究搭建了考虑资源与环境约束的某一地区旅游生产过程的投入产出变量框架（图4.1）。框架中的变量描述了投入产出要素的属性特征，然而定量分析区域旅游效率与全要素生产率，还需要选择能够被数理模型计算处理的量化指标代替以上变量。

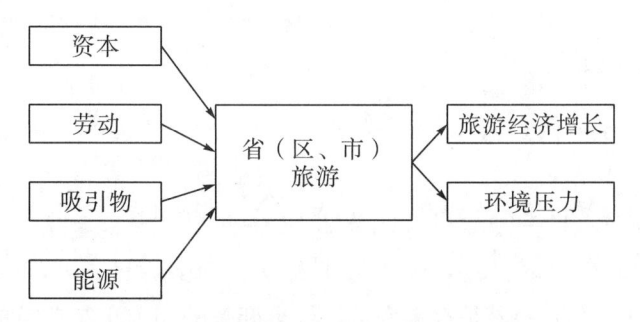

图4.1　区域旅游生产的投入产出变量框架

第2章的表2.4显示了分析区域旅游效率与全要素生产率时采用的投入产出指标，可以发现研究者根据具体研究目标与数据可得性采用不同的投入产出指标，目前没有研究证明哪种投入产出指标是最有效合理的，但现有研究多采用从业人员数代表劳动、固定资产投资代表资本、旅游收入代表期望产出。本研究秉着数据可得性、实用性和有效性的原则，最终选择旅游年末从业人数（代表劳动）、旅游固定资产原值（代表资本）、旅游资源禀赋（代表吸引物）和旅游能源消耗（代表能源）作为生产要素投入指标，选择旅游总收入（代表旅游经济增长）作为期望产出、旅游二氧化碳排放（代表环境压力）作为非期望产出指标对各省（区、市）资源环境约束下旅游经济增长质量进行研究。

4.1.2　资源环境约束下旅游效率与全要素生产率模型

效率与生产率指数构建的基本原理是将每一个省（区、市）视作生产决策单元，构建科学客观的生产前沿面（或生产可能性边界），计算出实际生产决策单元距离生产前沿面的距离（无效率部分），然后通过距离的变动得到生产率指数。因此，在构建资源环境约束下旅游效率与全要素生产率指数时主要有三个步骤。

第一步构建考虑资源与环境双重约束因素的环境生产前沿面。准确有效的生产前沿面是进行效率与生产率分析的前提，本研究的问题是资源与环境约束下的旅游经济增长质量，所以不同于传统的生产前沿面构建，需要把资源与环境同时纳入生产前沿面构建中。Färe et al. (2007)[①] 的研究成果为构建资源与环境约束下的旅游生产前沿面提供了思路，假设各省份 j ($j=1, 2, \cdots, J$) 在时期 t ($t=1, 2, \cdots, T$)，投入 M 种生产要素（以向量 x 表示），产出 N 种期望产出（以向量 y 表示），同时造成 H 种环境污染（或非期望产出）（以向量 c 表示），即 $x_j^t = (x_{j,1}^t, x_{j,2}^y, \cdots, x_{j,m}^t)^T$, $y_j^t = (y_{j,1}^t, y_{j,2}^t, \cdots, y_{j,n}^t)^T$, $c_j^t = (c_{j,1}^t, c_{j,2}^t, \cdots, c_{j,h}^t)^T$。因此，第 j 省份的环境技术构建如下：

$$P^t(x^t) = \left\{ (x^t, y^t, c^t) : \sum_{j=1}^{J} z_j^t x_{j,m}^t \leqslant x_{j,m}^t, \forall_m; \sum_{j=1}^{J} z_j^t y_{j,n}^t \geqslant y_{j,n}^t, \forall_n; \sum_{j=1}^{J} z_j^t c_{j,h}^t = c_{j,h}^t, \forall_h; \sum_{j=1}^{J} z_j^t = 1; z_j^t \geqslant 0, \forall_j \right\} \quad (4.1)$$

其中，$x^t = (x_1^t, x_2^t, \cdots, x_M^t)^T$；$y^t = (y_1^t, y_2^t, \cdots, y_N^t)^T$；$c^t = (c_1^t, c_2^t, \cdots, c_H^t)^T$；$z_j^t$ 是权重变量，权重变量的和为1与非负的权重变量两个约束条件表示环境技术为可变规模报酬（VRS），若去掉权重变量的和为1的约束，则表示规模报酬不变（CRS）。$P^t(x^t)$ 是一个有界封闭凸性的生产可能性边界，具有零结合、期望产出和投入可自由处置、产出弱可处置的特性（Färe et al., 2007）。

第二步为投入、期望产出与非期望产出设定约束方向，即旅游投入与非期望产出按减少的方向改善，旅游期望产出按增长的方向扩张。想要实现这一方向设定，需要借助方向性距离函数数学模型。Chambers et al. (1996) 基于 Luenberger 生产率指数提出了考虑投入和产出松弛效应的、具有可加性的方向性距离函数[②]，Färe et al. (2010) 基于方向性距离函数构建了相应的效率评价方法[③]。但二者均忽略了非期望产出的松弛效应，Chen et al. (2011) 将非期望产出松弛效应纳入方向性距离函数中[④]。但该数理模型存

[①] Färe R, Grosskopf S, Pasurka Jr C A. Environmental production functions and environmental directional distance functions [J]. Energy, 2007, 32 (7): 1055-1066.

[②] Chambers R G, Färe R, Grosskopf S. Productivity growth in APEC countries [J]. Pacific Economic Review, 1996, 1 (3): 181-190.

[③] Färe R, Grosskopf S. Directional distance functions and slacks-based measures of efficiency [J]. European Journal of Operational Research, 2010, 200 (1): 320-322.

[④] Chen P C, Yu M M, Chang C C, et al. Non-radial directional performance measurement with undesirable outputs [J]. Munich Personal RePEc Archive, 2011: 1-36.

在不可行解的缺陷，Pastor et al.（2011）提出两期技术来解决生产前沿面不可行解的缺陷[①]。本研究将两期技术与方向性距离函数相结合，构建了一个同时考虑旅游投入、期望产出和非期望产出，又能避免出现不可行解的两期方向性距离函数，拟合资源与环境对旅游经济增长的制约作用，捕捉资源环境双重约束下的真实旅游经济效益，具体公式如下：

$$\vec{D}^B(x, y, c; g_x, g_y, g_c) = \sup\{\beta = \beta_x + \beta_y + \beta_c :$$
$$(x - \beta_x g_x, y + \beta_y g_y, c - \beta_c g_c) \in P(x)\} \quad (4.2)$$

其中，方向变量 $g = (y, -c, -x)$ 将投入和产出松弛量标准化，从而衡量决策单元实现旅游效率的最优改善时期望产出的扩张比率，以及非期望产出和投入的压缩比率。两期方向性距离函数衡量的是资源环境约束下旅游无效率部分，所以其值越大，无效率水平越高，资源环境约束下旅游效率越低，反之越高。因此，t 时期两期方向性距离函数的线性规划式如下：

$$\vec{D}^B(x^t, y^t, c^t; g^t) = \max\left\{\beta^{Bt} : \beta^{Bt} = \frac{1}{3}\left[\frac{1}{M}(\beta_L^{Bt} + \beta_K^{Bt} + \beta_{TR}^{Bt} + \beta_E^{Bt})\right.\right.$$
$$\left.\left. + \frac{1}{N}(\beta_Y^{Bt}) + \frac{1}{H}(\beta_C^{Bt})\right]\right\}$$

s. t.

$$\sum_{j=1}^{J} Z_j^t Y_j^t + \sum_{j=1}^{J} Z_j^{t+1} Y_j^{t+1} \geqslant (1 + \beta_Y^{Bt}) Y_j^t,$$

$$\sum_{j=1}^{J} Z_j^t C_j^t + \sum_{j=1}^{J} Z_j^{t+1} C_j^{t+1} = (1 - \beta_C^{Bt}) C_j^t,$$

$$\sum_{j=1}^{J} Z_j^t L_j^t + \sum_{j=1}^{J} Z_j^{t+1} L_j^{t+1} \leqslant (1 - \beta_L^{Bt}) L_j^t,$$

$$\sum_{j=1}^{J} Z_j^t K_j^t + \sum_{j=1}^{J} Z_j^{t+1} K_j^{t+1} \leqslant (1 - \beta_K^{Bt}) K_j^t,$$

$$\sum_{j=1}^{J} Z_j^t TR_j^t + \sum_{j=1}^{J} Z_j^{t+1} TR_j^{t+1} \leqslant (1 - \beta_{TR}^{Bt}) TR_j^t,$$

$$\sum_{j=1}^{J} Z_j^t E_j^t + \sum_{j=1}^{J} Z_j^{t+1} E_j^{t+1} \leqslant (1 - \beta_E^{Bt}) E_j^t,$$

$$\sum_{j=1}^{J} Z_j^t + \sum_{j=1}^{J} Z_j^{t+1} = 1;$$

$$Z_j \geqslant 0; j = 1, 2, \cdots, J;$$

$$\beta_Y^{Bt} \geqslant 0, \beta_C^{Bt} \geqslant 0, \beta_L^{Bt} \geqslant 0, \beta_K^{Bt} \geqslant 0, \beta_{TR}^{Bt} \geqslant 0, \beta_E^{Bt} \geqslant 0; \quad (4.3)$$

[①] Pastor J T, Asmild M, Lovell C A K. The biennial Malmquist productivity change index [J]. Socio-Economic Planning Sciences, 2011, 45 (1): 10-15.

其中，上角标 B 表示两期技术，β_L^{Bt}、β_K^{Bt}、β_{TR}^{Bt}、β_E^{Bt}、β_Y^{Bt} 和 β_C^{Bt} 分别表示旅游劳动、资本、资源禀赋、能源消耗、旅游收入和旅游环境污染排放的松弛比率。同理，可构建 $t+1$ 期两期方向性距离函数和 t 期、$t+1$ 期当期方向性距离函数对应的线性规划。

通过公式（4.3）不仅能够得到了某一个省份 j 在 t 时期资源环境约束下旅游无效率部分的大小，参照 Cooper et al.（2001）的分解思路，还能得到导致旅游无效率部分的具体来源：

$$IE = \frac{1}{3M}\beta_L^{Bt} + \frac{1}{3M}\beta_K^{Bt} + \frac{1}{3M}\beta_{TR}^{Bt} + \frac{1}{3M}\beta_E^{Bt} + \frac{1}{3N}\beta_Y^{Bt} + \frac{1}{3H}\beta_C^{Bt} \quad (4.4)$$

公式（4.4）右边前四项加总表示由旅游投入冗余导致的旅游无效率值，第五项表示由旅游收入不足导致的旅游无效率值，最后一项代表由旅游环境污染排放导致的旅游无效率值。此外，$1/(1+IE)$ 是资源环境约束下被评价省份 j 的旅游效率值。

第三步在此基础上，构建资源环境约束下旅游全要素生产率指数（又称为旅游环境全要素生产率），反映资源环境约束下旅游效率的变动。目前考虑环境因素的旅游效率研究基于 Chung et al.（1997）[①] 的 Malmquist 生产率指数，采用乘法结构反映旅游效率的变动（刘佳和张俊飞，2017；Liu et al., 2018）[②③]，然而，Malmquist 生产率指数需要在投入最小化或者期望产出最大化的假设下对函数模型的测算角度进行选择。为了将资源与环境因素同时纳入旅游全要素生产率中，本研究选择了处理非期望产出更有优势的 Luenberger 生产率指数（Chambers et al., 1996）[④]，将 Malmquist 生产率指数一般化，采用加法结构分析资源环境约束下旅游效率变动。结合第二步的两期方向性距离函数，构建了旅游环境全要素生产率（$GLTFP^B$），具体数学公式如下：

$$GLTFP^B = \vec{D}^B(x^t, y^t, c^t; g^t) - \vec{D}^B(x^{t+1}, y^{t+1}, c^{t+1}; g^{t+1}) = \beta^{Bt} - \beta^{Bt+1} \quad (4.5)$$

旅游环境全要素生产率是被评价省份 j 相邻时期在同一生产可能性边界下资源环境约束下旅游效率的差值，当 $GLTFP^B > 0$ 时，说明资源环境约束

[①] Chung Y H, Färe R, Grosskopf S. Productivity and undesirable outputs: a directional distance function approach [J]. Journal of Environmental Management, 1997, 51 (3): 229-240.

[②] 刘佳，张俊飞. 旅游产业绿色全要素生产率变动及收敛性分析——基于中国沿海地区的实证研究 [J]. 资源开发与市场，2017, 33 (7): 867-872.

[③] Liu G, Shi P, Hai F, et al. Study on measurement of green productivity of tourism in the Yangtze River economic zone, China [J]. Sustainability, 2018, 10 (8): 1-17.

[④] Chambers R G, Färe R, Grosskopf S. Productivity growth in APEC countries [J]. Pacific Economic Review, 1996, 1 (3): 181-190.

下旅游效率提高,反之下降。

4.1.3 旅游环境全要素生产率分解模型

通过分解分析旅游环境全要素生产率,能够得出影响资源环境约束下旅游效率变动的内部原因。然后根据各内部原因的作用程度与作用方向,得出应该继续发挥哪些原因的积极作用,避免或改善哪些原因来提高旅游经济增长质量。现有的研究通常将全要素生产率分解为技术效率变化与技术进步,分别表示被评价省份与生产可能性边界的相对位置变化(技术效率变化)以及生产前沿面的移动(技术进步)。旅游环境全要素生产率也能够分解为技术效率变化(LEC^B)和技术进步(LTC^B)两部分,具体公式如下:

$$LEC^B = \vec{D}^t(x^t, y^t, c^t; g^t) - \vec{D}^{t+1}(x^{t+1}, y^{t+1}, c^{t+1}; g^{t+1})$$
$$= \beta^t - \beta^{t+1} \tag{4.6}$$

$$LTC^B = [\vec{D}^B(x^t, y^t, c^t; g^t) - \vec{D}^t(x^t, y^t, c^t; g^t)]$$
$$- [\vec{D}^B(x^{t+1}, y^{t+1}, c^{t+1}; g^{t+1}) - \vec{D}^{t+1}(x^{t+1}, y^{t+1}, c^{t+1}; g^{t+1})] = (\beta^{Bt} - \beta^t) - (\beta^{Bt+1} - \beta^{t+1})) \tag{4.7}$$

其中,技术效率变化(LEC^B)是在要素自由处置条件下从 t 到 $t+1$ 时期每个生产决策单元到生产前沿面的追赶效应。技术进步(LTC^B)是指生产可能性边界的移动,此处基于两期方向性距离函数,因此用相邻时期边界落差的变化得到技术进步:若 $t+1$ 期落差相较 t 期有所减少,则说明在此期间技术取得进步,值为正;反之则说明技术退步,值为负。但技术效率变化与技术进步两项分解因素包含的内容十分广泛,包括先进设备、技术、专利和技术创新、组织管理水平提高等(Blake et al., 2006)[①]。为了识别出更明确的影响资源环境约束下旅游经济增长质量的内部原因,本研究凭借 Luenberger 生产率指数的优点(王兵和刘光天,2015)[②],对公式(4.5)进行分解,将旅游生产的投入产出与旅游环境全要素生产率联系起来,具体公式如下:

$$GLTFP^B = \underbrace{[\vec{D}^B(x^t, y^t, c^t; g) - \vec{D}^B(x^{t+1}, y^t, c^t; g)]}_{GLTFP^x}$$
$$+ \underbrace{[\vec{D}^B(x^{t+1}, y^t, c^t; g) - \vec{D}^B(x^{t+1}, y^{t+1}, c^t; g)]}_{GLTFP^y}$$

[①] Blake A, Sinclair M T, Soria J A C. Tourism productivity: evidence from the United Kingdom [J]. Annals of Tourism Research, 2006, 33 (4): 1099-1120.

[②] 王兵,刘光天. 节能减排与中国绿色经济增长——基于全要素生产率的视角[J]. 中国工业经济, 2015 (5): 57-69.

$$+\underbrace{\left[\vec{D}^B(x^{t+1},y^{t+1},c^t;g)-\vec{D}^B(x^{t+1},y^{t+1},c^{t+1};g)\right]}_{GLTFP^c}$$

(4.8)

公式 (4.8) 将旅游环境全要素生产率 $GLTFP^B$ 分解成 $GLTFP^x$、$GLTFP^y$ 和 $GLTFP^c$ 三部分，分别表示旅游要素投入、旅游收入和旅游环境污染。根据旅游生产过程中具体的投入产出得到每一项投入产出变动对旅游环境全要素生产率变化的影响，分别为与旅游劳动相关的旅游环境全要素生产率（称为劳动节省绩效）、与旅游资本相关的旅游环境全要素生产率（称为资本节约绩效）、与旅游资源禀赋相关的旅游环境全要素生产率（称为资源禀赋利用绩效）、与旅游能源相关的旅游环境全要素生产率（称为能源节约绩效）、与旅游收入增长相关的旅游环境全要素生产率（称为产出增长绩效）和与旅游污染排放相关的旅游环境全要素生产率（称为环境治理绩效），前四项之和为投入绩效。同理可以将技术效率变化 (LEC^B) 和技术进步 (LTC^B) 分解为每一项投入产出的技术效率变化和与每一项投入产出相关的技术进步。所以每一项投入产出绩效包含了技术效率变化与技术进步两方面，比如环境治理绩效包括了环境治理的技术效率变化和与环境治理相关的技术进步。

4.2 指标数据来源

以中国 30 个省（区、市）2005—2014 年旅游经济活动为实证对象，本章探讨资源环境约束下的旅游经济增长质量，涉及的指标数据及其来源如下：①用来反映旅游生产过程中劳动投入的旅游年末从业人数，数据来源于 2006—2015 年《中国旅游统计年鉴（副本）》。②用来反映旅游生产过程中资本投入的旅游固定资产原值，数据来源于 2006—2015 年《中国旅游统计年鉴（副本）》，并以 2004 年固定资产投资价格指数为基期进行平减，剔除价格波动。③用来反映旅游生产过程中吸引物的旅游资源禀赋。出于最大信息收集量原则和游客的旅游时间限制因素，旅游者倾向于选择级别较高的旅游景点作为旅游目的地（罗浩等，2016）[①]。本研究用熵值法[②]将每个省（区、市）的世界遗产、5A 级旅游景区、国家重点文物保护单位、国家级风景名胜区和国家历史文化名城五项指标的数量乘以各自的权重的综合得分

[①] 罗浩，颜钰莞，杨旸. 中国各省的旅游增长方式"因地制宜"吗？——中国省际旅游增长要素贡献与旅游资源比较优势研究 [J]. 旅游学刊，2016，31 (3)：43-53.

[②] 熵值法是一种根据各指标提供的信息量计算出客观权重的方法，由于它依据各指标传递给决策者信息量大小来确定权重，所以避免了主观分配权重的问题。

代表旅游资源禀赋。世界遗产数通过联合国教科文组织网站上的世界遗产名录得到，5A 级旅游景区数量通过前国家文化和旅游部网站整理得到，国家重点文物保护单位和国家历史文化名城通过国务院网站新闻整理得到，国家级风景名胜区数量通过《中国城市建设统计年鉴》整理得到[①]。④用来反映旅游生产过程中能源投入的旅游能源消耗量由前文 3.2 节计算得到。⑤用来表示旅游期望产出的旅游总收入由国内旅游收入与国际旅游收入（按当年汇率折算成人民币）加总得到，并以 2004 年居民消费价格指数为基期进行平减，剔除旅游收入的价格波动，数据来源于 2006—2015 年 30 个省（区、市）的《国民经济和社会发展统计公报》与地区统计年鉴；⑥用来表示旅游非期望产出的旅游二氧化碳排放由前文 3.2 节计算得到。表 4.1 显示了各投入产出指标的描述性统计特征。

表 4.1　2005—2014 年旅游生产过程中投入产出指标的描述性统计

地区	数值	旅游年末从业人数（L）（人）	旅游固定资产原值（K）（万元）	旅游资源禀赋（TR）	旅游能源消耗量（E）（GJ）	旅游总收入（Y）（亿元）	旅游二氧化碳排放量（C）（万吨）
全国	均值	78354.60	2689508.41	0.35	17.79e+07	1820.03	1484.51
	标准差	62033.57	2499570.40	0.18	15.81e+07	1847.94	1319.69
	最小值	6526.00	107659.61	0.10	0.4e+07	17.74	33.61
	最大值	491829.00	14980000.74	0.82	82.72e+07	10079.78	6923.79
	年均增长率	−3.12%	4.26%	2.79%	17.69%	20.13%	17.72%
东部	均值	123103.00	4670112.00	0.36	2.40e+08	2848.77	2004.75
	标准差	76766.36	2992881.00	0.17	1.73e+08	2288.17	1450.08
	最小值	22307.00	507635.5	0.10	1.85e+07	125.10	151.03
	最大值	491829.00	1.50e+07	0.68	8.27e+08	10079.78	6923.79
	年均增长率	−3.91%	2.56%	2.73%	12.54%	17.10%	12.58%
中部	均值	58511.72	1565140.00	0.34	1.41e+08	1459.82	1171.28
	标准差	27029.01	742723.40	0.16	1.05e+08	1184.91	868.11
	最小值	21635.00	450871.90	0.12	2.10e+07	208.89	175.55
	最大值	182126.00	5491114.00	0.71	5.09e+08	5467.26	4258.56
	年均增长率	−2.02%	8.23%	3.03%	24.09%	25.04%	24.05%

---

① 为了避免影响旅游资源的整体丰裕度，当某项单体旅游资源同时隶属于多个地区时，每个地区都赋值为 1；因为某项单体旅游资源并非每年都评定，没有评定的年份则保持上一年的数据，为累计填法；当某项资源同时隶属于两项及以上类型，进行重复计算，比如四川省的九寨沟风景名胜区既属于世界遗产，又属于 5A 级景区，还属于国家级风景名胜区。

续表

地区	数值	旅游年末从业人数（L）（人）	旅游固定资产原值（K）（万元）	旅游资源禀赋（TR）	旅游能源消耗量（E）（GJ）	旅游总收入（Y）（亿元）	旅游二氧化碳排放量（C）（万吨）
西部	均值	45709.76	1518069.00	0.34	1.43e+08	962.90	1196.69
	标准差	30051.97	1322725.00	0.20	1.66e+08	1140.91	1381.60
	最小值	6526.00	107659.60	0.11	4015751.00	17.74	33.61
	最大值	145635.00	7499271.00	0.82	8.18e+08	6124.38	6847.01
	年均增长率	−1.87%	7.33%	2.61%	23.15%	24.25%	23.19%

从三大经济地带来看，中部地区旅游收入年均增长率最高，相应的旅游资本增长率、能源消耗增长率和污染排放增长率也高；其次是西部地区较高的旅游收入年均增长率、旅游资本增长率、能源消耗增长率和污染排放增长率。在旅游生产投入产出指标中，唯有旅游劳动年均增长率为负，不过东部地区的旅游从业人数仍然高于中部与西部地区，占全国30个省（区、市）旅游从业人数总数的57.61%。

4.3 实证分析与讨论

为了方便开展比较研究，基于上述数理模型使用Matlab2014a软件分别测算了传统旅游效率和资源环境约束下旅游效率与全要素生产率。本章实证分析结构如下：首先，分析传统旅游效率以及无效率来源；其次，分析资源环境约束下旅游效率以及无效率来源；再次，通过对比分析讨论资源环境约束对衡量旅游经济增长质量的影响；最后，重点分析旅游环境全要素生产率的区域差异与动态演变，探讨影响资源环境约束下旅游经济增长质量的内部原因。

4.3.1 传统旅游效率分析

传统旅游效率的测算，在公式（4.1）~（4.3）中投入要素只有旅游资本（K）与劳动投入（L），产出指标中只有旅游总收入（Y）（Managi and Kaneko，2006）[①]。表4.2显示了全国及三个经济地带在规模报酬不变与规模报酬可变的模型下传统旅游效率平均值，规模报酬不变模型得到的是旅游

[①] Managi S, Kaneko S. Economic growth and the environment in China: an empirical analysis of productivity [J]. International Journal of Global Environmental Issues，2006，6（1）：89−133.

综合效率，规模报酬可变模型得到的是旅游纯技术效率，两者相除得到旅游规模效率。各个省（区、市）的传统旅游效率值见附录。

表 4.2 2005—2014 年全国及三大经济地带传统旅游效率平均值

样本期间	全国 综合效率	全国 纯技术效率	全国 规模效率	东部 综合效率	东部 纯技术效率	东部 规模效率	中部 综合效率	中部 纯技术效率	中部 规模效率	西部 综合效率	西部 纯技术效率	西部 规模效率
2005—2006	0.506	0.637	0.804	0.554	0.721	0.762	0.532	0.596	0.894	0.417	0.581	0.755
2006—2007	0.527	0.633	0.857	0.589	0.710	0.825	0.571	0.602	0.940	0.403	0.572	0.806
2007—2008	0.457	0.568	0.826	0.526	0.663	0.797	0.483	0.540	0.891	0.345	0.481	0.791
2008—2009	0.469	0.603	0.787	0.489	0.667	0.731	0.530	0.602	0.873	0.378	0.526	0.759
2009—2010	0.362	0.502	0.737	0.387	0.562	0.687	0.403	0.502	0.793	0.286	0.429	0.738
2010—2011	0.562	0.708	0.814	0.590	0.732	0.811	0.621	0.706	0.884	0.462	0.681	0.742
2011—2012	0.531	0.647	0.825	0.545	0.697	0.785	0.597	0.669	0.894	0.441	0.563	0.797
2012—2013	0.506	0.661	0.778	0.505	0.704	0.725	0.569	0.673	0.847	0.438	0.595	0.767
2013—2014	0.500	0.646	0.787	0.490	0.678	0.729	0.585	0.674	0.870	0.420	0.575	0.764
均值	0.491	0.623	0.802	0.519	0.682	0.761	0.543	0.618	0.876	0.399	0.556	0.769

全国 30 个省（区、市）的旅游综合效率均值在整个样本期间呈现波动变化，2009 年显著下降，整个样本期间的均值为 0.491，处于较低水平。这意味着当前旅游生产过程中的投入产出利用没达到最佳实践。其中旅游规模效率均值为 0.802，纯技术效率均值为 0.623，整体旅游综合效率低主要归因于各地旅游纯技术效率水平低，说明各地旅游资本与劳动资源利用水平距离生产可能性边界上的最佳实践还存在较大差距。由于现实旅游经济中规模报酬并非不变，所以下文采用规模报酬可变模型计算出的旅游纯技术效率分析传统旅游效率。虽然已有的研究没有与本研究相同的样本分析时期，但都

得到旅游效率低这一结论（朱顺林，2005；朱承亮等，2009；Chaabouni，2019）[①][②][③]。我国旅游效率与 Assaf 和 Tsionas（2018）[④] 得出的全球 101 个地区的平均旅游效率均值（0.890）存在一定差距，还有较大的提升潜力。

对三个经济地带进行横向比较，可以发现整个样本期间东部地区旅游效率均值（0.682）高于中部地区（0.618）与西部地区（0.556），东部整体的资源利用充分程度高于中部与西部，呈现东中西递减格局。这与地区经济发展水平的经验事实相符合（许陈生，2012）[⑤]。在东部地区，天津市与江苏省的旅游效率均值最高，分别为 0.917 和 0.913，与生产可能性边界的距离小。除了河北省与海南省，其余东部地区的省（市）旅游效率均值皆高于全国旅游效率均值。海南省是东部地区旅游效率水平最低的省份，旅游效率均值仅有 0.226，说明海南省对旅游资源的优化配置不够，存在大量的资源冗余。中部地区的省（区）旅游效率均值均在 0.500 以上，而西部地区甘肃省和新疆维吾尔自治区旅游效率分别在 0.241 和 0.258，处于极低的水平。

旅游效率的值能够反映某一地区旅游生产投入产出整个环节的资源利用是否充分，但据此给出的政策建议太过模糊，如果可以得到具体每个投入产出的无效率部分，将能够提出更为仔细的改善方向。公式（4.4）实现了这一目标，将旅游无效率分解为旅游劳动投入无效率、资本投入无效率与产出无效率三个部分。2005—2014 年全国 30 个省（区、市）旅游无效率均值为 0.914。其中旅游劳动投入无效率均值为 0.037，贡献度为 4.07%；旅游资本投入无效率均值为 0.025，贡献度为 2.72%；旅游产出无效率均值为 0.852，贡献度为 93.20%（如表 4.3 所示）。这意味着平均意义上各省（区、市）可以通过降低 3.7% 的旅游劳动投入和 2.5% 的资本投入，增加 85.2% 的旅游收入，达到旅游效率的最佳实践。旅游收入不足是旅游无效率的主要贡献部分，所以如果不考虑资源环境约束，为了提高旅游效率则需要大幅度地提高旅游收入。这会误导旅游政策制定者与管理者决定牺牲环境换取高速经济增长，也与当前中国经济新常态下旅游的战略发展方向不符。

从三个经济地带旅游无效率的相对贡献度来看，东部地区旅游无效率部

---

① 朱顺林. 区域旅游产业的技术效率比较分析 [J]. 经济体制改革，2005（2）：116-119.

② 朱承亮，岳宏志，严汉平，等. 基于随机前沿生产函数的我国区域旅游产业效率研究 [J]. 旅游学刊，2009，24（12）：18-22.

③ Chaabouni S. China's regional tourism efficiency: a two－stage double bootstrap data envelopment analysis [J]. Journal of Destination Marketing & Management，2019，11：183-191.

④ Assaf A G, Tsionas M. The estimation and decomposition of tourism productivity [J]. Tourism Management，2018，65：131-142.

⑤ 许陈生. 财政分权，法治环境与地方旅游业效率 [J]. 旅游学刊，2012，27（5）：80-87.

分均值为0.745,低于全国整体旅游无效率均值。它的旅游无效率来源中劳动投入无效率均值为0.043,贡献度为5.82%;资本投入无效率均值为0.047,贡献度为6.25%;产出无效率均值为0.656,贡献度为87.93%。中部地区旅游无效率均值为0.701。其中劳动投入无效率均值为0.042,贡献度为6.03%;资本投入无效率均值为0.009,贡献度为1.34%;产出无效率均值为0.650,贡献度为92.63%。西部地区旅游无效率均值为1.355,高于全国整体旅游无效率均值。其中劳动投入无效率均值为0.024,贡献度为1.78%;资本投入无效率均值为0.016,贡献度为1.15%;产出无效率均值为1.316,贡献度为97.07%。比较东中西部,发现三个经济地带的旅游无效率差异主要由旅游产出不足差异导致,尤其是西部地区的旅游产出不足无效率贡献度高达97.07%。

前文谈到河北省、海南省、甘肃省和新疆维吾尔自治区的旅游效率十分低,通过分解分析,可以发现:河北省的旅游无效率部分96.46%来自产出不足,2.18%来自资本投入无效率,1.36%来自劳动投入无效率;海南省的旅游无效率部分99.14%由产出无效率导致,0.86%由资本投入无效率造成;甘肃省的旅游无效率0.94%来自劳动投入无效率,99.06%来自产出不足;新疆维吾尔自治区旅游无效率99.31%来自产出不足,0.38%来自劳动投入无效率,0.31%来自资本投入无效率。通过旅游无效率的分解可以清楚地得出各省(区、市)旅游劳动投入、资本投入和产出的情况,从而对每个省(区、市)旅游效率提升采取有针对性的措施。

表4.3 2005—2014年旅游无效率均值来源的贡献度(%)

样本期间	全国 劳动投入无效率	全国 资本投入无效率	全国 产出无效率	东部 劳动投入无效率	东部 资本投入无效率	东部 产出无效率	中部 劳动投入无效率	中部 资本投入无效率	中部 产出无效率	西部 劳动投入无效率	西部 资本投入无效率	西部 产出无效率
2005—2006	5.96	2.28	91.76	10.16	6.83	83.00	5.85	1.12	93.03	3.09	0.00	96.91
2006—2007	5.04	1.86	93.10	6.11	4.45	89.44	8.68	0.93	90.39	1.90	0.94	97.16
2007—2008	3.77	3.14	93.10	4.10	7.22	88.69	6.28	1.09	92.63	1.90	2.05	96.05
2008—2009	4.82	3.32	91.87	3.88	5.18	90.93	8.39	2.07	89.54	3.33	2.68	93.99
2009—2010	1.42	2.99	95.59	4.37	6.44	89.19	0.77	1.77	97.46	0.00	1.54	98.46
2010—2011	2.99	2.51	94.51	4.31	6.83	88.86	4.77	0.76	94.47	0.93	0.00	99.07

续表

样本期间	全国 劳动投入无效率	全国 资本投入无效率	全国 产出无效率	东部 劳动投入无效率	东部 资本投入无效率	东部 产出无效率	中部 劳动投入无效率	中部 资本投入无效率	中部 产出无效率	西部 劳动投入无效率	西部 资本投入无效率	西部 产出无效率
2011—2012	3.97	2.00	94.04	5.07	4.95	89.98	7.91	0.72	91.37	1.34	0.67	98.00
2012—2013	5.37	2.97	91.66	8.69	8.50	82.81	6.78	1.12	92.10	2.44	0.07	97.48
2013—2014	5.52	2.96	91.51	7.65	5.88	86.47	8.02	2.14	89.84	2.66	1.04	96.31
均值	4.07	2.72	93.20	5.82	6.25	87.93	6.03	1.34	92.63	1.78	1.15	97.07

4.3.2 资源环境约束下的旅游效率分析

根据公式（4.1）~（4.3）可以得出各省（区、市）资源环境约束下的旅游效率。表4.4显示全国资源环境约束下旅游综合效率在整个分析期间均值为0.718，比传统旅游效率均值0.491高。其中规模效率均值为0.921，纯技术效率均值为0.786，旅游综合效率的变动主要与旅游纯技术效率相关，所以下文仍然基于纯技术效率结果分析资源环境约束下的旅游效率。

表4.4 2005—2014年全国及三大经济地带资源环境约束下的旅游效率均值

样本期间	全国 综合效率	全国 纯技术效率	全国 规模效率	东部 综合效率	东部 纯技术效率	东部 规模效率	中部 综合效率	中部 纯技术效率	中部 规模效率	西部 综合效率	西部 纯技术效率	西部 规模效率
2005—2006	0.735	0.814	0.912	0.813	0.855	0.956	0.750	0.808	0.930	0.623	0.770	0.837
2006—2007	0.721	0.809	0.900	0.827	0.879	0.945	0.737	0.795	0.929	0.575	0.739	0.813
2007—2008	0.707	0.780	0.916	0.793	0.824	0.962	0.733	0.779	0.941	0.573	0.726	0.831
2008—2009	0.700	0.768	0.923	0.765	0.811	0.945	0.747	0.774	0.966	0.569	0.709	0.848
2009—2010	0.656	0.728	0.917	0.721	0.785	0.925	0.671	0.692	0.971	0.559	0.699	0.847
2010—2011	0.730	0.786	0.936	0.796	0.816	0.973	0.741	0.773	0.964	0.638	0.762	0.861
2011—2012	0.769	0.822	0.940	0.835	0.864	0.964	0.777	0.797	0.976	0.680	0.798	0.871
2012—2013	0.730	0.793	0.927	0.808	0.859	0.940	0.737	0.757	0.973	0.629	0.752	0.861

续表

样本期间	全国 综合效率	全国 纯技术效率	全国 规模效率	东部 综合效率	东部 纯技术效率	东部 规模效率	中部 综合效率	中部 纯技术效率	中部 规模效率	西部 综合效率	西部 纯技术效率	西部 规模效率
2013—2014	0.710	0.779	0.920	0.810	0.866	0.936	0.700	0.726	0.963	0.600	0.729	0.851
均值	0.718	0.786	0.921	0.797	0.840	0.950	0.733	0.767	0.957	0.605	0.743	0.847

东部地区旅游效率均值（0.840）高于中部地区（0.767）与西部地区（0.743），资源环境约束下的旅游效率依然呈现东中西递减空间特征。在东部地区，天津市、上海市和江苏省的旅游效率均值在0.950以上，非常接近生产可能性边界。河北省与海南省资源约束下的旅游效率也比传统旅游效率高。海南省仍然是东部地区旅游效率最低的地方，但其值从传统旅游效率的0.226变成0.710。考虑资源环境约束后，甘肃省不再是西部地区旅游效率最低的省份，其值为0.722。新疆维吾尔自治区变成旅游效率最低的地方，其值为0.530。而且考虑资源环境约束后，青海省和宁夏回族自治区每一年均处在生产可能性边界上，虽然不能得出这两个地方具有绝对好的旅游资源环境条件的结论，但能够说明这两个地方具有更好的管理绩效（Hu et al., 2005）[①]。图4.2对比了资源环境约束下旅游效率与传统旅游效率，可以看出资源环境约束下的旅游效率在均值上高于传统旅游效率，这与查建平（2016）[②]以湖北省为实证对象得出的结果一致，即若不考虑环境约束，旅游效率存在低估偏差。

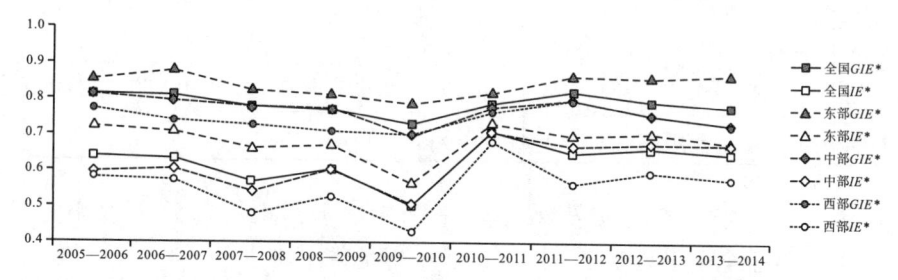

图4.2 2005—2014年资源环境约束下旅游效率与传统旅游效率均值

注：GIE^*表示资源环境约束下旅游效率值，IE^*表示传统旅游效率值

---

① Hu J L, Sheu H J, Lo S F. Under the shadow of Asian Brown Clouds: unbalanced regional productivities in China and environmental concerns [J]. The International Journal of Sustainable Development & World Ecology, 2005, 12 (4): 429—442.

② 查建平. 旅游业能源消费、CO_2排放及低碳效率评估 [J]. 中国人口·资源与环境, 2016, 26 (1): 47—54.

表 4.5 报告了资源环境约束下旅游无效率的来源，全国层面上旅游无效率均值为 0.311，投入要素无效率均值为 0.081，贡献度为 26.05%，其中旅游劳动投入、旅游资本投入、旅游资源禀赋和旅游能源消耗无效率均值分别为 0.025、0.019、0.020、0.017，对应贡献度依次为 8.04%、6.11%、6.43%、5.47%。旅游劳动投入无效率部分在投入要素无效率中贡献最大，其次是旅游资源禀赋、旅游资本投入和旅游能源消耗。产出无效率均值为 0.164，贡献度为 52.73%；环境污染排放无效率均值为 0.067，贡献度为 21.54%。这意味着平均意义上各省（区、市）可以通过降低 2.5% 的旅游劳动投入、1.9% 的资本投入、2.0% 的资源禀赋投入、1.7% 的能源消耗，增加 16.4% 的旅游收入和减少 6.7% 的旅游污染排放实现资源环境约束下旅游效率最佳实践。相较于传统旅游无效率的来源，考虑资源环境约束后，旅游效率达到最佳实践所需要的旅游收入增长大幅下降，从 85.2% 下降到 16.4%，追求旅游收入的必要性下降。当前旅游发展正在从大众旅游市场初级阶段向中高级阶段过渡（韩元军等，2015）[①]，采用资源环境约束下旅游效率衡量旅游经济增长质量响应了中国经济新常态下旅游提质增效、转型升级的政策战略。政策制定者和管理者在考虑旅游发展战略时，需要对未考虑资源环境因素的旅游效率研究结果持谨慎态度。

表 4.5　2005—2014 年资源环境约束下旅游无效率均值及其来源

区域	GIE	投入					产出	污染排放
		总计	劳动	资本	资源禀赋	能源		
全国	0.311	0.081	0.025	0.019	0.020	0.017	0.164	0.067
东部	0.217	0.080	0.026	0.023	0.013	0.017	0.068	0.069
中部	0.322	0.090	0.030	0.019	0.025	0.016	0.168	0.065
西部	0.414	0.072	0.019	0.015	0.022	0.016	0.277	0.066

从三大经济地带旅游无效率水平来看，东部地区旅游无效率均值（0.217）低于全国平均水平（0.311）、中部地区平均水平（0.322）和西部地区平均水平（0.414）。绝对 β 收敛分析得到显著为负（$coefficient = -2.51$, $p<0.01$）的结果，证明旅游效率差的地方能够追赶旅游效率高的地方，实现追赶效应，分析不同地方的旅游无效率来源可以帮助找到实现追赶效应的具体改善环节。对于东部地区而言，旅游无效率来源中投入无效率

[①] 韩元军，吴普，林坦. 基于碳排放的代表性省份旅游产业效率测算与比较分析 [J]. 地理研究，2015, 34 (10): 1957—1970.

均值为 0.080，贡献度为 36.86%，其中劳动投入无效率贡献了 32.91%，资本投入无效率贡献了 29.11%，资源禀赋无效率贡献了 16.45%，能源无效率贡献了 21.53%。产出无效率均值为 0.068，贡献度为 31.34%；污染排放无效率均值为 0.069，贡献度为 31.80%。所以投入无效率是东部地区旅游无效率的主要来源。中部地区旅游无效率来源中投入无效率均值为 0.090，贡献度为 27.86%，其中劳动投入无效率贡献了 33.33%，资本投入无效率贡献了 21.11%，资源禀赋无效率贡献了 27.78%，能源无效率贡献了 17.78%。产出无效率均值为 0.168，贡献度为 52.01%；污染排放无效率均值为 0.065，贡献度为 20.13%。所以产出无效率是中部地区旅游无效率的主要来源。西部地区旅游无效率来源中投入无效率均值为 0.072，贡献度为 17.35%，其中劳动投入无效率贡献了 26.39%，资本投入无效率贡献了 20.83%，资源禀赋无效率贡献了 30.56%，能源无效率贡献了 22.22%。产出无效率均值为 0.277，贡献度为 66.75%；污染排放无效率均值为 0.066，贡献度为 15.90%。产出无效率是西部地区旅游无效率的主要来源。

与中部、西部地区相比，东部地区旅游资源禀赋无效率和旅游产出无效率较低，旅游资本无效率、能源无效率和污染排放无效率较高。这与查建平（2018）[①] 的研究结论——东部地区旅游业存在资本要素冗余、利用效率低下现象相一致。本研究第 3 章实证得出东部地区旅游能源消耗与污染排高，东部地区更应当进行有效的资本配置、提高旅游能源效率和污染排放效率。中部与西部地区虽然在旅游资本利用、能源效率和污染排放效率上稍微优于东部地区，但由于产出无效率贡献大于其他无效率部分的贡献，所以中西部资源环境约束下旅游经济增长质量仍然低于东部地区。中西部地区需要在既定投入下增加旅游收入，比如提供高附加值的旅游产品或服务。就具体省（区、市）而言，新疆维吾尔自治区的旅游无效率在整个样本期间均值最高，为 0.907，其中 92.94% 由产出无效率造成。

从动态变化趋势来看，全国层面上，资源环境约束下的旅游效率从 2005 年的 0.814 下降到 2014 年的 0.779，除了 2010—2011 年间短暂上升之外，在整个样本期间呈现下降的趋势。相应的旅游经济无效率值从 2005 年的 0.252 上升到 2014 年的 0.326，除在 2010—2011 年间下降外，整体上呈上升趋势。从导致旅游无效率的来源来看（图 4.3），旅游产出无效率从 2005 年的 0.144 上升到 2009 年的 0.311，旅游投入无效率与环境污染排放

[①] 查建平，钱醒豹，赵倩倩，等. 中国旅游全要素生产率及其分解研究 [J]. 资源科学，2018，40 (12)：2461-2474.

无效率上升幅度不明显，所以2005—2009年期间旅游无效率上升主要由产出无效率导致。2011年之后旅游无效率上升主要由旅游投入、产出与污染排放无效率三者共同作用。

东部地区旅游效率呈波动性增长，大幅下降发生在2008—2009年，从0.811下降到0.785。虽然从图4.3上看，产出无效率变动趋势在2005—2011年间与旅游无效率值同步，但在2008—2009年间导致旅游无效率大幅上升的主要是旅游投入无效率，旅游投入无效率从0.059上升到0.101。在旅游劳动、资本、资源禀赋和能源四项投入中，资源禀赋无效率值从0.003上升到0.032，是导致旅游投入无效率上升的主要因素，说明东部地区旅游资源禀赋利用效率并非一直优于中部与西部地区。中部地区，旅游效率从2005年的0.808下降到2014年的0.723，呈现波动式下降，在2009—2011年间有上升。2009—2011年旅游无效率下降主要归因于旅游产出无效率的下降，这与上文静态分析得出的产出无效率是中部地区旅游效率下降的主要原因相一致。西部地区，旅游效率也呈现下降趋势，从2005年的0.770下降到2014年的0.729。西部地区的旅游无效率变化趋势与中部地区相似，只是西部地区旅游产出无效率的影响更大。

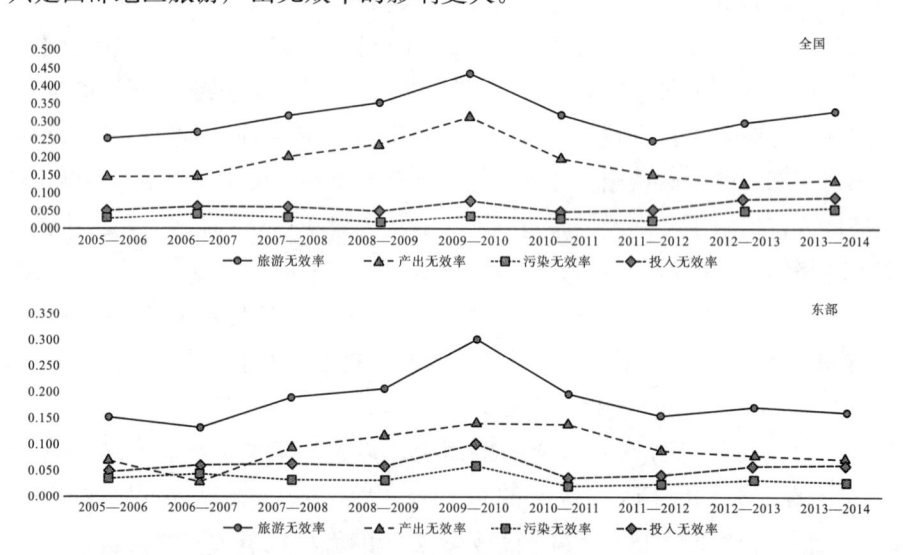

图4.3 2005—2014年全国及三大经济地带旅游无效率及其来源变化趋势

图 4.3（续）

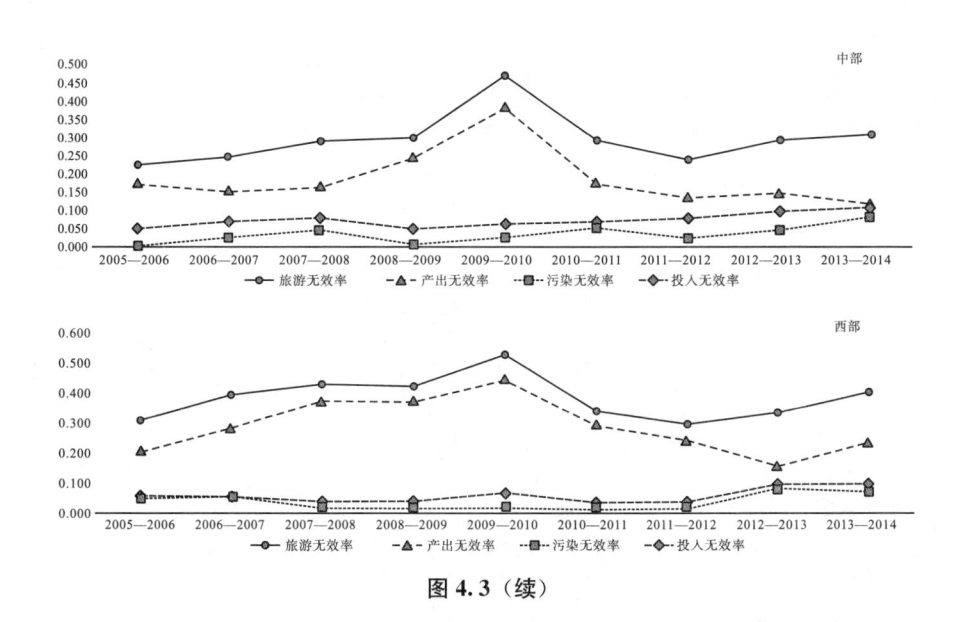

4.3.3　资源环境约束下旅游全要素生产率分析

4.3.3.1　旅游环境全要素生产率区域差异：经验事实

资源环境约束下旅游效率反映了时期 t 各省（区、市）与生产可能性边界的相对关系，而资源环境约束下旅游全要素生产率（下文称旅游环境全要素生产率）反映各省（区、市）与生产可能性边界的相对位置变化和生产可能性边界的移动。当其值为正且越大，代表相较于 t 期，$t+1$ 期资源环境约束下旅游经济增长质量提高且提高幅度大；若其值为负，表示相较于 t 期，$t+1$ 期资源环境约束下旅游经济增长质量下降。表 4.6 报告了全国及三大经济地带旅游环境全要素生产率均值，以及传统分解和投入产出分解得到的影响旅游环境全要素生产率变化的内部原因均值。2005—2014 年全国旅游环境全要素生产率（GLTFP）均值为 0.058；与技术效率变化相关的旅游环境全要素生产率（LEC）为 -0.008，阻碍了资源环境约束下旅游经济增长质量的提高；与技术进步相关的旅游全要素生产率（LTC）为 0.066，技术进步是资源环境约束下旅游经济增长质量提高的主要动力，这与 Liu et al.（2018）[①] 研究发现技术进步是中国长江经济圈旅游全要素生产率提高的主要原因一致。

---

① Liu G，Shi P，Hai F，et al. Study on measurement of green productivity of tourism in the Yangtze River economic zone，China [J]. Sustainability，2018，10（8）：1-17.

表 4.6　2005—2014 年全国及三大经济地带旅游环境全要素生产率及其分解项均值

区域	传统分解	投入 总计	劳动	资本	资源禀赋	能源	产出	污染排放
全国	GLTFP	0.058	−11.553	−0.059	−0.013	−0.004	−11.477	0.307	11.304
全国	LEC	−0.008	−13.666	−1.136	−0.005	0.013	−12.538	−7.525	21.183
全国	LTC	0.066	2.113	1.077	−0.008	−0.017	1.061	7.832	−9.879
东部	GLTFP	0.048	−11.959	−0.078	−0.014	−0.006	−11.862	−0.744	12.751
东部	LEC	−0.005	−11.639	−2.520	0.354	0.022	−9.495	−20.053	31.686
东部	LTC	0.053	−0.320	2.442	−0.368	−0.028	−2.367	19.309	−18.935
中部	GLTFP	0.072	−10.968	0.002	−0.017	0.003	−10.956	−0.098	11.137
中部	LEC	−0.008	−13.704	−0.201	−0.278	0.016	−13.242	−0.869	14.565
中部	LTC	0.080	2.736	0.203	0.261	−0.013	2.286	0.771	−3.428
西部	GLTFP	0.054	−11.706	−0.106	−0.006	−0.011	−11.584	2.039	9.722
西部	LEC	−0.013	−16.102	−0.483	−0.140	−0.003	−15.476	0.389	15.701
西部	LTC	0.067	4.396	0.377	0.134	−0.008	3.892	1.650	−5.979

从三大经济地带来看，在整个分析期间，中部地区旅游环境全要素生产率均值（0.072）高于西部地区（0.054），西部地区又高于东部地区（0.048），中、西部地区借助中部崛起战略、西部大开发战略东风，为旅游经济增长注入了活力，中部地区旅游环境全要素生产率平均增长率远远高于东部与西部地区。三大经济地带旅游环境全要素生产率均属于技术进步、技术效率恶化类型，即技术进步仍然是三个经济地带资源环境约束下旅游经济增长质量提高的主要动力。中部地区技术进步（0.080）高于西部（0.067）与东部地区（0.053），所以即使东部地区技术效率恶化程度低于中部与西部地区，中部地区旅游环境全要素生产率仍然高于东部地区。

从单个地方来看，2005—2014 年间旅游环境全要素生产率均值较高的地方有湖北省（0.198）、云南省（0.176）、贵州省（0.139）和内蒙古自治区（0.111），相应地这几个省（区）的技术进步均值也高于其他地方。如果没有进一步的旅游环境全要素生产率分解分析，研究得到的结论与之前的研究结果一样，技术进步是提升旅游经济增长质量的核心动力，但本研究以整个旅游生产过程环境和资源节约为目标，将旅游环境全要素生产率进行了投入产出分解，得到旅游生产过程中每一项投入产出变动对旅游环境全要素生产率变化的内部作用机制。

基于投入产出分解，全国层面上，投入绩效对旅游环境全要素生产率增长起阻碍作用，其中能源节约绩效的负向贡献最大，其次是劳动节省绩效、资本节约绩效与资源禀赋利用绩效；产出增长绩效与环境治理绩效促进了旅游环境全要素生产率增长。结合技术效率变化与技术进步的投入产出分解，可以知道劳动节省效率变化、资本节约效率变化和能源节约技术效率退化在旅游环境全要素生产率中的贡献度，产出增长绩效通过与产出相关的技术进步推进了旅游环境全要素生产率的增长，而环境治理绩效通过推进环境技术效率改善促进旅游环境全要素生产率增长。环境治理绩效对旅游环境全要素生产率的正向贡献说明环境约束为提高旅游经济增长质量提供了较大的空间。这印证了"波特假说"，即环境约束会引入技术创新，进而提高生产率(Porter and Van der Linde，1995)[①]。

就三大经济地带而言，东部地区环境治理绩效（12.751）不但在内部与其他因素相比最高，与中部地区（11.137）和西部地区（9.722）进行横向比较也最高，说明环境治理绩效是资源环境约束下旅游经济增长质量提高的主要内部原因。相较中部与西部地区，东部地区对旅游经济增长的环境影响治理更关注，这与其经济发展阶段有关。东部地区旅游收入高于中部与西部地区，但产出增长绩效反而阻碍了东部地区旅游环境生产率增长，这意味着东部地区旅游经济增长遇到瓶颈，亟待进行结构性改革。从投入绩效来看，三大经济地带的投入绩效差异并不明显，能源节约绩效是投入绩效中占比最大的负向贡献，可见三大经济地带旅游能源节约绩效都低。资本节约绩效在三大经济地带旅游环境全要素生产率中也皆为负向贡献，劳动节省绩效和资源禀赋利用绩效在中部地区旅游环境全要素生产率中为正向贡献，在东部与西部地区为负向贡献。实证进一步得到了影响 30 个省（区、市）旅游环境全要素生产率变化的内部作用机制，比如旅游环境全要素生产率均值最高的湖北省，通过投入产出分解，得出环境治理绩效是湖北省旅游环境全要素生产率增长的主要动力，这部分在 4.3.3.3 节进行详细分析。

4.3.3.2 旅游环境全要素生产率动态演变：时间维度

图 4.4 显示了 2005—2014 年间全国旅游环境全要素生产率及其分解因素的变化趋势。旅游环境全要素生产率从 2006 年的 0.010 增长到 2014 年的 0.033，呈现波动式增长趋势，2006—2010 年主要受技术进步驱动增长，2011 年技术退步导致旅游环境全要素生产率下降，2012 年短暂上升，2013 年和 2014 年受到技术效率的负向影响而上升幅度变小。旅游环境全要素生

---

① Porter M E, Van der Linde C. Toward a new conception of the environment - competitiveness relationship [J]. Journal of Economic Perspectives，1995，9（4）：97—118.

产率主要受技术进步驱动。

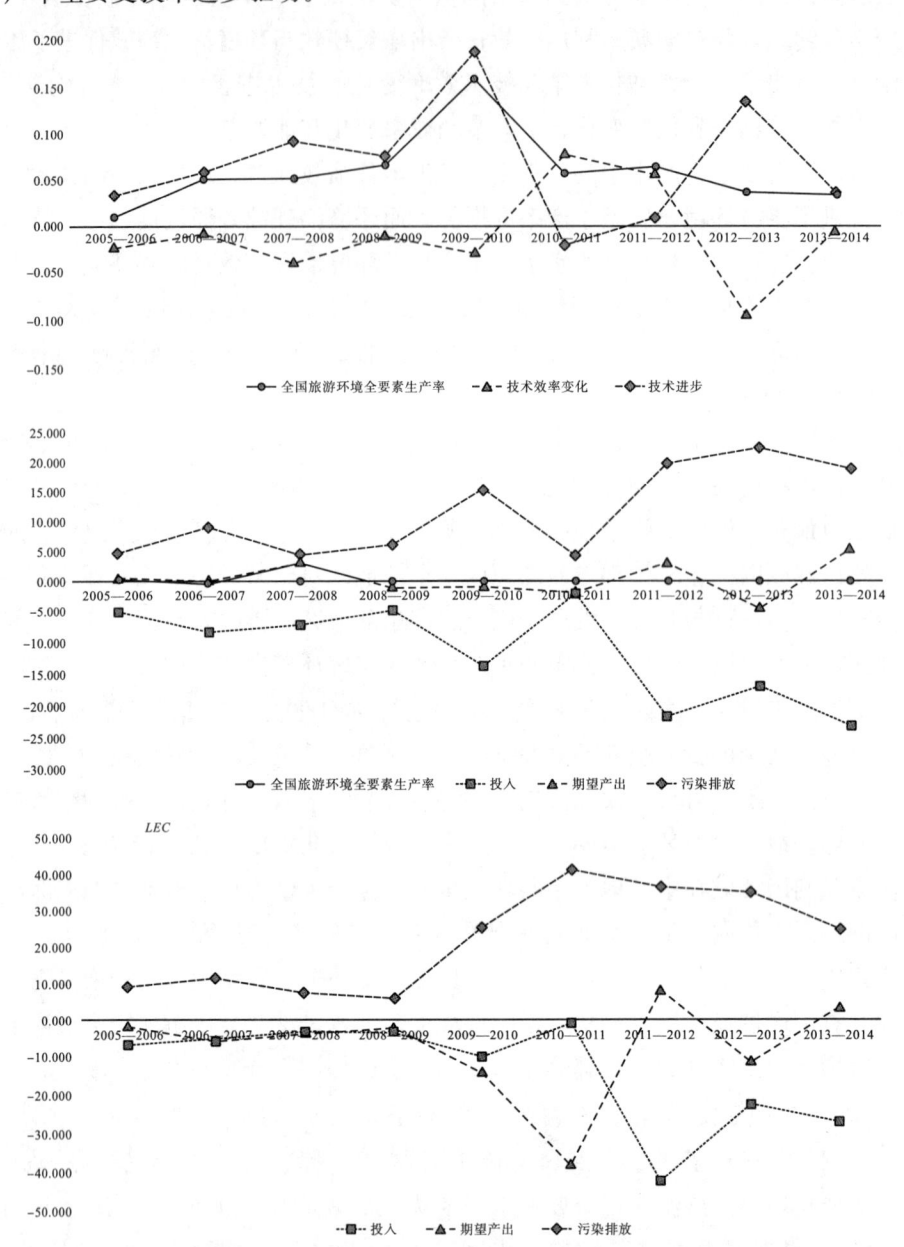

图 4.4 2005—2014 年全国旅游环境全要素生产率及分解项变化趋势

图 4.4（续）

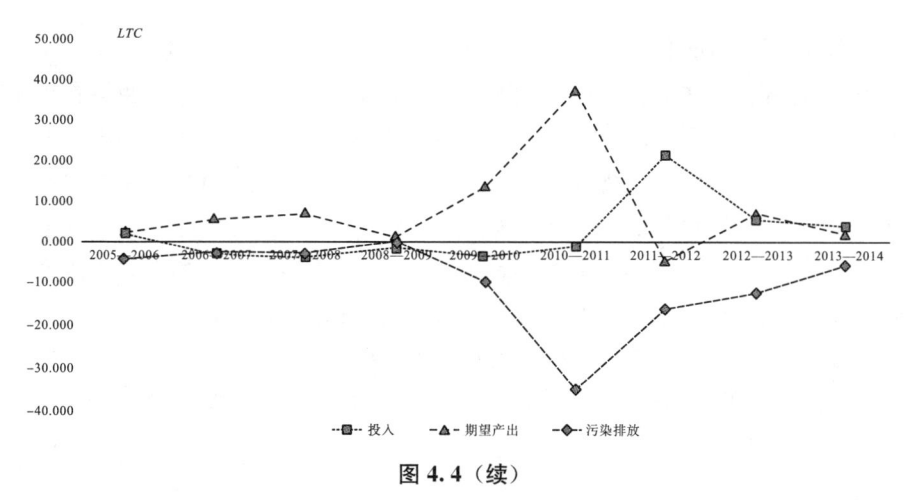

注：图 4.4 从上到下依次展示了旅游环境全要素生产率与传统分解、旅游环境全要素生产率与投入产出分解、技术效率变化与投入产出分解、技术进步与投入产出分解

从投入产出分解来看，投入绩效一直对旅游环境全要素生产率增长起负向贡献。其中又以能源节约绩效的贡献最大，样本分析期间一直为负向贡献；劳动节省绩效、资本节约绩效与资源禀赋利用绩效在整个样本时期的贡献时正时负，并非一直对旅游环境全要素生产率增长起抑制作用。污染治理绩效一直为正，虽然污染治理绩效的促进作用在 2008 年受全球金融危机影响有明显下降，但仍然是促进旅游环境全要素生产率增长的关键动力，也是 2007 年与 2010 年旅游环境全要素生产率大幅增长的唯一正向贡献。产出增长绩效虽然总体上对旅游环境全要素生产率增长起正向贡献，但是在整个分析期间对旅游环境全要素生产率的增长贡献时正时负，不过因为贡献值不及其余两项因素，所以对旅游环境全要素生产率增长不起决定性作用。

再进一步分析技术效率变化与技术进步的投入产出来源，可以得出在技术效率变化方面投入利用效率仍然对旅游环境全要素生产率起负面贡献；能源节约技术效率与劳动节省效率在整个样本期间为负值，是投入效应负向贡献的主要构成。2011 年，产出增长效率的下降幅度超过了污染治理效率的增长幅度，导致 2011 年旅游环境全要素生产率增长率最低。通过对比技术进步的投入产出贡献，可以得出旅游产出的技术变化在逐渐与生产可能性边界靠近，但因为旅游产出效率较低，两项共同作用出来的旅游产出增长绩效对旅游环境全要素生产率贡献时正时负。总的来说，全国层面的旅游环境全要素生产率提升的主要动力是环境治理绩效，同时需要改善旅游产出效率、能源节约技术效率和劳动节省效率。

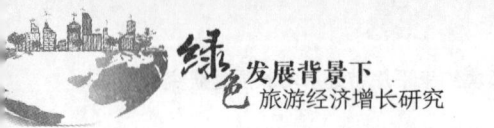

东部地区旅游环境全要素生产率从 2006 年的 0.076 下降到 2014 年的 0.019，整体呈现下降趋势，在 2008—2010 年与 2012—2013 年期间有小幅增长。将旅游环境全要素生产率分解成与技术效率变化、技术进步相关的部分可以发现（图 4.5），技术进步带来了 2008 年、2010 年和 2013 年的旅游环境全要素生产率增长，技术效率改善带来了 2009 年的旅游环境全要素生产率增长。从投入产出各因素来看，投入绩效一直对旅游环境全要素生产率起负向贡献，其中又以能源节约绩效退步的负面贡献最大，说明东部地区忽略了旅游能源消耗的管理。污染治理绩效是东部旅游环境全要素生产率增长的主要动力，但投入绩效与产出增长绩效的妨碍使得旅游环境全要素生产率呈现下降趋势。

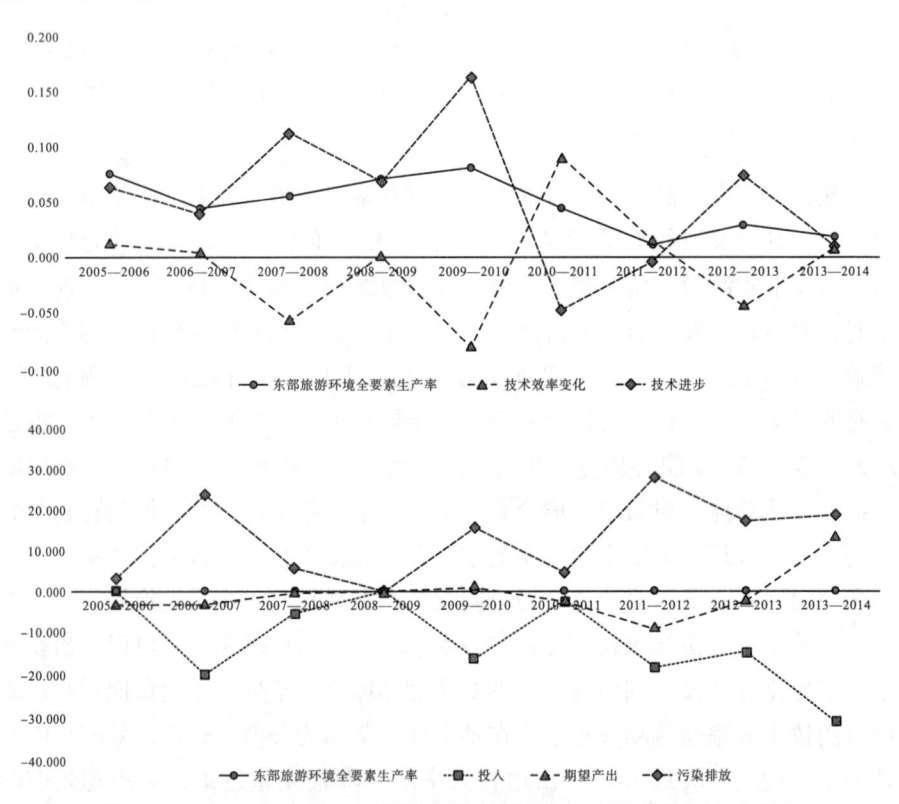

图 4.5 2005—2014 年东部旅游环境全要素生产率及分解项变化趋势

图 4.5（续）

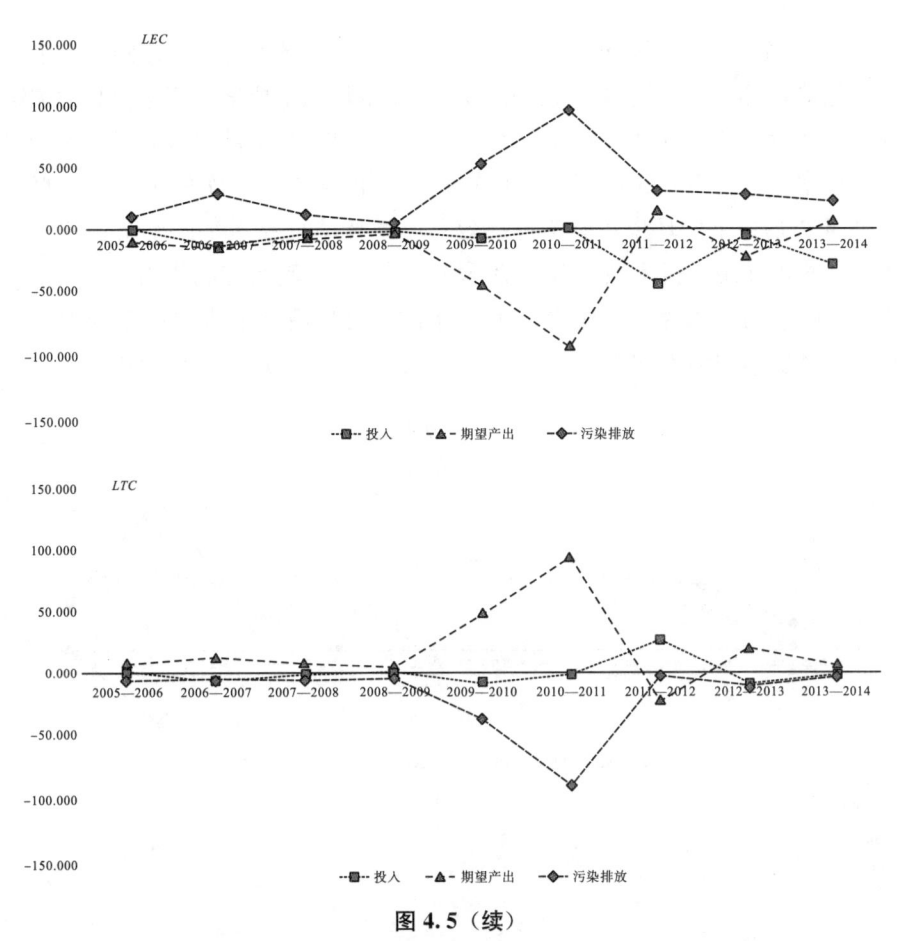

注：图 4.5 从上到下依次展示了旅游环境全要素生产率与传统分解、旅游环境全要素生产率与投入产出分解、技术效率变化与投入产出分解、技术进步与投入产出分解

再进一步分析技术效率变化与技术进步的投入产出来源，与旅游产出相关的技术进步虽然大部分时间对旅游环境全要素生产率为正向作用，但与旅游产出相关的技术效率主要起负向作用，产出技术进步贡献低于产出技术效率，从而导致产出增长绩效妨碍旅游环境全要素生产率提高。投入绩效的抑制作用与产出增长绩效的形成相似，然而与环境污染治理相关的技术进步却出现负面作用，技术效率呈现正向作用，技术效率贡献高于技术进步贡献，形成环境治理绩效对旅游环境全要素生产率的正向贡献，但却作用有限。因此东部地区旅游环境全要素生产率的增加需要提高投入利用效率、产出技术效率和污染治理的技术进步。

中部地区旅游环境全要素生产率从 2006 年的 0.003 上升到 2014 年的

0.050，整个分析期间呈现上升趋势，2010年增长率最高。根据图4.6中的变化趋势，可以得出技术进步是中部地区旅游环境全要素生产率提高的关键动力。从投入产出各因素来看，环境治理绩效仍然是中部地区旅游环境全要素生产率增长的主要正向贡献，但在样本分析期初贡献作用十分小，直到2008年以后中部的环境污染治理绩效对旅游环境全要素生产率增长才有了更大的积极作用。投入绩效对旅游环境全要素生产率起抑制作用，但其中的资源禀赋利用效率为正向作用，2010年的旅游环境全要素生产率的大幅增长除了环境治理绩效的正向作用，还因为投入绩效的抑制作用变弱。

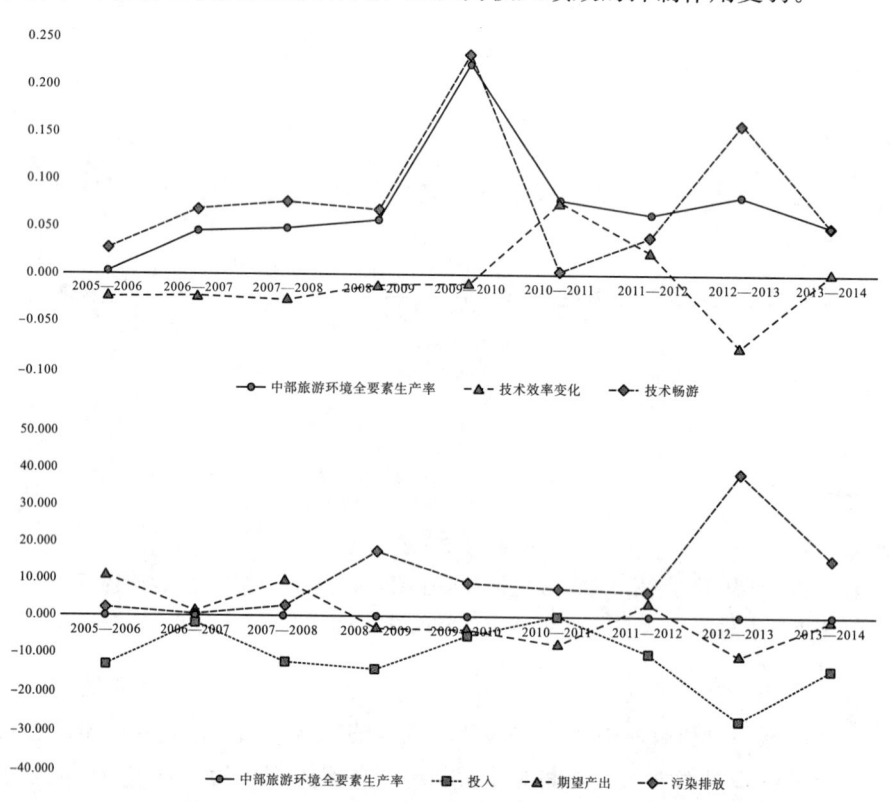

图4.6 2005—2014年中部旅游环境全要素生产率及分解项变化趋势

图 4.6（续）

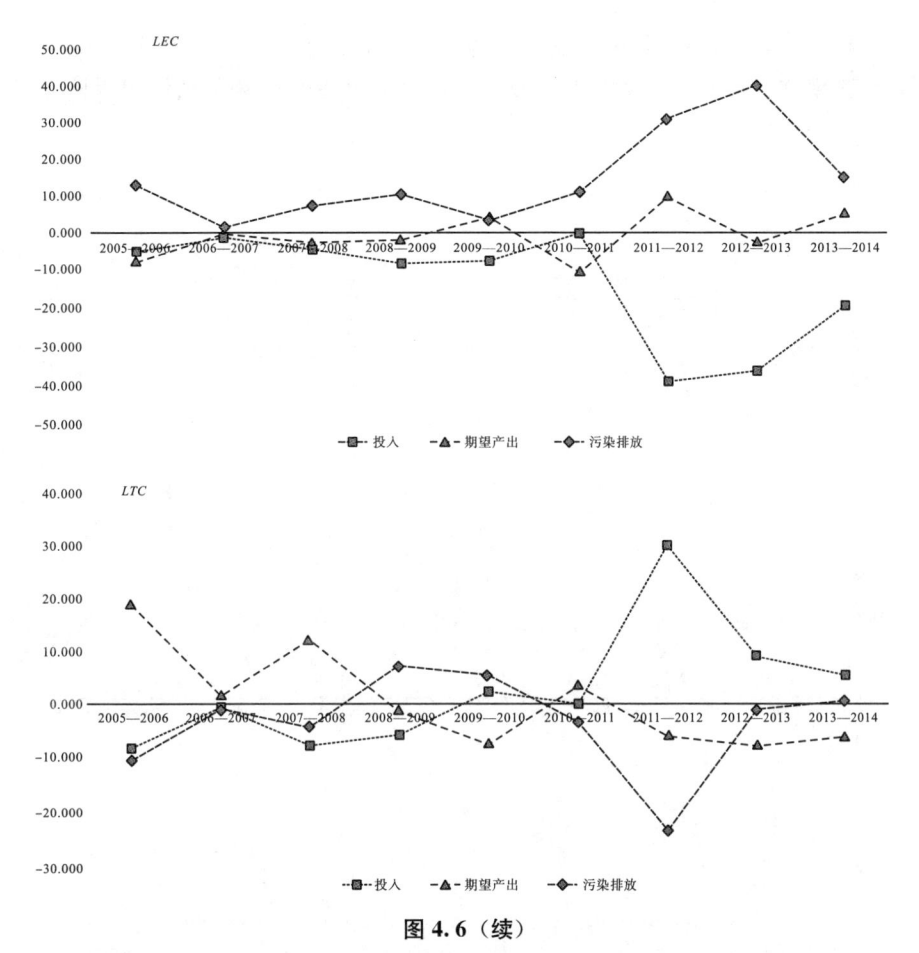

注：图 4.6 从上到下依次展示了旅游环境全要素生产率与传统分解、旅游环境全要素生产率与投入产出分解、技术效率变化与投入产出分解、技术进步与投入产出分解

进一步分析效率变化与技术进步的投入产出来源，与污染治理相关的技术进步负向贡献小于技术效率的正向作用，使得污染治理绩效对旅游环境全要素生产率增长正向贡献；投入利用效率的下降超过了与之相关的技术进步作用，导致投入绩效对旅游环境全要素生产率增长负向贡献，其中能源技术效率下降是最主要的投入绩效负向贡献。总的来说，中部地区旅游环境全要素生产率的提高需要改善与环境污染治理相关的技术进步和提高能源技术效率。

西部地区旅游环境全要素生产率从 2005 年的 −0.062 上升到 2014 年的 0.031，呈现陡峰式增长，在 2008 年、2011 年和 2013 年有小幅下降。从图 4.7 可以看出，2008 年与 2013 年旅游环境全要素生产率下降主要受技术效

117

率下降影响，2011年下降受技术退步影响，总体上西部地区旅游环境全要素生产率增长仍然由技术进步推动，但是技术效率变化的贡献作用明显强于东部与中部地区。

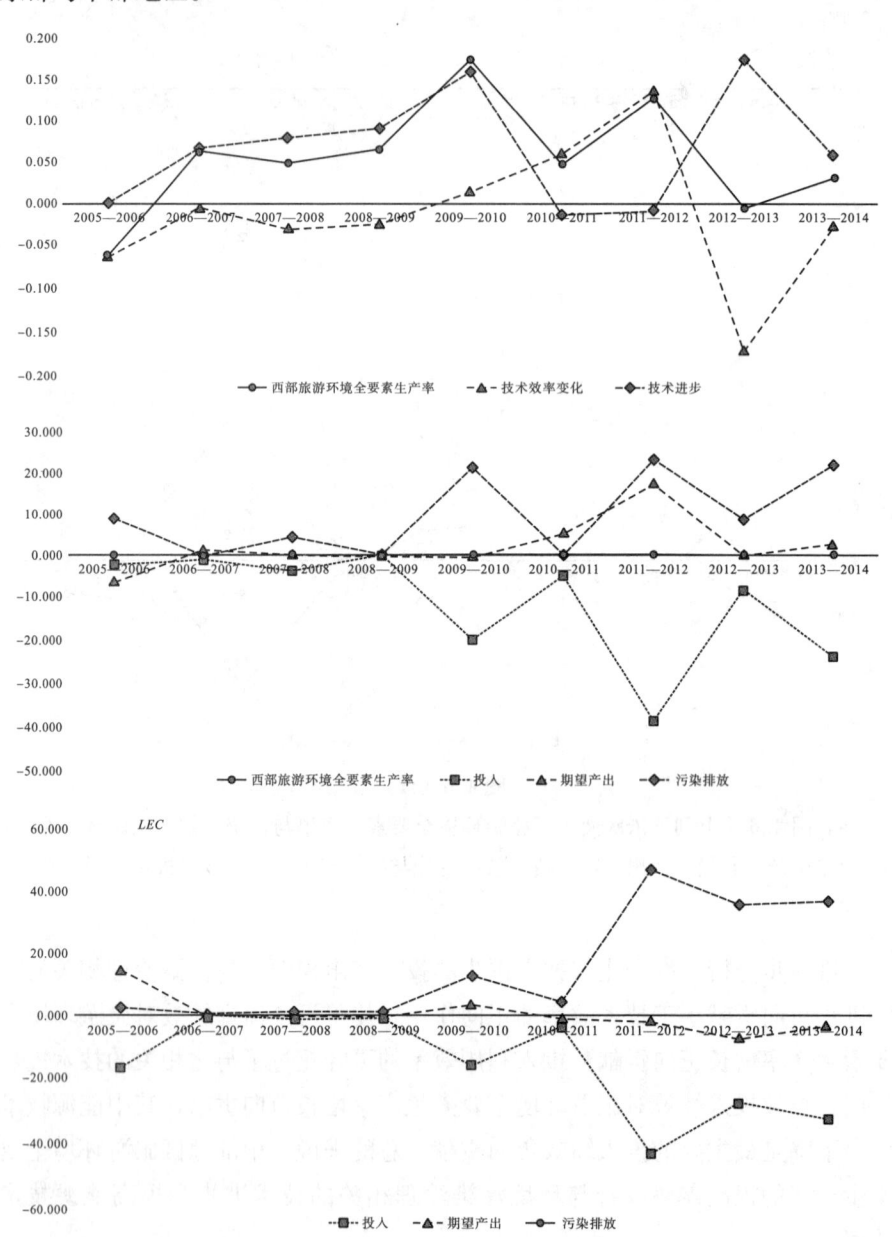

图 4.7　2005—2014 年西部旅游环境全要素生产率及分解项变化趋势

图 4.7（续）

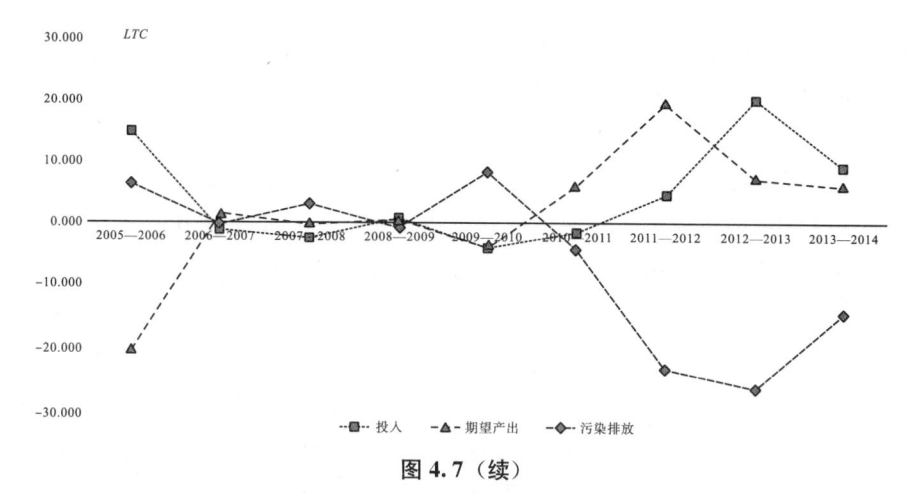

注：图4.7从上到下依次展示了旅游环境全要素生产率与传统分解、旅游环境全要素生产率与投入产出分解、技术效率变化与投入产出分解、技术进步与投入产出分解

从投入产出因素来看，西部地区旅游环境全要素生产率提高的主要动力仍然是污染治理绩效，但污染治理绩效的作用在样本分析期初较小，2009年有短暂上升，直到2012年后污染治理绩效的积极作用才变得明显。产出增长绩效对旅游环境全要素生产率增长贡献趋势与污染治理绩效变动相似，逐渐起正向贡献。抑制西部地区旅游环境全要素生产率增长的主要因素是投入绩效，其中又以能源节约绩效与劳动节省绩效的负向贡献最为明显。

进一步分析效率变化与技术进步的投入产出来源，投入利用效率下降超过与之相关的技术进步作用，导致投入绩效对旅游环境全要素生产率增长负向贡献，其中能源节约效率下降是投入利用效率下降中的主要原因；污染治理相关的技术效率正向作用高于技术退步，使得污染治理绩效对旅游环境全要素生产率增长正向贡献。西部地区旅游环境全要素生产率增长需要提高能源节约效率和与环境治理相关的技术进步。

4.3.3.3 各地方资源环境约束下旅游经济增长质量提升分析

对整个样本期间影响各省（区、市）旅游环境全要素生产率变化的内部原因进行分析，得到影响资源环境约束下旅游经济增长质量的内部作用机制，从而对各个地方提升旅游经济增长质量提供建议。

首先，整个样本分析期间旅游环境全要素生产率呈上升趋势的有北京市、辽宁省、海南省、内蒙古自治区、吉林省、安徽省、江西省、河南省、湖北省、重庆市、四川省、贵州省、云南省、陕西省、宁夏回族自治区和新疆维吾尔自治区，其中有3个东部地区的省（市）、6个中部地区的省（区）

和7个西部地区的省（区、市）。北京市旅游环境全要素生产率从2005年的－0.089上升到2006年的0.162，由负向正的提升主要归因于污染治理绩效的正向作用；但在2011年旅游收入从2768亿元快速增长到3216.2亿元，旅游产出增长绩效对旅游环境全要素生产率增长产生了阻碍作用，旅游环境全要素生产率值再次为负。所以纵观北京市旅游环境全要素生产率的变化，可以发现产出增长绩效与污染治理绩效的相互作用是影响其变化的主要因素，想要提高北京市资源环境约束下旅游经济增长质量的关键在于对旅游收入结构进行调整，避免产出增长绩效对旅游经济增长质量的抑制作用。辽宁省旅游环境全要素生产率从2005年的0.106下降到2008年的－0.162，但在2009年旅游环境全要素生产率由负变正，主要归功于资本节约绩效的积极贡献，资本投入在短期内提高旅游效率；2010年旅游环境全要素生产率又迅速下降，资本节约绩效也变成负值。这说明依靠要素投入的旅游经济增长是不稳定的，尤其是大量资本涌入后，如果不能尽快对其进行合理利用，反而会对旅游经济增长质量起负面影响。海南省旅游环境全要素生产率在2005—2007年期间一直为负，分别为－0.034、－0.119和－0.086。2006年下降是因为能源节约绩效的负向贡献及旅游能源技术效率低。2007年因为环境治理绩效的积极作用，下降幅度有所减少。但是环境污染在2011年增加，环境治理绩效积极作用消失，海南省旅游环境全要素生产率指数又成为负值。海南省资源环境约束下旅游经济增长质量变化与能源技术效率和环境治理绩效密切相关。

  内蒙古自治区旅游环境全要素生产率从2006年的0.026下降到2007年的－0.039，主要受能源节约绩效和环境治理绩效负向作用，又因为环境治理绩效改善，旅游环境全要素生产率在2008年上升到0.428。内蒙古自治区资源环境约束下旅游经济增长质量变化主要随环境治理绩效变动而变动，旅游经济增长质量的提升十分依赖环境治理。吉林省旅游环境全要素生产率从2005年的0.099变成2006年的－0.040，主要受资本节约绩效负向作用；随后2007年旅游环境全要素生产率值由负向正也是由于资本节约绩效的提高。吉林省旅游环境全要素生产率变化除了与资本节约绩效相关度高（相关系数为0.63）之外，还与资源禀赋利用绩效相关较高（相关系数为0.52），吉林省资源环境约束下旅游经济增长质量提高要继续发挥对旅游资源禀赋的合理开发与利用的优势。安徽省旅游环境全要素生产率从2005年的－0.014上升到2006年的0.029，从2008年的－0.084上升到2009年的0.008与从2012年的－0.036上升到2013年的0.068，均得益于旅游产出增长绩效与资本节约绩效共同的正向作用。江西省旅游环境全要素生产率从2005年的－

0.102 到 2014 年的 0.130，资源环境约束下旅游经济增长质量的提升是由资本节约绩效与劳动节省绩效的正向贡献带来的，对旅游劳动力和资本的管理利用是江西省旅游经济增长质量提升的保障。河南省旅游环境全要素生产率从 2005 年的 0.064 上升到 2014 年的 0.249，主要有两个明显的增高点：一个是 2009 年增长了 0.159，主要由环境治理绩效贡献；另一个是 2013 年增长了 0.202，由劳动节省绩效促成。整个样本分析期间，劳动节省绩效与河南省资源环境约束下旅游经济增长质量相关性最高，相关系数为 0.59。湖北省旅游环境全要素生产率从 2006 年的 -0.065 上升到 2007 年 0.014，以及从 2008 年的 0.191 上升到 2009 年的 0.424。这两次经济质量大幅提升与环境治理绩效的正向促进紧密相关。湖北省资源环境约束下旅游经济增长质量提高主要应继续发挥环境治理绩效优势，同时控制产出增长绩效的负向作用。

西部地区重庆市旅游环境全要素生产率从 2005 年的 0.008 上升到 2014 年的 0.161，整个样本期间的变动主要受旅游能源节约绩效与产出增长绩效共同作用，所以重庆市资源环境约束下旅游经济增长质量提升应继续发挥能源节约绩效和产出增长绩效的积极作用，在旅游收入增长同时控制旅游能源投入。四川省旅游环境全要素生产率在整个样本分析期间，有两次较大的提升：一次从 2007 年的 -0.094 增长到 2008 年的 0.267，当时主要受资本节约绩效和产出增长绩效促进；另一次从 2010 年的 0.064 增长到 2011 年的 0.354，主要受产出增长绩效和环境治理绩效正面作用。就相关系数而言，产出增长绩效和资本节约绩效与四川省旅游环境全要素生产率增长关系密切。贵州省旅游环境全要素生产率的变动主要与劳动节省绩效和资本节约绩效相关，尤其是旅游劳动力和资本的投入利用效率。云南省旅游环境全要素生产率的大幅提升主要有两个时期：2007—2008 年从 -0.052 上升到 0.374，归因于资本节约绩效正向作用；2010—2011 年从 -0.205 上升到 0.624，归因于环境治理绩效正向作用。从相关系数看，资本节约绩效与云南省旅游环境全要素生产率变动关系最密切。陕西省旅游环境全要素生产率在整个样本分析期间一直为正，说明资源环境约束下旅游经济增长质量保持提升，这与第 3 章实证得到的陕西省是唯一一个在样本期间内旅游污染排放增速慢于旅游经济增速的地方相印证。其旅游环境全要素生产率有两个大幅上升时期：在 2005—2006 年因产出增长绩效正向效应从 0.008 上升到 0.135，2008—2009 年因环境治理绩效正向效应从 0.015 上升到 0.126。环境治理绩效是影响陕西省旅游环境全要素生产率变动的主要因素。宁夏回族自治区旅游环境全要素生产率虽然在整个样本分析期间有上升，但其值在 0

附近波动，资源环境约束下旅游经济增长质量的提升不高，其变动主要与能源节约绩效相关。新疆维吾尔自治区旅游环境全要素生产率从2005年的－0.165上升到2014年的0.127，其资源环境约束下旅游增长质量提高主要受环境治理绩效的积极作用。

整个样本分析期间旅游环境全要素生产率呈下降趋势的有天津市、河北省、上海市、江苏省、浙江省、福建省、山东省、广东省、山西省、黑龙江省、湖南省、广西壮族自治区、甘肃省和青海省，即8个东部地区省（市）、4个中部地区省（区）和2个西部地区省（区、市）。天津市旅游环境全要素生产率自从2007年的0.042下降到2008年的－0.000，之后一直在0值左右波动。2007—2008年变动主要是由于投入绩效的下降，尤其是劳动节省绩效和资源禀赋利用绩效的下降，所以提高投入绩效是未来天津市资源环境约束下旅游经济增长质量提升的改善方向。河北省旅游环境全要素生产率从2011年开始一直为负，旅游经济增长质量下降，这主要与能源节约绩效退步的负面作用相关，因此，提高河北省资源环境约束下的旅游经济增长质量的重点是提高旅游能源技术效率和能源技术进步。上海市旅游环境全要素生产率一直在0值左右波动，资源环境约束下旅游经济增长质量没有显著提升或恶化，其变动主要与投入绩效紧密相关。江苏省旅游环境全要素生产率的下降主要与投入绩效下降和产出增长绩效负向贡献有关，可见其资源要素的利用与旅游收入内部结构需要调整。浙江省旅游环境全要素生产率虽然呈现下降趋势，但除了2005—2006年从0.150下降到－0.114，以及在样本分析期末从0.052下降到－0.019，其余时期均为正值，旅游环境全要素生产率的下降主要受到资本节约绩效负向影响。福建省旅游环境全要素生产率从2005年的0.054下降到2014年的0.019，也主要受到资本节约绩效负向影响，尤其是在2012年后资本大量涌入，发生"拥挤效应"，影响旅游经济增长质量。山东省旅游环境全要素生产率从2005年的0.203下降到2014年的－0.044，最大的负向贡献是能源节约绩效退步。广东省旅游环境全要素生产率从2005年的0.326下降到2014年的－0.000，主要受到资本节约绩效和旅游资源禀赋利用绩效下降影响。东部地区旅游环境全要素生产率下降多与资源要素投入绩效相关，合理配置和利用旅游资源要素是东部各地资源环境约束下旅游经济增长质量提高的改善方向。

中部地区山西省旅游环境全要素生产率从2005年的0.078下降到2014年的0.017，主要受到劳动节约绩效和资本节约绩效退步的负向作用，对旅游劳动力和资本的合理利用是未来山西省旅游增长质量提高的改善方向。黑龙江省旅游环境全要素生产率从2005年的－0.005下降到2014年的

−0.373，主要由旅游劳动管理绩效退步导致。湖南省旅游环境全要素生产率在2009—2010年显著下降，随后即使环境治理绩效正向贡献，但也低于投入绩效的负向作用，因此资源环境约束下旅游经济增长质量较难改善，未来需要从劳动节省、资本节约和资源禀赋利用三方面提高湖南省旅游投入绩效。广西壮族自治区旅游环境全要素生产率从2005年的0.037下降到2014年的−0.081，主要与环境治理绩效退步有关。中部地区资源环境约束下旅游经济增长质量的提高，应以控制环境治理绩效为基础，提高投入绩效为手段。

西部地区甘肃省旅游环境全要素生产率从2005年的−0.060下降到2014年的−0.256，主要由能源节约绩效恶化导致，需要改善投入绩效，尤其是旅游能源节约绩效，从而实现资源环境约束下旅游经济增长质量的提高。

4.4 本章小结

在绿色经济增长理论的指导下，本章采用资源环境约束下旅游效率和全要素生产率衡量资源环境约束下旅游经济增长质量及其变动，以资源经济学和环境经济学理论为依托，搭建了包含资源环境约束的某一地区旅游生产的投入产出变量框架，构建了两期方向性距离函数来测算2005—2014年我国30个省（区、市）资源环境约束下旅游效率，衡量资源环境约束下旅游经济增长质量，在此基础上采用Luenberger生产率指数构建了旅游环境全要素生产率指数以及分解模型，得到影响资源环境约束下旅游经济增长质量变化的内部原因。

首先，不考虑资源环境约束时全国旅游效率均值为0.491，处于较低水平，考虑资源环境约束后旅游效率均值为0.718，说明不考虑资源环境约束存在旅游效率低估的状况。这一误差将会导致旅游政策制定者与管理者选择不同的战略目标。因为不考虑资源环境约束的旅游无效率的主要贡献是产出无效率，其值为0.852，贡献率达到93.2%；而资源环境约束下旅游无效率中产出无效率的贡献为52.73%，实现旅游效率最佳实践所需要的旅游收入增长从85.2%下降到16.4%，追求旅游收入的必要性下降，更有助于旅游政策制定者和行业管理者将战略目标从经济数量扩张转向经济质量提升。在资源稀缺与重视环境问题的背景下，投入利用效率低和污染排放逐渐成为旅游经济增长质量不高的主要原因。因此，必须通过对旅游收入预期目标的调整，减少对资源的消耗与环境的污染，实现旅游经济更高质量的增长。可喜

的是，我国经济正进入从高速增长向中速增长过渡的阶段，年增长率从8%左右逐步调换到5%左右[①]，旅游的经济增长目标必定会随着总体经济战略做出相应调整。

其次，资源环境约束下旅游效率呈现出东中西递减的区域差异特征，中部地区与西部地区想要缩小与东部地区旅游效率的差距，最主要的措施是改善旅游产出的无效率部分，一方面是在既定投入条件下提高旅游产出能力，另一方面提高旅游商品或服务的附加值。就东部地区而言，想要实现旅游效率的最佳实践，需要进行有效的资本配置、提高旅游能源效率和污染排放效率。就单个地方而言，资源环境约束下旅游效率最优的是青海省和宁夏回族自治区，虽然这不代表这两个地方具有绝对好的旅游资源环境，但能够说明这两个地方具有更好的资源环境绩效；资源环境约束下旅游效率最低的是新疆维吾尔自治区。

旅游环境全要素生产率衡量了资源环境约束下旅游效率的变动，整个分析期间，全国旅游环境全要素生产率均值为0.058，其值为正说明平均意义上资源环境约束下旅游经济增长质量有所提高，主要受技术进步驱动，而技术效率恶化对旅游环境全要素生产率增长起抑制作用。整体上旅游环境全要素生产率的提高不仅要引入技术创新，还需要提高技术效率变化，建议加强技术合作交流，实现技术扩散。从旅游环境全要素生产率投入产出分解结果来看，在全国层面上，产出增长绩效与环境治理绩效能够促进旅游环境全要素生产率增长，投入绩效尤其是能源节约绩效阻碍了旅游环境全要素生产率增长。结合技术进步与技术效率分解结果能够进一步得出，与产出相关的技术进步、环境治理技术效率推动了旅游环境全要素生产率的增长，劳动、资本和能源三方面的技术效率不足抑制了旅游环境全要素生产率的增长。环境约束并不会损害旅游经济增长质量，反而为其提供了更大的提高空间。

旅游环境全要素生产率平均增长率在中部、西部和东部地区从高到低，但三个经济地带旅游环境全要素生产率增长都主要受技术进步驱动。从投入产出分解结果来看，东部各地旅游环境全要素生产率下降多与资源要素投入绩效相关，尤其是能源技术效率和旅游资源禀赋利用效率，合理配置和利用旅游资源要素是东部各地旅游环境全要素生产率提高的改善方向，同时要提高与旅游产出增长相关的技术效率以及与污染治理相关的技术进步；中部地

---

① 乔艳红. 即时观点：中国今年调降GDP增速目标 大幅减税和提高赤字率并举（更新版）[EB/OL]. (2019-03-05)[2019-03-10]. https://www.reuters.com/article/instant-view-gdp-0305-tues-idCNKCS1QM07T.

区旅游环境全要素生产率提高依赖于环境污染治理技术进步和能源技术效率的提高；西部地区旅游环境全要素生产率增长在于提高能源技术效率和环境治理技术进步。

  总的来说，凭借旅游环境全要素生产率的投入产出分解这一创新模型，可得出资源环境约束下旅游经济增长质量的提高需要改善劳动节省效率、资源节约效率和能源节约技术效率，应继续发挥环境污染治理技术效率的积极作用。在劳动效率方面，做好制度和管理创新，实现旅游从业人员的知识交流、流通和扩散，实现知识与先进技术的扩散；在资本效率方面，避免旅游生产过程中的低效投资和重复建设；在能源效率方面，重视旅游的隐形能源流，通过资本替代效应提高旅游能源效率；引入环境治理的新技术，改善与环境治理相关的技术退步，避免对旅游增长质量造成阻碍。

5 资源环境约束下旅游经济增长质量影响因素研究

　　中国旅游业在发展初期主要是为了扩大对外政治影响和为国家创收外汇，随着市场机制在我国经济地位的提升，旅游业从事业性质逐渐转向产业经济性质，通过研究中国旅游业的发展历程，可以发现我国旅游业发展道路有鲜明的政治色彩，旅游经济增长并非纯粹的生产要素投入与产出的关系，还受到生产系统外部因素的影响。旅游经济可持续增长是对当前中国经济步入新常态的响应，其受内部生产要素与外部宏观环境共同作用，上一章探讨了旅游生产过程的内部因素对资源环境约束下旅游增长质量的作用，本章拟分析外部因素对旅游增长质量的影响。当前对资源环境约束下旅游增长质量影响因素的研究十分欠缺，绿色发展、资源环境约束进入旅游领域的时间不长（钟林生，2016）[1]，现有的研究还在讨论考虑资源环境因素的旅游经济增长内涵以及测度方案。明翠琴和钟书华（2017）以 OECD 绿色增长框架为依据，构建了评价旅游经济可持续增长的指标体系[2]；田磊和张宗斌（2018）认为该研究确定的指标权重不够客观科学，运用熵权 TOPSIS 测度旅游经济可持续增长水平，然后分析了经济发展水平、旅游业产业结构、旅游业投资水平、环境治理投入和教育投入对旅游经济可持续增长水平的影响[3]。采用层级指标衡量旅游增长水平总是面临指标是否全面客观、因地制宜等问题，然而客观科学合理的旅游增长衡量指标是探讨其影响因素的重要前提。本研究基于绿色经济增长理论，认为经济增长质量提高是实现经济持续增长的关键，用资源环境约束下旅游增长质量作为被解释变量，即用资源环境约束下旅游效率表示旅游增长质量，用资源环境约束下旅游全要素生产

---

[1] 钟林生.中国旅游发展笔谈——旅游生态效率与美丽中国建设（二）[J].旅游学刊，2016，31（10）：1.

[2] 明翠琴，钟书华.中国旅游业绿色增长评价指标体系设计[J].资源开发与市场，2017，33（2）：249−252.

[3] 田磊，张宗斌.中国旅游业绿色增长的演变特征及其影响因素[J].山东师范大学学报（人文社会科学版），2018，63（1）：116−125.

率表示旅游增长质量的变动，以此来识别哪些外部因素影响到资源环境约束下旅游增长质量，这些因素分别对旅游增长质量有何影响，这些影响因素的重要程度如何。研究和解答这些问题，可为区域旅游经济可持续增长提供政策建议。

旅游效率衡量了相对生产可能性边界的旅游增长质量，旅游环境全要素生产率指数衡量旅游效率的动态变化，其值越大，资源环境约束下旅游增长质量越来越好。这两个指标的建立有充分的理论依据，避免了不同量纲变量的不可比性以及指标权重赋值的主观性，且符合旅游经济可持续增长的内涵。本章结构如下：首先以资源环境约束下旅游效率和全要素生产率为被解释变量，外部影响因素为解释变量，分别构建了参数估计计量模型；其次以中国30个省（区、市）为实证对象进行实证；最后对实证结果进行分析与讨论。

5.1 研究设计

基于第2章的文献综述，可以发现目前还未有探讨资源环境约束下旅游效率与全要素生产率影响因素的研究，但有对旅游效率与全要素生产率影响因素的探讨，所以本研究判断可能的影响因素一方面来自现有对旅游效率与全要素生产率的研究，另一方面是基于资源环境约束下旅游经济增长的特点笔者思考得来。具体影响因素选择的经济意义与构建情况如下：

对外开放程度。贸易开放是一项重大的经济战略，一方面放宽政策吸引外商直接投资，另一方面扩大对外经济贸易，这对经济增长和旅游业产生了广泛影响。Muhammad和Andrews（2008）发现国家出口贸易积极影响了国际旅游人次[1]。Phakdisoth和Kim（2007）认为双边贸易与旅游人次正向相关[2]。Surugiu et al.（2011）认为对外开放程度通过减少客源国与旅游目的地的交易成本从而影响了旅游需求[3]。对外开放程度的提高能够扩大旅游

---

[1] Muhammad A, Andrews D. Determining tourist arrivals in Uganda: the impact of distance, trade and origin-specific factors [J]. African Journal of Accounting, Economics, Finance and Banking Research, 2008, 2 (2): 51–62.

[2] Phakdisoth L, Kim D. The determinants of inbound tourism in Laos [J]. ASEAN Economic Bulletin, 2007, 24 (2): 225–237.

[3] Surugiu C, Leitão N C, Surugiu M R. A panel data modelling of international tourism demand: evidences for Romania [J]. Economic Research-Ekonomska Istraživanja, 2011, 24 (1): 134–145.

知名度和增强吸引力（余凤龙和王英利，2016）[①]，加强区域间的经济联系和市场沟通（吴芳梅和曾冰，2016）[②]，以及引进先进的管理技术和模式（王慧英，2014）[③]。这一系列都有可能成为影响资源环境约束下旅游效率及其变动的诱因，因此考虑对外开放程度因素对资源环境约束下旅游经济增长质量的影响具有一定的经济含义。借鉴许陈生（2012）的定义，本研究采用外商直接投资额与GDP的比值（FDI）代表对外开放程度[④]。

产业结构。产业结构变迁会导致低生产率部门的资源移动、流动和集聚到经济效率高的部门，进而提高整个社会生产率水平，这又被称为"结构红利"（吕铁和周叔莲，1999）[⑤]。我国旅游业现阶段正处于规模报酬递增阶段，产业结构变迁的资源配置使得劳动、资本、技术等生产要素向旅游业流动，为旅游业发展提供了重要源泉，同时产业结构变迁改变了我国旅游业的发展模式，以要素驱动式的大众观光旅游逐渐向以技术进步驱动的体验式休闲度假转变（赵磊和唐承财，2017）[⑥]。产业结构被认为是影响区域旅游经济增长的关键因素（生延超，2012）[⑦]，产业合理化是旅游经济增长的基础动力（刘春济等，2014）[⑧]，产业结构的高级化是旅游经济增长的重要原因（陈太政等，2013）[⑨]，因此产业结构变迁可能影响到资源环境约束下旅游经济增长质量。旅游业从属于第三产业，第三产业经济地位越突出，产业关联能力越强，从而提升旅游效率（龚艳等，2016）[⑩]。本研究借鉴刘建国和刘

[①] 余凤龙，王英利. 江苏沿海区域旅游经济发展特征、影响因素与对策研究［J］. 资源开发与市场，2016，32（2）：244−248.

[②] 吴芳梅，曾冰. 环境约束下民族地区旅游经济效率及其影响因素研究［J］. 经济问题探索，2016（7）：177−184.

[③] 王慧英. 基于管理与环境视角的中国旅游效率研究［J］. 旅游科学，2014，28（5）：31−40.

[④] 许陈生. 财政分权，法治环境与地方旅游业效率［J］. 旅游学刊，2012，27（5）：80−87.

[⑤] 吕铁，周叔莲. 中国的产业结构升级与经济增长方式转变［J］. 管理世界，1999（1）：113−125.

[⑥] 赵磊，唐承财. 产业结构变迁，旅游业与经济增长——来自中国的经验证据［J］. 资源科学，2017，39（10）：1918−1929.

[⑦] 生延超. 旅游产业结构优化对区域旅游经济增长贡献的演变［J］. 旅游学刊，2012，27（10）：11−19.

[⑧] 刘春济，冯学钢，高静. 中国旅游产业结构变迁对旅游经济增长的影响［J］. 旅游学刊，2014，29（8）：37−49.

[⑨] 陈太政，李锋，乔家君. 旅游产业高级化与旅游经济增长关系研究［J］. 经济地理，2013，33（5）：182−187.

[⑩] 龚艳，张阳，唐承财. 长江经济带旅游业效率测度及影响因素研究［J］. 华东经济管理，2016，30（9）：66−74.

宇（2015）[1]的定义，用第三产业产值占GDP比重（*SERVICE*）代表产业结构。

经济发展水平。经济发展水平从供给和需求两个方面共同影响旅游效率，在供给方面，为旅游发展提供了物质和资本支撑，经济越发达的地区，各种配套旅游基础设施越完善，旅游发展绩效越好（刘建国和刘宇，2015）[2]；在需求方面，收入的增长带来更强的旅游消费能力和引发居民更大的旅游需求，扩大了市场规模（徐东等，2018）[3]。借鉴王坤等（2016）[4]的定义，采用人均GDP（*PGDP*）代表经济发展水平。

基础交通条件。基础交通保障了旅游目的地的可进入性，是实现旅游需求和供给的先决条件（何俊阳等，2016）[5]。它的发达程度直接影响游客的出游距离、旅游日程安排、旅游目的地选择（刘建国和刘宇，2015）[6]。基础设施越健全，交通越便利，旅游可达性越强（汪德根和陈田，2011）[7]。基础交通也是中国旅游业发展的关键因素（袁虹和吴丽，2006）[8]。因此考虑该因素对资源环境约束下旅游经济增长质量影响具有一定的经济含义。借鉴了Sun et al.（2015）[9]的定义，采用了道路长度比道路面积的值（*ROAD*）代表基础交通条件。

城市化水平。城市人口数量的增加被认为是现代化和工业化的副产品（Bradshaw and Fraser，1989）[10]。当经济活动集聚在城市时，企业能够获得

---

[1] 刘建国，刘宇. 2006—2013年杭州城市旅游全要素生产率格局及影响因素[J]. 经济地理，2015，35（7）：190-197.

[2] 刘建国，刘宇. 2006—2013年杭州城市旅游全要素生产率格局及影响因素[J]. 经济地理，2015，35（7）：190-197.

[3] 徐冬，黄震方，胡小海，等. 浙江省县域旅游效率空间格局演变及其影响因素[J]. 经济地理，2018（5）：197-207.

[4] 王坤，黄震方，曹芳东，等. 泛长江三角洲城市旅游绩效空间格局演变及其影响因素[J]. 自然资源学报，2016，31（7）：1149-1163.

[5] 何俊阳，贺灵，邓淇中. 泛珠三角区域入境旅游发展效率评价及影响因素[J]. 经济地理，2016，36（2）：195-201.

[6] 刘建国，刘宇. 2006—2013年杭州城市旅游全要素生产率格局及影响因素[J]. 经济地理，2015，35（7）：190-197.

[7] 汪德根，陈田. 中国旅游经济区域差异的空间分析[J]. 地理科学，2011，31（5）：528-536.

[8] 袁虹，吴丽. 中国旅游业发展灰色关联动态分析[J]. 云南地理环境研究，2006，18（1）：43-47.

[9] Sun J, Zhang J, Zhang J, et al. Total factor productivity assessment of tourism industry: evidence from China [J]. Asia Pacific Journal of Tourism Research，2015，20（3）：280-294.

[10] Bradshaw Y W, Fraser E. City size, economic development, and quality of life in China: new empirical evidence [J]. American Sociological Review，1989，54（6）：986-1003.

更大的劳动力资源，并且更接近顾客和供应商（Becker，2008）[1]。Kastarlak（1971）指出了城市化水平在旅游活动中有关键作用[2]。中国更是将城市化进程作为地区发展的关键战略（Zhang et al.，2013）[3]。虽然Chaabouni（2019）实证得出城市化水平对中国旅游效率没有显著积极影响[4]，但本研究认为城市化水平可能会影响旅游消费需求与人们对绿色发展的认识，从而对资源环境约束下的旅游经济增长质量产生影响。借鉴Chaabouni（2019）[5]的定义，用城镇人口数占总人口比重（URB）代表城市化水平。

政府规模。稳定的政治才能有利旅游发展（Causevic and Lynch，2013）[6]，尤其中国旅游发展与政府政策紧密关联。从各地区财政支出规模可以看出地区政府在社会经济和社会资源配置中的地位和作用，以及对经济活动的干预程度，这可能会影响旅游效率的释放。因为政府干预越大越不利于旅游经济增长（余凤龙等，2013）[7]。考虑该因素对资源环境约束下旅游经济增长质量具有一定的经济含义，本研究以政府财政支出占GDP比重（GOV）代表政府规模。

人力资本。旅游属于劳动密集型产业（左冰和保继刚，2008）[8]，从业人员的素质对旅游发展有重要影响（Baum and Szlvas，2008）[9]。优秀的旅游企业已经意识到从业人员的积极态度可以提高服务质量和增强顾客忠诚度

---

[1] Becker C M. Urbanization and Rural－Urban migration [M]// Dutt A K, Ros J. International Handbook of Development Economics. Cheltenham: Edward Elgar Publishing, 2008.

[2] Kastarlak B. Planning tourism growth [J]. Cornell Hotel and Restaurant Administration Quarterly, 1971, 11 (4): 26－33.

[3] Zhang H Q, Luo J M, Xiao Q, et al. The impact of urbanization on hotel development: evidence from Guangdong province in China [J]. International Journal of Hospitality Management, 2013, 34: 92－98.

[4] Chaabouni S. China's regional tourism efficiency: a two－stage double bootstrap data envelopment analysis [J]. Journal of Destination Marketing & Management, 2019, 11: 183－191.

[5] Chaabouni S. China's regional tourism efficiency: a two－stage double bootstrap data envelopment analysis [J]. Journal of Destination Marketing & Management, 2019, 11: 183－191.

[6] Causevic S, Lynch P. Political (in) stability and its influence on tourism development [J]. Tourism Management, 2013, 34 (2): 145－157.

[7] 余凤龙, 黄震方, 曹芳东. 制度变迁对中国旅游经济增长的贡献——基于市场化进程的视角 [J]. 旅游学刊, 2013, 28 (7): 13－21.

[8] 左冰, 保继刚. 1992—2005年中国旅游业全要素生产率及省际差异 [J]. 地理学报, 2008, 63 (4): 417－427.

[9] Baum T, Szivas E. HRD in tourism: a role for government? [J]. Tourism Management, 2008, 29 (4): 783－794.

5 资源环境约束下旅游经济增长质量影响因素研究

(Briggs et al.，2007)[1]。高质量的人力资本是开发信息和吸收知识内容的基础条件（Smeral，2007)[2]。受过高等教育的人力资本能显著提高经济效率（Vandenbussche et al.，2006；彭国华，2007)[3][4]。但当人力资本无法匹配技术进步时，会对旅游生产率形成阻碍（Smeral，2009)[5]。因此考虑人力资本因素对资源环境约束下旅游经济增长质量影响具有一定的经济含义，借鉴王兵等（2010)[6] 的定义，本研究以人均受教育年限（EDU）代表人力资本。

科技信息水平。信息技术的运用与进步和技术创新促进旅游业内部结构升级，对旅游效率提高起到重要的推动作用（Buhalis and Law，2008)[7]。Blake（2006）认为技术创新提高了旅游企业管理能力创新，是旅游效率提高的关键因素[8]。本研究借鉴了王坤等（2016)[9] 的定义，用邮电业务总额占GDP比重（$POSTAL$）代表科技信息水平。

旅游资源丰度。旅游资源是吸引旅游者的决定性因素，对旅游资源的开发是旅游目的地的主要任务，因此旅游资源同时影响着旅游流和旅游投资。依托旅游资源制定政策能够促进旅游业优化发展（Denicolai et al.，2010)[10]。旅游资源丰度被发现与旅游效率正向相关（何俊阳等，2016；吴

---

[1] Briggs S, Sutherland J, Drummond S. Are hotels serving quality? An exploratory study of service quality in the Scottish hotel sector [J]. Tourism Management, 2007, 28 (4): 1006-1019.

[2] Smeral E. Research note: world tourism forecasting-keep it quick, simple and dirty [J]. Tourism Economics, 2007, 13 (2): 309-317.

[3] Vandenbussche J, Aghion P, Meghir C. Growth's distance to frontier and composition of human capital [J]. Journal of Economic Growth, 2006, 11 (2): 127-154.

[4] 彭国华. 我国地区全要素生产率与人力资本构成 [J]. 中国工业经济, 2007 (2): 52-59.

[5] Smeral E. Growth accounting for hotel and restaurant industries [J]. Journal of Travel Research, 2009, 47 (4): 413-424.

[6] 王兵, 吴延瑞, 颜鹏飞. 中国区域环境效率与环境全要素生产率增长 [J]. 经济研究, 2010, 45 (5): 95-109.

[7] Buhalis D, Law R. Progress in information technology and tourism management: 20 years on and 10 years after the Internet-The state of tourism research [J]. Tourism Management, 2008, 29 (4): 609-623.

[8] Alipour H, Kilic H. An institutional appraisal of tourism development and planning: the case of the Turkish Republic of North Cyprus (TRNC) [J]. Tourism Management, 2005, 26 (1): 79-94.

[9] 王坤, 黄震方, 曹芳东, 等. 泛长江三角洲城市旅游绩效空间格局演变及其影响因素 [J]. 自然资源学报, 2016, 31 (7): 1149-1163.

[10] Denicolai S, Cioccarelli G, Zucchella A. Resource-based local development and networked core-competencies for tourism excellence [J]. Tourism Management, 2010, 31 (2): 260-266.

芳梅和曾冰，2016；徐东等，2018）①②③，但在资源稀缺和保护的约束下可能会对旅游经济增长质量产生不同的影响。借鉴曹芳东等（2014）④ 的定义，本研究采用世界遗产、国家级风景名胜区、5A 级景区数量、国家历史文化名城和全国重点文物保护单位的熵权值（RESOURCE）代表旅游资源丰度。

能耗水平。能耗水平代表着地方经济发展中能源效率水平，旅游也属于能源密集型产业（Becken，2002；Frantál and Urbánková，2017）⑤⑥，能耗水平低代表着能源的利用技术较高，这会影响能源资产约束下旅游经济增长质量。本研究以单位 GDP 能耗（ENE）代表能耗水平。

环境治理。环境治理的投入体现了将环境因素纳入经济增长约束的决心，一方面环境治理有助于改善生态环境，另一方面环境治理又增加了生产投入，因此它对资源环境约束下旅游经济增长的作用方向并不一定。本研究借鉴田磊和张宗斌（2018）⑦ 的定义，用环境污染治理投资占 GDP 比重（EGOV）代表环境治理。

5.2 研究方法

5.2.1 数据来源

本章以中国 30 个省（区、市）2005—2014 年旅游经济活动为实证对象，探讨影响资源环境约束下旅游经济增长质量的外部因素，涉及的各影响因素原始数据及其来源如下：地区 GDP、各地总人口、第三产业产值、道路长度、道路面积、政府财政支出和邮电业务总额来自国家统计局，各地外

---

① 何俊阳，贺灵，邓淇中. 泛珠三角区域入境旅游发展效率评价及影响因素 [J]. 经济地理，2016，36（2）：195-201.

② 吴芳梅，曾冰. 环境约束下民族地区旅游经济效率及其影响因素研究 [J]. 经济问题探索，2016（7）：177-184.

③ 徐冬，黄震方，胡小海，等. 浙江省县域旅游效率空间格局演变及其影响因素 [J]. 经济地理，2018，38（5）：197-207.

④ 曹芳东，黄震方，余凤龙，等. 国家级风景名胜区旅游效率空间格局动态演化及其驱动机制 [J]. 地理研究，2014，33（6）：1151-1166.

⑤ Becken S. Analysing international tourist flows to estimate energy use associated with air travel [J]. Journal of Sustainable Tourism，2002，10（2）：114-131.

⑥ Frantál B，Urbánková R. Energy tourism：an emerging field of study [J]. Current Issues in Tourism，2017，20（13）：1395-1412.

⑦ 田磊，张宗斌. 中国旅游业绿色增长的演变特征及其影响因素 [J]. 山东师范大学学报（人文社会科学版），2018，63（1）：116-125.

商直接投资额、城镇人口数、人均受教育年限和能源消耗量来自各地统计年鉴和《新中国六十年统计资料汇编》，旅游资源丰度由第4章4.2节计算得到，环境污染治理由《中国环境统计年鉴》得到。表5.1报告了上述影响因素的描述性统计特征。

表5.1 资源环境约束下旅游经济增长影响因素描述性统计

影响因素	变量符号	衡量指标	均值	标准差	最小值	最大值
对外开放程度	FDI	外商直接投资额占地区GDP比重（%）	2.51	1.91	0.07	8.19
产业结构	SERVICE	第三产业产值占地区GDP比重（%）	40.93	8.43	29.70	77.90
经济发展水平	PGDP	人均GDP（万元）	3.61	2.27	0.08	10.84
基础交通条件	ROAD	道路长度/道路面积	0.55	0.08	0.26	0.80
城市化水平	URB	城镇人口数/地区总人口（%）	51.80	13.99	27.45	89.61
政府规模	GOV	政府财政支出占地区GDP比重（%）	21.04	9.13	8.37	61.21
人力资本	EDU	人均受教育年限	8.69	0.95	6.59	12.03
科技信息水平	POSTAL	邮电业务总额占地区GDP比重（%）	5.36	2.63	1.45	11.90
旅游资源丰度	RESOURCE	世界遗产、国家级风景名胜区、5A级景区数量、国家历史文化名城和全国重点文物保护单位的熵权值	0.35	0.18	0.10	0.82
能耗水平	ENE	单位GDP能耗（吨标准煤/亿元）	1.28	3.34	0.32	55.30
环境治理	EGOV	环境污染治理投资占GDP比重（%）	1.37	0.66	0.45	4.24

5.2.2 检验资源环境约束下旅游效率影响因素的 Tobit 模型

第4章显示了被解释变量资源环境约束下旅游效率有明显的截断特征，$GTE \in (0, 1]$，当被解释变量有截断特征时，采用普通最小二乘法进行参数估计会出现有偏不一致的情况，针对这一问题，Tobin（1958）[①] 提出了

[①] Tobin J. Estimation of relationships for limited dependent variables [J]. Econometrica, 1958, 26 (1): 24—36.

采用极大似然估计参数的回归模型,其又被称为 Tobit 模型(伍德里奇,2015)[①]。根据上述对旅游效率影响因素的讨论,设计本研究的 Tobit 模型如下:

$$GTE_{it} = \begin{cases} \alpha + \beta_1 FDI_{it} + \beta_2 SERVICE_{it} + \beta_3 PGDP_{it} + \beta_4 ROAD_{it} \\ + \beta_5 URB_{it} + \beta_6 GOV_{it} + \beta_7 EDU_{it} + \beta_8 POSTAL_{it} \\ + \beta_9 RESOURCE_{it} + \beta_{10} ENE_{it} + \beta_{11} EGOV_{it} + u_i \\ + \varepsilon_{it}, \; if\; GTE_{it} < 1; \\ 1, \; if\; GTE_{it} \geqslant 1 \end{cases} \quad (5.1)$$

其中,GTE 是第 4 章得到的资源环境约束下旅游效率,下标 i 和 t 分别表示第 i 个省(区、市)和第 t 年;α 是截距项,$\beta_1 \sim \beta_{11}$ 为待估参数;u_i 是个体效应;ε_{it} 是随机扰动项。

5.2.3 检验旅游环境全要素生产率影响因素的面板数据模型

旅游环境全要素生产率反映了各个地区资源环境约束下旅游经济增长质量的动态变化,为了避免生产率指标在零值附近变动造成的计量误差,根据 Managi 和 Jena (2008)[②] 的研究工作,以累积旅游环境全要素生产率指标(GLTFP)为被解释变量。因为实证对象为 2005—2014 年全国 30 个省(区、市),数据结构具有截面、时期和变量三维信息,所以采用面板数据模型。面板数据可以解决遗漏变量的问题,与时间序列数据相比,包含了不同截面,提高了估计量的精度;与截面数据相比,包含了不同时间跨度,能够对观测数据做出相应的趋势预判,得到更多动态信息和提高估计的精确度(陈强,2015)[③]。

采用 Hausman 检验得到强烈拒绝原假设 "H_0:u_i 与解释变量不相关" ($p=0.0000$),所以采用固定效应面板模型。根据前文的影响因素分析,此处的研究模型具体如下:

$$\begin{aligned} GLTFP_{it} = & \alpha + \beta_1 FDI_{it} + \beta_2 SERVICE_{it} + \beta_3 PGDP_{it} + \beta_4 ROAD_{it} \\ & + \beta_5 URB_{it} + \beta_6 GOV_{it} + \beta_7 EDU_{it} + \beta_8 POSTAL_{it} \\ & + \beta_9 RESOURCE_{it} + \beta_{10} ENE_{it} + \beta_{11} EGOV_{it} + u_i + \varepsilon_{it} \end{aligned} \quad (5.2)$$

其中,$GLTFP$ 是第 4 章得到的旅游环境全要素生产率,下标 i 和 t 分别表示第 i 个省(区、市)和第 t 年;α 是截距项,$\beta_1 \sim \beta_{11}$ 为待估参数;u_i

---

[①] 伍德里奇. 计量经济学导论:现代观点 [M]. 北京:清华大学出版社,2014.

[②] Managi S, Jena P R. Environmental productivity and Kuznets curve in India [J]. Ecological Economics,2008,65(2):432-440.

[③] 陈强. 计量经济学及 Stata 应用 [M]. 北京:高等教育出版社,2015.

是个体效应；ε_{it}是随机扰动项。

5.3 实证分析与讨论

研究使用 Stata 15.0 软件分别对 Tobit 模型和面板数据模型进行了估计，并使用 VIF 检验解释变量间的多重共线性，得出不存在多重共线问题；在估计固定效应面板数据模型时，采用比普通标准误估计更准确的聚类稳健标准误（陈强，2015）[①]。表 5.2 至表 5.5 分别报告了各影响因素在全国、东部、中部和西部层面对旅游效率与旅游环境全要素生产率的回归结果，影响因素在旅游效率的回归结果反映该因素的短期水平效应，在旅游环境全要素生产率的回归结果反映该因素的长期增长效应。

表 5.2 资源环境约束下旅游效率与全要素生产率的影响因素回归结果

指标	Tobit 模型 P 值	系数	标准误	T 值	固定效应模型 P 值	系数	标准误	T 值
FDI	0.0158***	0.005	2.94	0.004	0.0572***	0.018	3.09	0.002
SERVICE	−0.0019	0.001	−1.28	0.201	−0.0106*	0.005	−1.79	0.075
PGDP	0.0348***	0.007	5.26	0.000	0.0288*	0.016	1.77	0.077
ROAD	−0.4410***	0.092	−4.81	0.000	0.0650	0.332	0.20	0.845
URB	0.0036**	0.002	2.22	0.027	0.0078	0.007	0.98	0.327
GOV	−0.0028**	0.001	−2.19	0.029	−0.0012	0.005	−0.22	0.824
EDU	−0.0865***	0.016	−5.41	0.000	0.1881**	0.075	2.50	0.013
POSTAL	−0.0071*	0.004	−1.85	0.066	−0.0213***	0.008	−2.66	0.008
RESOURCE	−0.3074***	0.054	−5.66	0.000	1.4829***	0.474	3.13	0.002
ENE	−0.0006	0.002	−0.25	0.803	0.0058	0.004	1.40	0.162
EGOV	−0.0200*	0.012	−1.68	0.094	0.0150	0.033	0.45	0.653
cons	1.7560***	0.131	13.37	0.000	−1.0147	0.639	−1.59	0.114
	Sigma=0.0143***				R−square=0.1178			
	Log likelihood=112.7242				Prob>F=0.0000			

注：*、**、***分别表示在10%、5%和1%水平上显著（以下表格相同）。

[①] 陈强. 计量经济学及 Stata 应用 [M]. 北京：高等教育出版社，2015.

表 5.3 东部地区资源环境约束下旅游效率与全要素生产率影响因素回归结果

指标	Tobit 模型 P 值	系数	标准误	T 值	固定效应模型 P 值	系数	标准误	T 值
FDI	0.0159**	0.007	2.04	0.044	0.0082	0.019	0.41	0.680
SERVICE	0.0035	0.002	1.28	0.203	0.0064	0.008	0.76	0.452
PGDP	0.0429***	0.015	2.84	0.006	0.0525*	0.026	1.97	0.052
ROAD	−0.3826***	0.144	−2.65	0.010	1.3214***	0.343	3.84	0.000
URB	−0.0025	0.002	−0.92	0.359	−0.0338**	0.013	−2.53	0.014
GOV	−0.0266***	0.004	−6.23	0.000	−0.0002	0.011	−0.02	0.988
EDU	−0.0219	0.035	−0.62	0.534	0.3934***	0.114	3.44	0.001
POSTAL	−0.0251***	0.007	−3.58	0.001	−0.0120	0.010	−1.17	0.245
RESOURCE	−0.8646***	0.176	−4.91	0.000	0.3794	0.584	0.65	0.518
ENE	−0.0007	0.002	−0.37	0.712	0.0086**	0.003	2.61	0.011
EGOV	−0.0132	0.016	−0.79	0.432	−0.0378	0.044	−0.86	0.394
cons	1.8660***	0.272	6.85	0.000	−1.5903	1.154	−1.38	0.172
	Sigma=0.0086***				R−square=0.0651			
	Log likelihood=52.53				Prob>F=0.0000			

表 5.4 中部地区资源环境约束下旅游效率与全要素生产率影响因素回归结果

指标	Tobit 模型 P 值	系数	标准误	T 值	固定效应模型 P 值	系数	标准误	T 值
FDI	0.0048	0.007	0.65	0.518	−0.0216	0.038	−0.56	0.576
SERVICE	−0.0163***	0.002	−6.70	0.000	−0.0102	0.012	−0.81	0.421
PGDP	−0.0130	0.014	−0.90	0.372	0.0863	0.053	1.61	0.111
ROAD	−0.0562	0.136	−0.41	0.682	−0.7124	0.732	−0.97	0.334
URB	−0.0004	0.002	−0.15	0.878	0.0106	0.013	0.76	0.448
GOV	0.0013	0.003	0.35	0.725	−0.0063	0.021	−0.29	0.770
EDU	−0.0554**	0.023	−2.33	0.022	0.1376	0.146	0.94	0.350
POSTAL	−0.0089**	0.003	−2.28	0.026	−0.0183	0.014	−1.27	0.208
RESOURCE	0.0650	0.073	0.88	0.380	−0.2579	0.988	−0.26	0.795
ENE	0.0165	0.015	1.04	0.299	−0.2131	0.192	−1.10	0.273
EGOV	−0.0204	0.012	−1.65	0.104	−0.1000	0.070	−1.42	0.161
cons	1.9207***	0.246	7.79	0.000	0.8628	1.349	0.64	0.525

续表

指标	Tobit 模型				固定效应模型			
	P值	系数	标准误	T值	P值	系数	标准误	T值
	Sigma=.0034***				R-square=0.5694			
	Log likelihood=122.49				Prob>F=0.0000			

表5.5 西部地区资源环境约束下旅游效率与全要素生产率影响因素回归结果

指标	Tobit 模型				固定效应模型			
	P值	系数	标准误	T值	P值	系数	标准误	T值
FDI	0.0050	0.023	0.22	0.827	0.2092***	0.049	4.24	0.000
SERVICE	0.0107***	0.003	2.83	0.006	−0.0198	0.014	−1.40	0.167
PGDP	0.0268**	0.010	2.54	0.013	−0.0132	0.025	−0.52	0.604
ROAD	−0.8109***	0.210	−3.85	0.000	−0.0329	0.857	−0.04	0.969
URB	0.0182***	0.004	3.71	0.000	0.0348*	0.019	1.81	0.076
GOV	0.0004	0.002	0.19	0.850	0.0019	0.007	0.25	0.803
EDU	−0.0457	0.031	−1.43	0.157	−0.0349	0.144	−0.24	0.810
POSTAL	−0.0072	0.005	−1.35	0.181	−0.0045	0.013	−0.33	0.744
RESOURCE	0.1031	0.105	0.97	0.333	3.0077***	1.026	2.93	0.005
ENE	0.2894***	0.042	6.76	0.000	−0.0799	0.171	−0.47	0.643
EGOV	−0.0780***	0.023	−3.26	0.002	0.0298	0.059	0.50	0.617
cons	−0.0059	0.407	−0.01	0.988	−0.3321	1.250	−0.27	0.791
	Sigma=0.0079***				R-square=0.3412			
	Log likelihood=54.49				Prob>F=0.0000			

从各影响因素的估计系数来看，对外开放程度对资源环境约束下旅游效率与旅游全要素生产率的回归系数显著为正，对外开放程度每扩大1%，旅游效率提高1.58%，旅游环境全要素生产率提高5.72%，说明对外开放程度对我国资源环境约束下的旅游增长质量有显著的促进作用。这也说明外商直接投资在旅游中不支持"污染天堂"假说（即发达国家的外商直接投资会转移高污染高能耗到发展中国家）。对外开放程度的扩大提高了旅游目的地的知名度以及减少客源国与旅游目的地的交易成本。近年来，我国逐步放宽旅游市场限制，简化出入境手续，推出过境免签等政策，便利化的旅游签证

极大地吸引了入境游客和商务旅游者（Chaabouni，2019）[①]，更低的成本和更多的旅游服务产品让我国成为全球最大的出境旅游消费国。此外，对外开放引进了先进的技术，整合一个地区的资源来生产总产出，带来更有效的生产（Christopoulos，2007）[②]。

东中西三个经济地带的对外开放程度不一，整体上东部发达地方的对外开放程度高于中部与西部，所以对外开放程度对三大经济地带的影响也不一样。就旅游效率而言，对外开放程度对东部地区旅游效率的影响系数为1.59%，且在统计上呈现显著影响。它与中部和西部地区旅游效率也正向相关，但是却不显著。就旅游环境全要素生产率而言，对外开放程度与东部地区旅游环境全要素生产率呈现正向相关，与中部地区负向相关，与西部地区呈现显著正相关。这显示了一个经济发展的规律：在发展的初期，外商直接投资的涌入可以促进经济的快速发展，所以对外开放程度在西部地区的促进作用在1%水平上显著；而当经济开放程度较高、发展水平较好之后，外商直接投资的作用就没有那么重要，它带来的经济效应也没有发展初期那么明显，虽然对外开放程度对东部地区旅游增长质量提高仍然起促进作用，但却不如西部地区显著。对外开放程度的扩大确实能够带来外部旅游资源，补充旅游供给中的不足，增强旅游国际竞争力，但如果产品、管理和服务不能适应形势需要，面对这种"倒逼式"的开放，旅游资源不仅不能够被合理开发反而会遭到破坏，对旅游经济增长形成阻碍。由此可见，引入外资需要结合地区旅游经济自身发展阶段。

产业结构与资源环境约束下旅游效率负相关，与旅游环境全要素生产率在10%水平上显著负相关，说明第三产业比重的提高与资源环境约束下旅游经济增长质量和质量提升关系不大甚至有负影响。这与王虹和胡胜德（2017）[③]认为的第三产业发展能够促进旅游效率的提高相反，也说明资源环境约束下的旅游经济增长质量与不考虑约束的旅游经济增长所需要的宏观外部条件存在差异。在资源和环境的双重约束下，要素资源向环境友好型产业转移，当产业的发展与要素资源迁移存在速度或结构不匹配时，将会产生要素资源的错配，进而影响资源配置和利用效率，这被称为要素配置扭曲

---

① Chaabouni S. China's regional tourism efficiency: a two-stage double bootstrap data envelopment analysis [J]. Journal of Destination Marketing & Management，2019，11：183-191.

② Christopoulos D K. Explaining country's efficiency performance [J]. Economic Modelling，2007，24 (2)：224-235.

③ 王虹，胡胜德. 基于Tobit模型的"一带一路"旅游产业效率投资影响因素及策略研究 [J]. 中国软科学，2017 (12)：62-70.

(郑毓盛和李崇高，2003；Hsieh and Klenow，2009)[1][2]。所以当产业结构对旅游经济增长质量产生抑制作用时，说明地区的产业结构还未升级适应资源与环境的双重约束。通过对比产业结构在三个经济地带的回归系数正负和大小，可以得到东中西部的产业结构均未达到对旅游经济增长质量起显著促进作用的阶段，虽然产业结构在西部与旅游效率显著正相关，但与其旅游环境全要素生产率负相关，说明这是短期的水平效应，没有长期的增长效应。因此，一方面要尽可能实现要素资源在资源环境限制下的均衡流动，与旅游产业之间协调发展；另一方面，注重知识技术的扩散，培育要素边际生产力高的旅游产品业态。

经济发展水平与资源环境约束下旅游效率在1%水平上显著正相关，与旅游环境全要素生产率在10%水平上显著正相关，说明经济发展水平带来的经济效应高于其对资源环境的负效应，这与第3章中得到的多数地方处于环境污染速度慢于经济增长速度的弱脱钩状态相印证。但因为中部与西部省（区、市）频繁出现扩张负脱钩状态，所以经济发展水平对中部与西部地区旅游增长质量有负影响。资源环境约束下的旅游经济增长质量不仅关注经济效应还重视伴环境负面影响，不考虑资源环境代价追求经济速度的粗放型增长亟待调整。

基础交通条件与资源环境约束下旅游效率在1%水平上显著负相关，与旅游环境全要素生产率无显著关系。这与王坤等（2016）[3]认为的交通条件对旅游效率显著正向影响相反。一方面基础交通的建设与完善需要投入大量的生产资源，其中的资源配置扭曲与资源利用效率不高都会抑制旅游增长质量；另一方面，交通条件对旅游经济增长影响存在门槛效应，当交通完善度高时，旅游经济会受到其他产业发展影响，存在"挤出效应"，从而发生抑制作用（龚艳等，2016）[4]。

城市化水平与资源环境约束下旅游效率在1%水平上显著正相关，与旅游环境全要素生产率无显著关系，说明城市化水平对旅游增长质量有短期的水平效应，没有长期的增长效应。不同阶段城市化水平下旅游发展表现出不

---

[1] 郑毓盛，李崇高. 中国地方分割的效率损失 [J]. 中国社会科学，2003（1）：64-72+205.

[2] Hsieh C T, Klenow P J. Misallocation and manufacturing TFP in China and India [J]. The Quarterly Journal of Economics, 2009, 124 (4): 1403-1448.

[3] 王坤，黄震方，曹芳东，等. 泛长江三角洲城市旅游绩效空间格局演变及其影响因素 [J]. 自然资源学报，2016，31 (7)：1149-1163.

[4] 龚艳，张阳，唐承财. 长江经济带旅游业效率测度及影响因素研究 [J]. 华东经济管理，2016，30 (9)：66-74.

同的特征，因为加速城市化虽然形成了集聚和规模效应，提升了生活水平、环境意识和公民素质，但是也带来了资源紧张和环境压力，所以在东部地区，城市化水平对旅游增长质量和提升显示出消极作用，资源环境的负效应超过了经济增长效应。而城市化进程对西部地区旅游增长质量和提升均有显著的促进作用，因为西部地区城市化水平平均低于东部地区，从第3章的能源消耗和环境污染排放呈东中西递减空间特征结论，可以得出西部地区资源稀缺和环境压力较小。

政府规模与资源环境约束下旅游效率在5%水平上显著负相关，对旅游环境全要素生产率影响为负但不显著，说明政府规模对旅游增长质量有短期水平效应，没有长期增长效应。随着市场经济体制的不断健全，政府干预对经济发展的作用逐渐变弱。整个分析时期，西部地区的政府干预平均高于东部地区，政府规模在西部地区对旅游增长质量的影响为正，在东部地区影响为负，这与旅游生产要素的公共物品属性有关，完全依赖市场难以推动旅游绿色发展（匡林，2001）[1]。结合环境治理影响因素进行讨论，可以有更深刻的发现。地区环境污染治理的投资比重对旅游效率在10%水平上有显著负影响，对旅游环境全要素生产率影响为正但不显著。这说明政府需要对现有的旅游资源环境政策和治理进行设计与改革，引起对旅游环境污染的重视，加大对旅游环境治理的投入。

人力资本与资源环境约束下旅游效率在1%水平上显著负相关，与旅游环境全要素生产率在5%水平上显著正相关，人均受教育年限的延长从动态来看对旅游增长质量有积极作用，而水平效应上的负效应与当前旅游从业人员缺乏知识结构和技能还未适应新常态下旅游经济转型发展的需求有关，旅游从业人员中只有20.1%具有本科及以上学位（Sun et al.，2015）[2]。有鉴于此，有必要培育旅游高素质人才，加强旅游从业人员专业培训，建立交流平台实现知识溢出，从而促进人力资本对旅游增长质量的长期效应。

科技信息水平对资源环境约束下旅游效率和全要素生产率均为显著负向影响，虽然信息技术的运用与进步深刻地改变着旅游的生产与消费方式，但科技信息水平投入更多是向高新技术产业倾斜，对旅游生产要素的作用还有待提高。结合旅游资源丰度和能耗水平两项影响因素的回归结果，可以得到更细致的发现。旅游资源丰度与资源环境约束下旅游效率在1%水平上显著

---

[1] 匡林. 旅游业政府主导型发展战略研究 [M]. 北京：中国旅游出版社，2001：41—42.
[2] Sun J, Zhang J, Zhang J, et al. Total factor productivity assessment of tourism industry: evidence from China [J]. Asia Pacific Journal of Tourism Research, 2015, 20 (3)：280—294.

负相关,与旅游环境全要素生产率显著正相关,说明当前旅游资源禀赋的利用效率还未适应旅游经济增长的需求,根据它对旅游增长质量的动态影响,可以预判改善旅游资源禀赋的利用能够显著促进旅游增长质量提高。在第4章实证结论中,我们得出中部地区旅游资源利用绩效优于东部与西部地区,这与旅游资源丰度回归系数在中部与西部旅游效率为正,在东部地区为负相一致。能耗水平与资源环境约束下旅游效率虽然没有显著影响,但它与旅游效率正相关,与旅游环境全要素生产率负相关。能耗水平越低的地区能源效率越高,说明能耗效率提高对旅游增长质量提高有促进作用,只是目前能源利用效率水平没有满足资源环境约束下旅游经济增长的需求。

5.4 本章小结

从资源与环境双重约束出发,本章采用 Tobit 模型和固定效应面板模型,以全国 30 个省(区、市)为实证对象,探讨了对外开放程度、产业结构、经济发展水平、基础交通条件、城市化水平、政府规模、人力资本、科技信息水平、旅游资源丰度、能耗水平和环境治理十一项外部因素对全国和三大经济地带资源环境约束下旅游经济增长质量及其变动的影响,主要结论和政策建议如下:

首先,对外开放程度与经济发展水平对资源环境约束下旅游经济增长质量及其提升皆有显著促进作用,积极的经济效应超过了伴随的环境负面效应,从模型估计结果来看,继续扩大对外开放程度和提升经济发展水平有利于资源环境约束下旅游经济增长质量提升。人力资本与旅游资源丰度对资源环境约束下旅游经济增长质量提升具有显著促进作用,然而其水平效应为负,人力资本和旅游资源丰度没有适应资源与环境双重约束的需求。一方面需要培育旅游高素质人才,加强旅游在职人员专业培训,建立知识信息交流平台,提高旅游人力资本水平;另一方面优化配置旅游资源,避免旅游资源的破坏与浪费,改善旅游资源利用绩效,旅游资源向高附加值的新型业态转型,提高资源环境约束下旅游经济增长质量。根据影响因素回归系数的大小,判断该因素对未来旅游增长质量的重要程度,旅游资源利用绩效是关键因素,其次是人力资本、外商直接投资和经济发展水平。产业结构和科技信息水平对资源环境约束下的旅游经济增长质量提升显著负向影响,调整要素资源在资源环境限制下的均衡流动以及与旅游产业之间的协调发展势在必行,引入技术创新,加大旅游技术层面的革新,是未来资源环境约束下旅游经济增长质量提高的重要措施。环境治理作为绿色发展的重要手段,却对旅

游经济增长质量只有负向水平效应，没有长期增长效应，政府在环境治理上忽视了旅游的资源环境压力，需要对旅游环境政策和治理进行设计与改革。

其次，各因素对资源环境约束下旅游增长质量的影响程度随着三大经济地带的特点表现出一定的差异。比如对外开放程度在经济发展水平较好的东部地区对旅游增长质量提升的积极作用没有在西部地区明显；此外中部地区扩大对外开放程度要慎重，需要对旅游产品、管理和服务进行改进，避免"倒逼式"的开放导致旅游开发的不合理。总的来说，东部地区资源环境约束下旅游增长质量提升受人力资本的影响较大；西部地区旅游增长质量提升受旅游资源丰度影响最大，其次是对外开放程度和城市化水平。这要求在旅游经济转型升级的过程中，需要基于不同地区各因素的影响程度差异，调整资源与环境约束的工作重点与方向，进行不同的要素布局来实现旅游经济与资源环境的协调发展。

6 资源环境约束下旅游经济增长方式研究

经济增长方式反映一个国家或地区在某一段时期内经济发展的总体方式，是对发展道路、生产方式和生产特征的高度抽象与概括，研究经济增长方式能够为选择发展路径和制定产业政策提供正确的理论指导，具有重要的现实意义。目前对旅游经济增长方式的研究一般通过定量分析旅游经济增长的动力，依据增长动力的贡献度划分旅游经济增长方式的类型。现有的研究结果主要是基于新古典经济学理论，将旅游经济增长方式分为要素驱动型与全要素生产率驱动型，要素驱动型又进一步细分为资本驱动型、劳动力驱动型和旅游资源驱动型，全要素生产率驱动型分为技术进步驱动型和技术效率驱动型，并认为依赖资本、劳动和旅游资源要素投入的旅游经济增长属于粗放型增长，依靠提高技术效率和技术进步实现的旅游经济增长属于集约型增长（左冰，2011；罗浩等，2016；杨天英等，2017）[①②③]。

然而，不同的经济发展阶段对经济增长的目标和要求不同，资源环境约束下的旅游经济增长要求在促进经济增长的同时确保自然资产继续提供人类所依赖的资源和环境服务，这与新古典经济下将旅游经济增长对资源环境消费视为零成本的发展道路和生产方式存在本质差别。因此本章基于资源经济学、环境经济学和绿色经济增长理论，构建资源环境约束下旅游经济增长动力的分解模型，判断并分析资源环境约束下我国旅游经济增长动力及其特征，然后根据各增长动力的贡献度划分旅游经济增长方式的类型，解答不同增长动力在资源环境约束下旅游经济增长中扮演什么角色，呈现哪些差异，以及如何保持各要素的合理利用，对各个省（区、市）的旅游经济可持续增

---

① 左冰. 中国旅游经济增长因素及其贡献度分析 [J]. 商业经济与管理，2011，1 (10)：82-90.

② 罗浩，颜钰荛，杨旸. 中国各省的旅游增长方式"因地制宜"吗？——中国省际旅游增长要素贡献与旅游资源比较优势研究 [J]. 旅游学刊，2016，31 (3)：43-53.

③ 杨天英，李许卡，曾瑶. 我国旅游经济增长方式及省际差异实证研究——基于省际面板数据 [J]. 经济体制改革，2017 (4)：64-69.

长战略选择提供参考。

6.1 分析框架与研究设计

6.1.1 资源环境约束下旅游经济增长动力分解框架

基于第 2 章的文献综述,传统的旅游经济增长率被分解为劳动、资本和全要素生产率的增长率,其中全要素生产率的增长率又能够被分解为技术效率改善和技术进步。近年来,有学者结合旅游经济的独特性,将旅游资源纳入增长动力中,进一步分解出旅游资源要素驱动(罗浩等,2016;杨天英等,2017)[①][②]。在资源稀缺和环境问题日益严重背景下,本研究引入经济增长理论的新趋势——绿色经济增长理论,在现有的增长分解框架中增加了旅游能源投入贡献、旅游环境规制贡献和产出环境结构贡献。在旅游经济生产活动中,劳动力、资本和旅游吸引物资源是显性的要素投入,其实旅游已经呈现出能源密集型特征(Becken,2002;Frantál and Urbánková,2017)[③][④],能源消耗也应被认为是旅游经济增长的一项重要投入要素。为了响应全球气候变化问题,政府提出要减少旅游温室气体排放,采取了控制景区游客容量、减少旅游设施的能源消耗、引入低碳技术等措施。控制游客数量会减少旅游收入的来源,引入技术会增长成本,均会对旅游经济增长产生影响,而且技术进步及其传播速度取决于经济制度、激励和政府的作用(Sloman,2008)[⑤],代表对旅游污染排放约束的旅游环境规制被认为是资源环境约束下旅游经济增长动力之一。产出环境结构表征了旅游系统内部期望产出与非期望产出比例结构,从结构上反映了经济产出与污染排放的双向维度选择。基于以上论述,将旅游能源投入贡献、旅游环境规制贡献和产出环境结构贡献纳入旅游经济增长分解模型中。

[①] 罗浩,颜钰荛,杨旸. 中国各省的旅游增长方式"因地制宜"吗?——中国省际旅游增长要素贡献与旅游资源比较优势研究 [J]. 旅游学刊,2016,31(3):43—53.

[②] 杨天英,李许卡,曾瑶. 我国旅游经济增长方式及省际差异实证研究——基于省际面板数据 [J]. 经济体制改革,2017(4):64—69.

[③] Becken S. Analysing international tourist flows to estimate energy use associated with air travel [J]. Journal of Sustainable Tourism,2002,10(2):114—131.

[④] Frantál B,Urbánková R. Energy tourism:an emerging field of study [J]. Current Issues in Tourism,2017,20(13):1395—1412.

[⑤] 斯罗曼. 经济学 [M]. 郭庆旺,赵志耘,译. 北京:经济科学出版社,2008.

6.1.2 资源环境约束下旅游经济增长率分解模型的构建

基于第4章构建的两期方向性距离函数，结合实际旅游收入，可能处于生产前沿面最佳实践旅游收入，构建时期 t 的前沿旅游收入函数 OEP^B，具体公式如下：

$$OEP^B(x^t, y^t, c^t; g^t) = y^t[1+\vec{D}^B(x^t, y^t, c^t; g^t)] \quad (6.1)$$

同理，时期 $t+1$ 的前沿旅游收入函数为 OEP^{Bt+1}，具体公式如下：

$$OEP^{Bt+1}(x^{t+1}, y^{t+1}, c^{t+1}; g^{t+1}) = y^{t+1}[1+\vec{D}^B(x^{t+1}, y^{t+1}, c^{t+1}; g^{t+1})] \quad (6.2)$$

借鉴 Kumar 和 Russell（2002）[1] 增长分解和 Fisher（1921）[2] 指数分解思路，对受评地区 j' 的旅游收入增长进行如下分解：

---

[1] Kumar S, Russell R R. Technological change, technological catch-up, and capital deepening: relative contributions to growth and convergence [J]. American Economic Review, 2002, 92 (3): 527—548.

[2] Fisher I. The best form of index number [J]. Quarterly Publications of the American Statistical Association, 1921, 17 (133): 533—551.

$$TG = \frac{y_j^{t+1}}{y_j^t} = \underbrace{\frac{1 + \vec{D}^{Bk}(k_j^t, l_j^t, tr_j^t, e_j^t, y_j^t, c_j^t; y_j^t, -c_j^t, -x_j^t)}{1 + \vec{D}^{Bk+1}(k_j^{t+1}, l_j^{t+1}, tr_j^{t+1}, e_j^{t+1}, y_j^{t+1}, c_j^{t+1}; y_j^{t+1}, -c_j^{t+1}, -x_j^{t+1})}}_{TE}$$

$$\times \underbrace{\left[\frac{OEP^{Bk+1}(k_j^t, l_j^t, tr_j^t, e_j^t, y_j^t, c_j^t; y_j^t, -c_j^t, -x_j^t)}{OEP^{Bk}(k_j^t, l_j^t, tr_j^t, e_j^t, y_j^t, c_j^t; y_j^t, -c_j^t, -x_j^t)} \times \frac{OEP^{Bk+1}(k_j^{t+1}, l_j^{t+1}, tr_j^{t+1}, e_j^{t+1}, y_j^{t+1}, c_j^{t+1}; y_j^{t+1}, -c_j^{t+1}, -x_j^{t+1})}{OEP^{Bk}(k_j^{t+1}, l_j^{t+1}, tr_j^{t+1}, e_j^{t+1}, y_j^{t+1}, c_j^{t+1}; y_j^{t+1}, -c_j^{t+1}, -x_j^{t+1})}\right]^{1/2}}_{TP}$$

$$\times \underbrace{\left[\frac{OEP^{Bk}(k_j^t, l_j^t, tr_j^t, e_j^t, y_j^t, c_j^t; y_j^t, -c_j^t, -x_j^t)}{OEP^{Bk+1}(k_j^t, l_j^t, tr_j^t, e_j^t, y_j^t, c_j^t; y_j^t, -c_j^t, -x_j^t)} \times \frac{OEP^{Bk}(k_j^{t+1}, l_j^{t+1}, tr_j^{t+1}, e_j^{t+1}, y_j^{t+1}, c_j^{t+1}; y_j^{t+1}, -c_j^{t+1}, -x_j^{t+1})}{OEP^{Bk+1}(k_j^{t+1}, l_j^{t+1}, tr_j^{t+1}, e_j^{t+1}, y_j^{t+1}, c_j^{t+1}; y_j^{t+1}, -c_j^{t+1}, -x_j^{t+1})}\right]^{1/2}}_{KIE}$$

$$\times \underbrace{\left[\frac{OEP^{Bk}(k_j^t, l_j^t, tr_j^t, e_j^t, y_j^t, c_j^t; y_j^t, -c_j^t, -x_j^t)}{OEP^{Bk+1}(k_j^t, l_j^t, tr_j^t, e_j^t, y_j^t, c_j^t; y_j^t, -c_j^t, -x_j^t)} \times \frac{OEP^{Bk}(k_j^{t+1}, l_j^{t+1}, tr_j^{t+1}, e_j^{t+1}, y_j^{t+1}, c_j^{t+1}; y_j^{t+1}, -c_j^{t+1}, -x_j^{t+1})}{OEP^{Bk+1}(k_j^{t+1}, l_j^{t+1}, tr_j^{t+1}, e_j^{t+1}, y_j^{t+1}, c_j^{t+1}; y_j^{t+1}, -c_j^{t+1}, -x_j^{t+1})}\right]^{1/2}}_{LIE}$$

$$\times \underbrace{\left[\frac{OEP^{Bk}(k_j^t, l_j^t, tr_j^t, e_j^t, y_j^t, c_j^t; y_j^t, -c_j^t, -x_j^t)}{OEP^{Bk+1}(k_j^t, l_j^t, tr_j^t, e_j^t, y_j^t, c_j^t; y_j^t, -c_j^t, -x_j^t)} \times \frac{OEP^{Bk}(k_j^{t+1}, l_j^{t+1}, tr_j^{t+1}, e_j^{t+1}, y_j^{t+1}, c_j^{t+1}; y_j^{t+1}, -c_j^{t+1}, -x_j^{t+1})}{OEP^{Bk+1}(k_j^{t+1}, l_j^{t+1}, tr_j^{t+1}, e_j^{t+1}, y_j^{t+1}, c_j^{t+1}; y_j^{t+1}, -c_j^{t+1}, -x_j^{t+1})}\right]^{1/2}}_{TREE}$$

$$\times \underbrace{\left[\frac{OEP^{Bk}(k_j^t, l_j^t, tr_j^t, e_j^t, y_j^t, c_j^t; y_j^t, -c_j^t, -x_j^t)}{OEP^{Bk+1}(k_j^t, l_j^t, tr_j^t, e_j^t, y_j^t, c_j^t; y_j^t, -c_j^t, -x_j^t)} \times \frac{OEP^{Bk}(k_j^{t+1}, l_j^{t+1}, tr_j^{t+1}, e_j^{t+1}, y_j^{t+1}, c_j^{t+1}; y_j^{t+1}, -c_j^{t+1}, -x_j^{t+1})}{OEP^{Bk+1}(k_j^{t+1}, l_j^{t+1}, tr_j^{t+1}, e_j^{t+1}, y_j^{t+1}, c_j^{t+1}; y_j^{t+1}, -c_j^{t+1}, -x_j^{t+1})}\right]^{1/2}}_{EIE}$$

$$\times \underbrace{\left[\frac{OEP^{Bk}(k_j^t, l_j^t, tr_j^t, e_j^t, y_j^t, c_j^t; y_j^t, -c_j^t, -x_j^t)}{OEP^{Bk+1}(k_j^t, l_j^t, tr_j^t, e_j^t, y_j^t, c_j^t; y_j^t, -c_j^t, -x_j^t)} \times \frac{OEP^{Bk}(k_j^{t+1}, l_j^{t+1}, tr_j^{t+1}, e_j^{t+1}, y_j^{t+1}, c_j^{t+1}; y_j^{t+1}, -c_j^{t+1}, -x_j^{t+1})}{OEP^{Bk+1}(k_j^{t+1}, l_j^{t+1}, tr_j^{t+1}, e_j^{t+1}, y_j^{t+1}, c_j^{t+1}; y_j^{t+1}, -c_j^{t+1}, -x_j^{t+1})}\right]^{1/2}}_{CE}$$

$$\times \underbrace{\left[\frac{OEP^{Bk}(k_j^t, l_j^t, tr_j^t, e_j^t, y_j^t, c_j^t; y_j^t, -c_j^t, -x_j^t)}{OEP^{Bk+1}(k_j^t, l_j^t, tr_j^t, e_j^t, y_j^t, c_j^t; y_j^t, -c_j^t, -x_j^t)} \times \frac{OEP^{Bk}(k_j^{t+1}, l_j^{t+1}, tr_j^{t+1}, e_j^{t+1}, y_j^{t+1}, c_j^{t+1}; y_j^{t+1}, -c_j^{t+1}, -x_j^{t+1})}{OEP^{Bk+1}(k_j^{t+1}, l_j^{t+1}, tr_j^{t+1}, e_j^{t+1}, y_j^{t+1}, c_j^{t+1}; y_j^{t+1}, -c_j^{t+1}, -x_j^{t+1})}\right]^{1/2}}_{ESE}$$

(6.3)

其中，地区 j' 的旅游收入增长（TG）被分解为技术效率（TE）、技术进步（TP）、资本投入（KIE）、劳动力投入（LIE）、旅游资源禀赋（$TREE$）、旅游能源投入（EIE）、环境规制效应（CE）和产出环境结构（ESE）八个部分；技术效率表示地区 j' 旅游经济增长中由资源配置利用水平和规模集聚变化引致的部分，技术进步表示地区 j' 技术变化（或技术创新）所带来的旅游经济增长，技术效率和技术进步构成了全要素生产率（TFP）；资本投入、劳动投入、旅游资源禀赋和旅游能源投入分别表示各生产要素投入带来的旅游经济增长部分，这四项共同构成了资源要素投入（FIC）；环境规制效应表示由环境污染排放约束引致的旅游经济增长部分；产出环境结构表示旅游系统内部期望产出与非期望产出比例变化引致的旅游经济增长部分。

地区 j' 的旅游收入增长率为 $\Delta TG = \dfrac{y_{j'}^{t+1} - y_{j'}^{t}}{y_{j'}^{t}}$，通过 SDA 两极分解法（Dietzenbacher and Los，1998）[①]，对公式（6.3）进行分解，得到上述八项动力变化在旅游经济增长中的贡献，八项动力的贡献之和等于旅游收入增长率，具体如公式（6.4）所示：

---

① Dietzenbacher E, Los B. Structural decomposition techniques: sense and sensitivity [J]. Economic Systems Research, 1998, 10 (4): 307—324.

$$\begin{aligned}
\Delta TG = &\frac{1}{2}\underbrace{(TE^{t,t+1}-TE^{t,t})\times(1+TP^{t,t+1}\times KIE^{t,t+1}\times LIE^{t,t+1}\times TREE^{t,t+1}\times EIE^{t,t+1}\times ESE^{t,t+1}\times CE^{t,t+1})}_{\Delta TE}\\
&+\frac{1}{2}\underbrace{(TP^{t,t+1}-TP^{t,t})\times(TE^{t,t+1}+KIE^{t,t+1}\times LIE^{t,t+1}\times TREE^{t,t+1}\times EIE^{t,t+1}\times ESE^{t,t+1}\times CE^{t,t+1})}_{\Delta TP}\\
&+\frac{1}{2}\underbrace{(KIE^{t,t+1}-KIE^{t,t})\times(TE^{t,t+1}\times TP^{t,t+1}+LIE^{t,t+1}\times TREE^{t,t+1}\times EIE^{t,t+1}\times ESE^{t,t+1}\times CE^{t,t+1})}_{\Delta KIE}\\
&+\frac{1}{2}\underbrace{(LIE^{t,t+1}-LIE^{t,t})\times(TE^{t,t+1}\times TP^{t,t+1}\times KIE^{t,t+1}+TREE^{t,t+1}\times EIE^{t,t+1}\times ESE^{t,t+1}\times CE^{t,t+1})}_{\Delta LIE}\\
&+\frac{1}{2}\underbrace{(TREE^{t,t+1}-TREE^{t,t})\times(TE^{t,t+1}\times TP^{t,t+1}\times KIE^{t,t+1}\times LIE^{t,t+1}+EIE^{t,t+1}\times ESE^{t,t+1}\times CE^{t,t+1})}_{\Delta TREE}\\
&+\frac{1}{2}\underbrace{(EIE^{t,t+1}-EIE^{t,t})\times(TE^{t,t+1}\times TP^{t,t+1}\times KIE^{t,t+1}\times LIE^{t,t+1}\times TREE^{t,t+1}+ESE^{t,t+1}\times CE^{t,t+1})}_{\Delta EIE}\\
&+\frac{1}{2}\underbrace{(ESE^{t,t+1}-ESE^{t,t})\times(TE^{t,t+1}\times TP^{t,t+1}\times KIE^{t,t+1}\times LIE^{t,t+1}\times TREE^{t,t+1}\times EIE^{t,t+1}+CE^{t,t+1})}_{\Delta ESE}\\
&+\frac{1}{2}\underbrace{(CE^{t,t+1}-CE^{t,t})\times(TE^{t,t+1}\times TP^{t,t+1}\times KIE^{t,t+1}\times LIE^{t,t+1}\times TREE^{t,t+1}\times EIE^{t,t+1}\times ESE^{t,t+1}+1)}_{\Delta CE}
\end{aligned} \quad (6.4)$$

将公式（6.4）两端同时除以 ΔTG，则得到旅游经济增长中技术效率变化（ΔTE）、技术进步变化（ΔTP）、资本投入变化（ΔKIE）、劳动投入变化（ΔLIE）、旅游资源禀赋变化（$\Delta TREE$）、旅游能源投入变化（ΔEIE）、环境规制效应变化（ΔCE）和产出环境结构变化（ΔESE）八项动力在旅游经济增长率的贡献度。技术效率变化表示由资源配置利用水平和规模集聚变化带来的旅游经济增长率变化，又称为对生产可能性边界的追赶效应（catch-up effect）；技术进步表示由技术变化或技术创新带来的旅游经济增长率变化（technical change or innovation）。技术效率变化与技术进步变化构成了全要素生产率变化（ΔTFP）。资本投入变化、劳动投入变化、旅游资源禀赋变化与旅游能源投入变化分别表示这些要素投入量变化所带来的旅游经济增长率变化，这四项共同构成了资源要素投入变化（ΔFIC）。环境规制效应变化表示对环境污染排放采取措施导致的旅游经济增长率变化。产出环境结构变化表示旅游系统内部期望产出与非期望产出比例结构变化带来的旅游经济增长率变化。根据贡献度的大小判定和解读旅游经济增长方式：当全要素生产率变化正向贡献度最大时，划分为集约型旅游经济增长；当资源要素投入变化负向贡献度最大时，划分为粗放型旅游经济增长；当产出环境结构正向贡献度最大时，划分为环境友好型旅游经济增长；当环境规制效应负向贡献度最大时，划分为污染型旅游经济增长。

6.1.3 数据来源

研究以中国 30 个省（区、市）2005—2014 年旅游经济活动为实证对象，探讨资源环境约束下旅游经济增长动力，涉及的数据及其来源如下：①旅游收入（Y）由国内旅游收入与国际旅游收入（按当年汇率折算成人民币）合计得到，并以 2004 年居民消费价格指数为基期进行平减，剔除旅游收入的价格波动，数据来源于 2006—2015 年 30 个省（市或自治区）的《国民经济和社会发展统计公报》与地区统计年鉴；②旅游资本投入（K）由旅游固定资产原值表示，数据来源于 2006—2015 年《中国旅游统计年鉴（副本）》，并以 2004 年固定资产投资价格指数为基期进行平减，剔除价格波动；③旅游劳动力投入（L）由旅游年末从业人数表示，数据来源于 2006—2015 年《中国旅游统计年鉴（副本）》；④旅游资源禀赋（TR）由 4.2 节得到；⑤旅游能源消耗量（E）由 3.2 节计算得到；⑥旅游二氧化碳排放量（C）由 3.2 节计算得到。

6.2 实证分析与讨论

以 2005—2014 年全国 30 个省（区、市）为研究对象，依次编写公式（6.1）～（6.3）的程序语言，借助 Matlab 2014a 软件得到资源环境约束下旅游经济增长动力贡献及其贡献度，据此分析旅游经济增长方式的类型，识别资源环境约束下旅游经济增长状态，并对旅游经济可持续增长战略选择提供政策建议。

6.2.1 资源环境约束下旅游经济增长动力分析

表 6.1 报告了 2005—2014 年全国层面上，技术效率变化（ΔTE）、技术进步变化（ΔTP）、资本投入变化（ΔKIE）、劳动投入变化（ΔLIE）、旅游资源禀赋变化（$\Delta TREE$）、旅游能源投入变化（ΔEIE）、环境规制效应变化（ΔCE）和产出环境结构变化（ΔESE）八项增长动力对旅游经济增长率变化的贡献。在整个样本分析期间，资源要素投入（ΔFIC）贡献绝对值多数时期超过全要素生产率（ΔTFP）贡献，说明我国旅游经济增长的主要动力是资源要素投入，旅游经济属于粗放型增长方式。这呼应了黄秀娟（2009）[1]、左冰和保继刚（2008）[2]、杨天英等（2017）[3] 的研究结论，认为要素投入在旅游经济增长中占主导地位，中国旅游业属于要素驱动型的外延式增长。然而，在资源环境约束下的旅游经济增长过程中，资源要素投入（ΔFIC）贡献为负，对旅游经济的可持续增长起阻碍作用，说明资源要素存在大量冗余；全要素生产率（ΔTFP）和产出环境结构变化（ΔESE）对旅游经济增长正向贡献，环境规制效应变化（ΔCE）对旅游经济增长负向贡献。2006—2007 年旅游收入增长率因为全要素生产率贡献下降而下降，2009—2010 年旅游收入增长率也因为全要素生产率贡献的提高而上升，2011 年旅游收入增长率随着全要素生产率贡献的下降而变小。全要素生产率是资源环境约束下旅游经济增长的关键，也是旅游提质增效实现转型升级的主要推手，这与《国务院关于促进旅游业改革发展的若干意见（2014）》政策认为旅游经济持续增长需要走生产率提高的集约型道路观点相一致。

---

[1] 黄秀娟. 中国旅游产业经济增长的因素贡献分析 [J]. 技术经济, 2009, 28 (7): 67–72.
[2] 左冰, 保继刚. 1992—2005 年中国旅游业全要素生产率及省际差异 [J]. 地理学报, 2008, 63 (4): 417–427.
[3] 杨天英, 李许卡, 曾瑶. 我国旅游经济增长方式及省际差异实证研究——基于省际面板数据 [J]. 经济体制改革, 2017 (4): 64–69.

表 6.1　2005—2014 年资源环境约束下旅游经济增长动力的贡献（%）

增长动力	2005—2006	2006—2007	2007—2008	2008—2009	2009—2010	2010—2011	2011—2012	2012—2013	2013—2014
ΔTFP	46.36%	32.27%	27.07%	26.35%	53.78%	67.50%	44.62%	42.42%	23.12%
ΔTE	−1.74%	−3.95%	0.20%	−9.80%	12.71%	3.79%	−3.10%	−1.68%	26.16%
ΔTP	48.10%	36.22%	26.86%	36.15%	41.07%	63.71%	47.72%	44.10%	−3.04%
ΔFIC	−47.18%	−40.75%	−20.14%	−108.83%	−41.14%	−145.17%	−113.66%	−218.49%	−49.36%
ΔKIE	−28.81%	−15.39%	−3.63%	−18.25%	−5.40%	−80.73%	−26.09%	−20.07%	−3.53%
ΔLIE	0.99%	−0.71%	−3.51%	0.66%	−10.02%	−0.19%	−2.36%	−2.52%	0.14%
$\Delta TREE$	0.92%	1.60%	0.49%	0.69%	−0.34%	−1.00%	1.33%	−0.70%	−0.05%
ΔEIE	−20.29%	−26.26%	−13.49%	−91.94%	−25.38%	−63.25%	−86.53%	−195.21%	−45.92%
ΔCE	−3.93%	−2.32%	−2.88%	−2.61%	−7.05%	−3.94%	−3.27%	−3.51%	−1.67%
ΔESE	35.36%	36.75%	14.14%	103.56%	26.93%	115.30%	101.26%	203.34%	49.57%
ΔTG	30.61%	25.95%	18.19%	18.47%	32.53%	33.69%	28.95%	23.77%	21.66%

除了全要素生产率的积极作用，本研究发现产出环境结构的优化也有利于实现旅游经济可持续增长。产出环境结构代表的是旅游系统内部期望产出与非期望产出的比例结构。旅游系统内部包含了食住行游购娱部门，每个部门期望产出与非期望产出的比值不同，比如旅游购物单位收入环境污染值较低，旅游交通单位收入环境污染值较高，调整不同环境特质部门的结构能够帮助旅游经济可持续增长。环境规制效应是在资源环境约束下特有的增长动力，当环境污染排放越高，环境约束力越弱，对旅游经济增长负向贡献。下文根据各增长动力的平均贡献从大到小依次对资源要素投入、产出环境结构、全要素生产率和环境规制效应动力进行详细分析。

全国层面上，资源要素投入变化对资源环境约束下旅游经济增长率变化的年均贡献为−87.19%，贡献度为−448.36%，贡献绝对值在 2005—2008 年间逐步下降，资源要素冗余在资源环境约束下旅游经济增长中的负面作用下降；然而在遭受了全球金融危机后，为了扩大内需，进行产业结构调整，2009 年国务院将旅游定位为战略性产业，提出加快发展旅游，大量资源要素涌入旅游经济生产过程，资源要素投入的贡献绝对值从 20.14% 激增到 108.83%，导致在 2009 年后资源要素投入贡献绝对值一直居高不下，直到 2014 年促进旅游改革发展，调整旅游资源要素投入，资源要素投入贡献绝对值才有所下降。可见大量资源要素涌入虽然推动旅游经济增长，但造成了资源要素冗余，不利于旅游经济可持续增长。细分资源要素投入贡献，可以进一步得到资本投入、劳动投入、旅游资源禀赋和旅游能源投入对资源环境约束下旅游经济增长的贡献，旅游能源投入的年均贡献为−63.14%，贡献度为−56.73%；资本投入年均贡献为−22.43%，贡献度为−96.38%；旅游劳动投入年均贡献为−1.95%，贡献度为−8.61%；旅游资源禀赋投入年均贡献为0.33%，贡献度为1.75%。资本投入贡献与旅游能源投入贡献是主要的资源要素投入贡献，远远超过旅游劳动力投入贡献和旅游资源投入贡献。资本投入一直被认为是旅游经济增长的重要动力（左冰，2011；饶品样，2012；吴玉鸣，2014)[①][②][③]。资本的深化使得单位资本吸收的劳动力下降（吴琳萍，2017)[④]，而且以往的研究中忽视旅游能源消耗投入，实际上将旅游能源投入纳入旅游经济增长动力分析框架后，劳动力投入的作用就更弱了，资本的增加使得能源消耗的密度增大。旅游能源投入对旅游增长贡献的绝对值在2009年大幅增加，达到91.94%，是资源要素投入贡献变动的主要因素，直到样本分析期末仍然如此，贡献绝对值为45.92%，占有56.73%的贡献率。从旅游能源投入贡献实证结果能够得出旅游能源消耗将会是资源环境约束下旅游经济增长进程中的重要制约资源。此外，资源要素投入分解分析得出旅游从业人数流失对旅游经济增长产生了负面效应，旅游资源禀赋存量的增长对旅游经济增长有正面效应。

产出环境结构变化对资源环境约束下旅游经济增长率变化的年均贡献为76.25%，贡献度为401.55%，在整个分析期间为正向贡献，意味着旅游系统内部食住行游购娱各部门的收入与污染排放比例结构是资源环境约束下旅游经济增长的重要动力。但这不代表产出环境结构合理，因为此处为年均贡献值，是对历史变化轨迹的概括，从而对未来的发展做出预判，只能得出在资源环境约束下的旅游经济增长需要平衡经济收入与污染排放的双向维度选择。

全要素生产率对资源环境约束下旅游经济增长的年均贡献为40.39%，贡献度为158.51%，整个样本分析期间一直对旅游经济增长起积极作用。在2008年、2010年和样本分析期末，全要素生产率对旅游经济增长的贡献超过资源要素投入。分析全要素生产率变化与资源要素投入变化对旅游经济增长率变化的贡献，可以发现在资源环境约束下的旅游经济增长进程中，不仅需要从要素驱动转向全要素生产率驱动，还需要改善资源要素投入在旅游

---

① 左冰.中国旅游经济增长因素及其贡献度分析[J].商业经济与管理，2011，1（10）：82−90.

② 饶品样.中国旅游产业增长的技术因素及其贡献分析[J].郑州大学学报：哲学社科版，2012，45（4）：69−72.

③ 吴玉鸣.旅游经济增长及其溢出效应的空间面板计量经济分析[J].旅游学刊，2014，29（2）：16−24.

④ 吴琳萍.中国旅游业全要素生产率的估算[J].统计与决策，2017（9）：135−139.

经济生产活动中的负向贡献。进一步分析全要素生产率变化中技术进步与技术效率变化对资源环境约束下旅游经济增长率变化的贡献：技术进步年均贡献37.88%，贡献度为137.41%；技术效率变化年均贡献2.51%，贡献度为21.10%。技术进步是全要素生产率变化的主要原因，也是资源环境约束下旅游经济增长率变化的主要积极动力。这与查建平等（2017）[①] 得出的技术创新或技术进步是旅游经济增长的重要动力研究结论相一致。

环境规制效应对资源环境约束下旅游经济增长的年均贡献为-3.46%，贡献度为-11.70%，一直对旅游经济增长起负向贡献，旅游经济增长仍然以生态环境为代价，但在样本期末其贡献绝对值有所下降，旅游经济增长方式有向环境友好型发展的趋势。

6.2.2 资源环境约束下旅游经济增长动力区域差异

图6.1至图6.3报告了2005—2014年间东部、中部和西部地区资源环境约束下旅游经济增长动力。

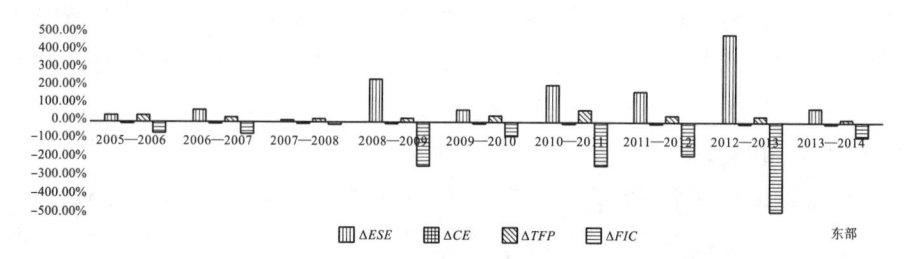

图6.1 2005—2014年东部资源环境约束下旅游经济增长源泉

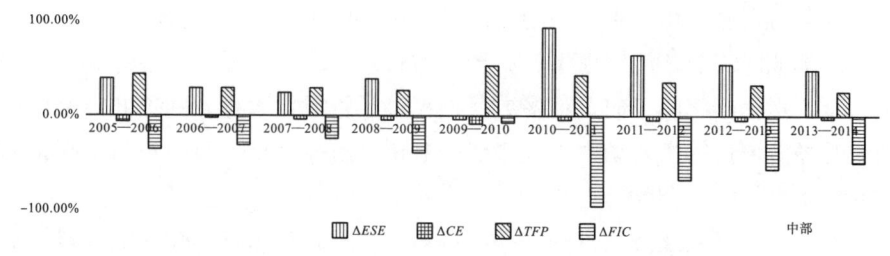

图6.2 2005—2014年中部资源环境约束下旅游经济增长源泉

---

① 查建平，贺腊梅，舒皓羽. 中国旅游经济增长源泉分解及其时空演化特征 [J]. 长江流域资源与环境，2017，26（12）：1981-1990.

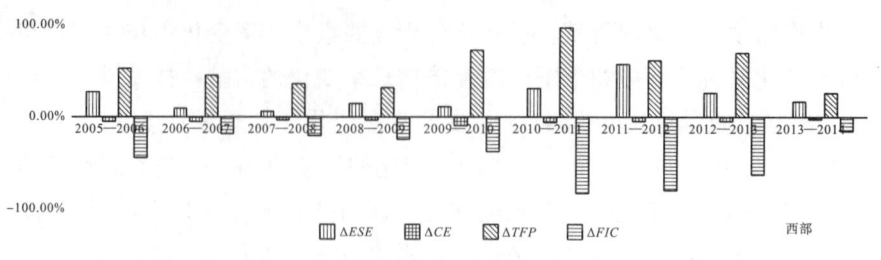

图 6.3　2005—2014 年西部资源环境约束下旅游经济增长源泉

东部地区，除了 2007—2008 年全要素生产率的正向贡献超过了资源要素投入负向贡献，其余分析时期资源要素投入一直是旅游经济增长的最大负向贡献，说明在资源环境约束的旅游经济增长进程中，资源要素投入不合理，需要进行优化配置。在四项资源要素投入动力中，旅游能源投入变化是导致资源要素投入动力负向贡献的主要动因，旅游能源消耗将会是东部地区资源环境约束下旅游经济增长进程中的重要制约资源。其次，产出环境结构和全要素生产率变化对资源环境约束下旅游经济增长率变化正向贡献，环境规制效应变化为负向贡献。全要素生产率变化主要受技术进步影响，所以技术进步是东部地区旅游经济增长的关键。总的来说，东部地区资源环境约束下旅游经济增长动力与全国整体情况相似，这大概与其旅游收入占全国旅游收入比重高相关。

中部地区，资源要素投入仍然是资源环境约束下旅游经济增长的最大负向贡献，但全要素生产率的正向贡献与资源要素投入的负向贡献绝对值差距缩小。这主要是由于旅游资本投入变化的负向贡献下降，中部地区旅游资本投入冗余对资源环境约束下旅游经济增长的负向贡献低于东部地区。

西部地区资源环境约束下旅游经济增长的主要动力不同于中部和东部地区，全要素生产率的正向贡献多数时期超过了资源要素投入的负向贡献，成为旅游经济增长的主要动力。这主要得益于旅游能源投入负向贡献下降带来资源要素投入负向贡献变小。

通过对比三大经济地带的旅游经济增长动力，得出资本投入的大量增加能够短期内提高旅游经济增长，但如果不进行合理配置，冗余的资本会对旅游经济增长产生负向贡献，依赖资本增加推动的旅游增长不稳定，不利于旅游经济可持续增长。

6.2.3　各地方资源环境约束下旅游经济增长方式

以往的研究按照增长动力贡献度是否超过 50% 对旅游经济增长方式进

行分类（罗浩等，2016）[①]，在本研究中，基于上文增长动力贡献度实证结果，可以发现贡献度超过50%不能准确衡量出资源环境约束下旅游经济增长方式，因此本研究依据各地方旅游经济增长中贡献最大的增长动力，判定并解读各地方资源环境约束下旅游经济增长方式。

表6.2报告了整个样本分析期间各省（区、市）旅游经济增长最大增长动力的变化。可以看到浙江省、内蒙古自治区、吉林省、山西省、湖北省、广西壮族自治区、重庆市、陕西省和甘肃省旅游经济增长在整个样本分析期间主要增长动力是全要素生产率，属于集约型旅游经济增长。当然这不意味着这些地方不存在资源投入浪费的负向贡献，只是全要素生产率的正向贡献超过了资源要素投入的贡献。另外一些省（区、市）在2005—2014年期间多数时期属于全要素生产率驱动，比如北京市除了2009年资源要素投入的负向贡献超过了全要素生产率，其余分析期间一直是全要素生产率为主要增长动力；上海市旅游经济增长也多数为全要素生产率驱动，只有2011年资源要素投入的负向贡献超过了全要素生产率；海南省旅游经济增长也多数为全要素生产率驱动，只有2008年资源要素投入的负向贡献超过了全要素生产率；黑龙江省旅游经济增长的主要动力在2005—2013年间都是全要素生产率，2014年主要动力为产出环境结构，属于集约和环境友好型旅游经济增长方式；湖南省旅游经济增长除在样本期初由资源要素投入主要驱动，属于粗放型旅游经济增长外，其余时期都由全要素生产率主要驱动，属于集约型增长；四川省旅游经济增长方式也整体属于集约型增长，只有2013年资源要素投入负向贡献超过全要素生产率；云南省旅游经济增长也属于集约型，只有在2005—2006年由产出环境恶化抑制了旅游经济增长；山东省旅游经济增长整个样本分析期间主要增长动力为全要素生产率和产出环境结构，只有2013年为资源要素投入。

表6.2 各省（区、市）资源环境约束下旅游经济增长的主要动力

区域	2005—2006	2006—2007	2007—2008	2008—2009	2009—2010	2010—2011	2011—2012	2012—2013	2013—2014
北京市	TFP	TFP	TFP	FIC	TFP	TFP	TFP	TFP	TFP
天津市	FIC	FIC	TFP	FIC	FIC	FIC	FIC	TFP	FIC
河北省	TFP	FIC	TFP	TFP	FIC	FIC	FIC	FIC	ESE

---

① 罗浩，颜钰荛，杨旸. 中国各省的旅游增长方式"因地制宜"吗？——中国省际旅游增长要素贡献与旅游资源比较优势研究[J]. 旅游学刊，2016，31（3）：43-53.

续表

区域	2005—2006	2006—2007	2007—2008	2008—2009	2009—2010	2010—2011	2011—2012	2012—2013	2013—2014
辽宁省	TFP	TFP	TFP	TFP	TFP	FIC	FIC	FIC	FIC
上海市	TFP	TFP	TFP	TFP	FIC	TFP	TFP	TFP	TFP
江苏省	FIC	FIC	FIC	FIC	FIC	FIC	FIC	FIC	FIC
浙江省	TFP	TFP	TFP	TFP	TFP	TFP	TFP	TFP	TFP
福建省	FIC	TFP	FIC	FIC	TFP	FIC	ESE	ESE	TFP
山东省	TFP	TFP	TFP	TFP	TFP	TFP	TFP	FIC	ESE
广东省	TFP	TFP	TFP	FIC	TFP	TFP	FIC	FIC	TFP
海南省	TFP	ESE	FIC	TFP	TFP	TFP	FIC	TFP	TFP
山西省	TFP	TFP	TFP	TFP	TFP	TFP	TFP	TFP	TFP
内蒙古自治区	TFP	TFP	TFP	TFP	TFP	TFP	TFP	TFP	TFP
吉林省	TFP	TFP	TFP	TFP	TFP	TFP	TFP	TFP	TFP
黑龙江省	TFP	TFP	TFP	TFP	TFP	TFP	TFP	TFP	ESE
安徽省	ESE	FIC	FIC	ESE	TFP	FIC	FIC	TFP	TFP
江西省	TFP	TFP	TFP	TFP	TFP	FIC	FIC	ESE	TFP
河南省	FIC	FIC	FIC	FIC	TFP	FIC	FIC	FIC	TFP
湖北省	TFP	TFP	TFP	TFP	TFP	TFP	TFP	TFP	TFP
湖南省	FIC	TFP	TFP	TFP	TFP	TFP	TFP	TFP	TFP
广西壮族自治区	TFP	TFP	TFP	TFP	TFP	TFP	TFP	TFP	TFP
重庆市	TFP	TFP	TFP	TFP	TFP	TFP	TFP	TFP	TFP
四川省	TFP	TFP	TFP	TFP	TFP	TFP	TFP	FIC	TFP
贵州省	ESE	TFP	TFP	ESE	TFP	FIC	ESE	FIC	FIC
云南省	TFP	ESE	TFP	TFP	TFP	TFP	TFP	TFP	TFP
陕西省	TFP	TFP	TFP	TFP	TFP	TFP	TFP	TFP	TFP
甘肃省	TFP	TFP	TFP	TFP	TFP	TFP	TFP	TFP	TFP
青海省	FIC	FIC	FIC	FIC	FIC	FIC	FIC	FIC	ESE
宁夏回族自治区	FIC	FIC	FIC	FIC	FIC	FIC	FIC	FIC	FIC
新疆维吾尔自治区	TFP	TFP	TFP	ESE	TFP	TFP	TFP	FIC	TFP

注：TFP 表示全要素生产率，FIC 表示资源要素投入，ESE 表示产出环境结构

相较于大部分时期处于集约或环境友好型旅游经济增长方式的地方，江苏省和宁夏回族自治区旅游经济增长在整个样本分析期间一直是资源要素投入负向贡献最大，属于资源冗余的粗放型旅游经济增长。另外一些省（区、市）旅游经济增长在 2005—2014 年多数时期也属于粗放型。比如天津市除了 2013 年全要素生产率贡献超过资源要素投入，其余时期旅游经济增长均由资源要素投入驱动；青海省旅游经济增长一直属于粗放型方式，直到 2013 年后产出环境结构效应超过资源要素投入贡献，转向环境友好型增长方式；河南省旅游经济增长也一直属于粗放型，直到 2014 年全要素生产率增长动力超过资源要素投入，转向集约型增长。另外还有河北省、辽宁省、福建省、广东省、安徽省、江西省和贵州省旅游经济增长方式在整个样本期间交替转换。比如辽宁省在 2005—2010 年期间为集约型增长，2010 年后呈现资源浪费的粗放型增长。

在分析各地资源环境约束下旅游增长动力变化时，发现虽然技术进步带来了多数省（区、市）旅游经济增长从资源冗余的粗放型方式向集约型转变，但也同时存在没有明显的技术、制度或管理变化的全要素生产率驱动。传统上全要素生产率解释除投入要素外不能识别的影响经济增长变动的因素包含先进设备、技术、专利和技术创新，组织管理水平等内涵（Hulten, 2001）[①]。但旅游活动具有其独特性，基于需求端，由各种产品或服务的消费者需求性质所定义（Smith, 2017）[②]，即使供给端能力不足，但急速膨胀的旅游需求也会促进全要素生产率提升。这印证了查建平（2019）[③] 提出的市场需求是影响旅游全要素生产率重要组成部分这一观点。

6.3　本章小结

基于绿色经济增长理论，本章在两期方向性距离函数基础上，结合 Fisher 指数分解和 SDA 两极分解法，构建了资源环境约束下旅游经济增长率分解模型，分解出资源环境约束下旅游经济增长的八项动力，分别是技术效率变化、技术进步变化、资本投入变化、劳动投入变化、旅游资源禀赋变

[①]　Hulten C R. Total factor productivity: a short biography [M] //New developments in productivity analysis. Chicago: University of Chicago Press, 2001: 1–54.
[②]　Smith S L J. Practical tourism research [M]. 2nd ed. Oxfordshire: CABI, 2017.
[③]　查建平. 改革开放 40 年中国旅游产业效率演变及规律 [J]. 旅游学刊, 2019 (1): 5–6.

化、旅游能源投入变化、环境规制效应变化和产出环境结构变化,以2005—2014年我国30个省(区、市)为实证对象,得到以下结论:

我国旅游经济增长的主要动力仍然是资源要素投入,属于要素驱动的粗放型增长,这与我国新常态经济和绿色发展的战略目标不相符,不利于旅游经济可持续增长。资源要素投入在不考虑资源环境约束的旅游经济增长中表现出正向贡献,而在资源环境约束下的旅游经济增长中表现出负向贡献,表明我国旅游经济增长过程中存在资源要素投入冗余、过度投资、配置不合理或资源浪费等情况。在多元化的旅游需求阶段,因为资源稀缺性约束的收紧和要素驱动中的同质化建设造成的沉没成本,亟待转变旅游经济增长方式。此外,该实证结果也说明资源环境约束下旅游经济增长动力扮演的角色与传统旅游经济增长动力存在差异,基于资源与环境视角的旅游经济增长动力研究具有理论意义。

通过将资源要素投入贡献细分为资本投入、劳动力投入、旅游资源禀赋和旅游能源投入对资源环境约束下旅游经济增长的贡献,得出资本投入、能源投入和劳动力投入年均贡献为负值,旅游资源禀赋年均贡献为正值,说明在资源要素投入环节的冗余或配置不合理出现在劳动、能源和资本三方面,尤其是能源消耗将会是资源环境约束下旅游经济增长进程中的重要制约资源。资本投入贡献与能源投入贡献是引起资源要素投入贡献变动的关键动力,远远超过劳动力投入和旅游资源投入。这从杨天英等(2017)[①]的研究分析中可以看出,资本投入贡献率为48.71%,劳动力投入贡献率为2.89%,只是受限于回归分析方法只能反映变量之间的平均变化关系,使得结果无法准确反映每一年旅游驱动要素动态变化。本研究基于非参数模型分解分析能够准确判断旅游经济增长动力。

全要素生产率提高与产出环境结构优化是实现我国旅游经济可持续增长的主要推手。全要素生产率提高包括与旅游相关技术、先进设备、专利、工艺、技术创新、引进及吸收,组织与管理方法的改进,制度变革红利等(Colino et al.,2014)[②]。对全要素生产率进行技术进步和技术效率变化细分,得出技术进步是旅游经济增长的关键,这与旅游经济领域互联网应用助推效应紧密相关。环境规制效应对旅游经济增长为负向贡献但呈下降趋势,

---

① 杨天英,李许卡,郭达. 不同旅游资源对区域旅游经济增长的影响研究——基于中国省际面板数据分析[J]. 生态经济,2017,33(6):105-109.

② Colino A, Benito-Osorio D, Rueda-Armengot C. Entrepreneurship culture, total factor productivity growth and technical progress: patterns of convergence towards the technological frontier [J]. Technological Forecasting and Social Change,2014,88:349-359.

当前我国旅游经济增长仍然以生态环境为代价,但有向环境友好型增长方式发展的趋势。

通过东中西三大经济地带资源环境约束下旅游经济增长源泉的分解结果,得出资源要素投入过度是东部地区旅游经济可持续增长的最大抑制因素;中部地区资源要素投入虽然也是旅游经济增长的最大负向贡献,但它与全要素生产率的正向贡献差距缩小,其资本投入的负向贡献低于东部地区;西部地区全要素生产率逐渐成为旅游经济增长的主要动力;中部与西部地区旅游收入年均增长率超过东部地区,东部地区需要解决资源冗余的问题,改善资源要素投入的负向贡献。

通过对各省(区、市)旅游经济增长方式的划分,可以得出越来越多的地方全要素生产率或者产出环境结构对资源环境约束下旅游经济增长贡献超过资源要素投入贡献,旅游经济增长方式愈发趋于集约型和环境友好型。技术进步带来了多数省(区、市)旅游经济增长从资源冗余的粗放型方式向集约型转变,旅游需求是全要素生产率提升的组成部分。

7 研究结论与展望

7.1 研究结论

本研究系统梳理了资源稀缺、环境污染以及旅游经济增长的相关理论与研究进展,认为资源环境不仅是旅游经济增长的内生变量,还是制约因素,建立了资源环境约束下旅游经济增长的研究设计。首先,运用改进的脱钩模型对旅游经济增长与资源环境的关系进行检验;其次将边界非参数分析应用于资源环境约束下旅游经济增长质量研究,并计量估计了影响资源环境约束下旅游经济增长质量的外部因素;最后用边界非参数与 SDA 两极分解法分析资源环境约束下旅游经济增长动力,判定解读旅游经济增长方式。本研究实证分析结论如下:

(1) 在旅游经济增长与资源环境关系研究方面,全国 30 个省(区、市)旅游总收入从 2005 年 17918.60 亿元增长到 2014 年的 93369.72 亿元,旅游环境污染排放着从 20068.05 万吨上升到 97108.83 万吨,旅游并非传统意义上的无烟产业,其环境污染排放应当引起政府与学界的重视。在旅游污染排放中,交通运输、仓储和邮政业中旅游消费带来的环境污染排放占旅游污染排放总量的 71.25%,是主要的旅游污染排放部分。批发、零售、住宿和餐饮业中旅游消费带来的环境污染排放占比为 28.75%,虽然远远低于旅游交通运输、仓储和邮政业污染排放量,但它在整个样本期间呈现快速增长趋势,所以批发、零售、住宿和餐饮环节的旅游消费排放污染也不容忽视。从东中西三大经济地带来看,东部地区旅游污染排放量远远高于中部与西部地区,这与旅游总收入呈现东高西低的空间格局相一致;但从旅游污染排放的年均增长率来看,东部地区低于中部与西部地区,这也与旅游总收入的年均增长率空间格局相一致。这一实证结果表明中部与西部旅游经济追赶效应明显,在地区经济发展中更重视旅游经济增长,经济快速增长带来的环境污染排放增长速度也快,同时也说明只以旅游环境污染排放减少为目标的旅游发展规划并不合理,应当考虑到不同地区处于不同的旅游经济发展阶段。就单个地方而言,广东省、上海市、北京市、浙江省、辽宁省、山东省和江苏省在整个样本分析时期一直处于旅游环境污染排放高的状况。

利用旅游经济增长与资源环境脱钩指数模型,将旅游经济增长与资源环境关系划分为代表绿色增长的强脱钩、代表相对绿色增长的弱脱钩、代表非绿色增长的扩张负脱钩、强负脱钩、弱负脱钩、衰退脱钩与过渡状态的增加联结、衰退联结八个状态,通过实证分析得出全国整体上旅游经济增长与资源环境关系维持在弱脱钩状态,只有 2011—2012 年期间处于扩张负脱钩状态外。我国旅游经济增长与资源环境还未实现强脱钩状态,旅游经济增长受资源环境约束。为了揭示旅游经济增长与资源环境关系背后的隐藏原因,构建了旅游经济增长与资源环境脱钩分解模型,得出影响某一时期旅游经济增长与资源环境脱钩状态形成的五项因素,分别是游客规模、旅游业产出规模、旅游产业结构、旅游能源强度和旅游能源碳排放强度脱钩指数效应。反映旅游人次的游客规模脱钩指数是形成旅游经济增长与资源环境某一脱钩状态的主要贡献因素,也是阻碍二者达到强脱钩状态的主要因素。反映游客消费边际污染排放的旅游业产出规模脱钩指数对形成二者强脱钩状态的作用时正时负,当旅游消费边际污染排放高时呈现抑制作用,当旅游消费边际污染排放低时起促进作用。反映旅游收入构成的旅游产业结构脱钩指数对形成二者强脱钩状态的作用也时正时负,当旅游游览、购物、娱乐、住宿、餐饮收入与旅游交通、邮电收入比值越大时越有利于促进形成旅游经济增长与资源环境强脱钩状态。推动旅游经济增长与资源环境强脱钩状态形成的主要因素是代表旅游能源效率的旅游能源强度脱钩指数,旅游能源碳排放强度脱钩指数也是有利于促进形成两者强脱钩状态的因素,但贡献作用不明显。就单个地方而言,陕西省是唯一一个在整个样本期间旅游环境污染增速一直低于旅游经济增长速度的地方,能源强度脱钩指数和产业结构脱钩指数的积极作用超过了游客规模指数和产出规模脱钩指数的消极作用,促使它只有弱脱钩、强脱钩和增长联结三种状态。重庆市、贵州省、云南省和甘肃省在整个样本期间频繁出现扩张负脱钩状态,说明虽然旅游污染排放呈现东高西低状态,但并不意味着西部地区的旅游经济属于可持续增长。仅以旅游污染排放量为指标来判断旅游可持续发展容易出现偏差,相较而言,旅游经济增长与资源环境脱钩指数作为旅游可持续发展指标更全面准确。

(2) 基于旅游经济增长受资源环境约束,对资源环境约束下旅游经济增长质量进行了实证分析,得出全国整个样本期间资源环境约束下旅游效率均值为 0.718,高于传统旅游效率均值(0.491),说明若不考虑资源环境约束,存在旅游效率被低估的状况,旅游无效率来源中 93.20% 来自产出无效

率；考虑资源环境约束后产出无效率的贡献度下降到52.73%。追求旅游收入的必要性下降，有助于旅游政策制定者和行业管理者将旅游发展战略目标从经济数量扩张转向经济质量提升。这证明了考虑资源环境约束的旅游经济才是与新常态经济相符合的。实证分析得出整个样本期间资源环境约束下旅游效率最优的是青海省和宁夏回族自治区，虽然这不代表这两个地方具有绝对好的旅游资源环境，但能够说明这两个地方具有更好的资源环境绩效；资源环境约束下旅游效率最低的是新疆维吾尔自治区。

资源环境约束下旅游效率反映了既定时期各省（区、市）旅游增长质量的水平差距，可通过构建旅游环境全要素生产率指数来反映资源环境约束下旅游经济增长质量动态变化。实证分析得出整个样本期间全国旅游环境全要素生产率呈现增长趋势，主要由技术进步驱动，但受到技术效率的抑制作用，增长幅度不高，技术进步是资源环境约束下旅游增长质量提高的关键。整个分析期间东部地区旅游环境全要素生产率呈下降趋势，中部与西部地区呈上升趋势。技术进步仍然是三个经济地带旅游环境全要素生产率变化的核心动力，但西部地区技术效率变化的贡献作用明显强于东部与中部地区。技术进步是旅游环境全要素生产率变化的主要内部原因，这与以往技术进步是旅游全要素生产率变化动力的研究结果相一致，但是技术进步仍然是一个较为宽泛的概念。

为了进一步明确旅游环境全要素生产率的变动影响因素，本研究通过Luenberger生产率指数对技术进步、技术效率和旅游环境全要素生产率进行了投入产出分解，分解为劳动节省、资本节约、资源禀赋利用、能源节约、产出增长和环境治理相关的技术进步与技术效率，实证得出：在全国层面上，与产出增长相关的技术进步推进了旅游环境全要素生产率提升，但推动作用有限；劳动节省效率变化、资本节约效率变化和能源节约技术效率变化抑制了旅游环境全要素生产率的增长；环境治理技术效率变化有利于旅游环境全要素生产率的增长。通过细分到投入产出环节的技术进步与技术效率变化，可发现在劳动、资本和能源三方面的技术效率存在不足，抑制了旅游环境全要素生产率提高，因此需要提高这三方面相应的技术效率。总的来说，旅游环境全要素生产率提高主要依赖环境治理技术效率的正向作用。环境治理技术效率的积极影响也说明环境约束为提高旅游增长质量提供了较大的空间，这印证了"波特假说"，即环境约束能够提高生产率。

（3）资源环境约束下旅游经济增长质量不仅受到系统内部各因子组合利用水平影响，还受到生产系统外部因素影响。实证分析得出一个地方的对外开放程度与经济发展水平对资源环境约束下的旅游经济增长质量及其提升有显著的促进作用，人力资本和旅游资源丰度对资源环境约束下旅游经济增长质量提升有显著促进作用，但全国层面上人力资本和旅游资源丰度没有达到资源与环境约束的需求，产业结构和科技信息水平对资源环境约束下旅游经济增长质量提升显著负向影响，而作为绿色发展的重要手段环境治理对资源环境约束下旅游经济增长质量提升没有显著影响。各因素对资源环境约束下旅游增长质量的影响程度在东中西部呈现出一定的差异，譬如对外开放程度对东部地区资源环境约束下旅游经济增长质量提升正向相关但不显著，对西部地区显著正相关。

（4）在资源环境约束下旅游经济增长动力方面，实证得出资源要素投入仍然是我国旅游经济增长的主要动力，但它在不考虑资源环境约束的旅游经济增长中是正向贡献，在资源环境约束下表现出负向贡献。我国旅游资源要素中存在冗余过度投资、配置不合理或资源浪费等情况，主要出现在旅游资本投入、能源消耗和劳动力投入三方面。旅游资源禀赋存量的增长在旅游经济增长中正向贡献，资本与能源投入贡献是引起资源要素投入贡献变动的主要投入要素，也是资源环境约束下旅游经济增长的主要抑制因素。全要素生产率提高与产出环境结构优化是资源环境约束下旅游经济增长的主要推手，环境规制对资源环境约束下旅游经济增长负向贡献但呈下降趋势。所以资源环境约束下的旅游经济增长动力不仅有全要素生产率和要素投入，还包括产出环境结构与环境规制效应。按照增长动力的贡献度大小划分旅游经济增长方式，将各地方的资源环境约束下旅游经济增长方式分为集约型、粗放型、环境友好型和污染型四类旅游经济增长方式。通过分析各地旅游增长主要动力的变化，得出技术进步带来了多数省（区、市）旅游经济增长从资源冗余的粗放型方式向集约型转变，同时发现旅游需求是全要素生产率提升的组成部分。

7.2 建议与启示

基于旅游经济增长与资源环境脱钩分解的实证结果，想要实现旅游经济增长与环境污染排放的强脱钩，在旅游供给方面，可采用清洁新能源、引入低能耗低污染的新技术以及有效配置资本来提高旅游能源效率；调整旅游收入结构，提高旅游游览、购物、娱乐、住宿和餐饮环节收入，缓解与旅游长途交通、市内交通和邮电收入伴随的旅游环境压力；提供与游客特征需求相匹配的公共交通服务，设计绿道等。在旅游市场方面，依据旅游目的地的生态敏感程度进行游客容量管理，主要通过提供高附加值的旅游产品或服务，

提高单位游客旅游收入，减轻旅游经济收入对旅游人次的依赖，延长和增加旅游者停留时间与消费，让旅游市场从短频快的观光旅游向深度体验游发展。在游客管理方面，政府和旅游企业管理者应当承担起传播旅游环境影响知识，教育游客正确认识旅游环境污染排放，培育旅游者环境友好消费意识的责任，尤其是要注意培养在旅游交通运输环节上的旅游环境友好消费行为。比如鼓励游客减少长途航空的出游方式，建议使用公共交通，提倡慢旅游的旅行方式。

资源环境约束下旅游经济增长是新常态经济下旅游经济发展的方向，有助于旅游政策制定者和行业管理者将旅游发展战略目标从经济数量扩张转向经济质量提升。中部与西部地区需要提高旅游商品或服务的附加值，加强对既定旅游生产投入要素的生产能力，使有限的资源产生最大效益，缩短由产出无效率造成的与东部地区旅游效率的差距。虽然资源环境约束下东部地区旅游效率高于中部与西部地区，但是仍然没有实现在生产可能性边界上的最佳实践。根据东部地区旅游无效率部分的来源，建议东部地区有效进行旅游资本配置，以及发挥资本的替代效应、提高旅游能源效率和污染排放效率。

通过分析各地方旅游环境全要素生产率变动的过程，得出资源环境约束下各地旅游经济增长质量提升的方向。对于在整个样本分析期间旅游环境全要素生产率提升的省（区、市）：北京市旅游增长质量提高的关键在于调整旅游收入结构，避免产出增长绩效的负面影响；海南省旅游增长质量变动主要受能源利用效率与环境治理绩效影响；资源与环境约束下内蒙古自治区旅游经济增长质量十分依赖环境治理绩效；吉林省未来旅游增长需要继续发挥对旅游资源禀赋的合理开发与利用的优势；旅游劳动力和资本的管理利用是江西省旅游增长质量提升的保障；湖北省旅游增长需要继续发挥环境治理绩效优势，同时控制产出增长绩效的负面影响；重庆市旅游环境全要素生产率提高需要依靠产出增长绩效与能源节约绩效；四川省主要受产出增长绩效和资本节约绩效影响；云南省则主要依靠资本节约绩效。对于在样本分析期间旅游环境全要素生产率下降的省（区、市）：天津市未来旅游环境全要素生产率提高的方向是提高旅游投入绩效，尤其是旅游劳动力和旅游资源禀赋的利用绩效；河北省需要引入技术创新，提高旅游能源利用效率；江苏省需要提高资源要素投入的利用效率与调整旅游收入内部结构；山西省需要对旅游劳动和资本绩效进行改善；湖南省不仅要从劳动节省绩效、资本节约绩效，还要从资源禀赋利用绩效进行改善；广西壮族自治区需要提高环境治理绩效；甘肃省和青海省需要提高旅游能源节约绩效。总的来说，东部各地旅游环境全要素生产率下降多与资源要素投入绩效相关，尤其是能源效率和旅游资源禀赋利用效率，合理配置和利用旅游资源要素是东部各地旅游环境全要素生产率提高的改善方向；中部各地旅游环境全要素生产率的提高以控制环境治理绩效为基础，以提高投入绩效为手段；西部各地旅游环境全要素生产率提高在于提高能源效率和环境治理技术进步。需要提高劳动效率的地方，做好制度和管理创新，实现旅游从业人员的知识交流、流通和扩散，实现知识与先进技术的扩散；需要提高资本效率的地方，避免旅游生产过程中的低效投资和重复建设；需要提高能源效率的地方，重视旅游的隐形能源流，通过资本替代效应提高旅游能源效率；引入环境治理的新技术，改善与环境治理相关的技术，避免对资源环境约束下旅游增长造成阻碍。

根据资源环境约束下旅游经济增长质量影响因素的实证结论，一个地方的要素布局会对旅游增长质量有所影响，首先继续扩大对外开放程度和提高经济发展水平有利于旅游增长质量的提升，尤其是在西部地区，扩大对外开放程度对旅游增长质量带来的积极作用高于东部地区。东部地区因经济发展水平较高，对外开放程度的积极作用不大，中部地区需要对旅游产品、管理和服务进行改进，合理引入外商投资，避免"倒逼式"开放导致旅游开发不合理的现象。其次，地方应该培育旅游高素质人才，加强旅游从业人员的专业培训，建立知识信息交流平台，提高旅游人力资本水平，发挥人力资本对旅游增长质量提升的促进作用。再次，优化配置旅游资源，避免旅游资源的破坏与浪费，改善旅游资源利用绩效。旅游资源利用在实证中对资源环境约束下旅游经济增长质量的影响回归系数十分显著，提高旅游资源的利用绩效是未来旅游增长质量提升的关键措施。调整要素资源在资源环境限制下的均衡流动以及与旅游产业之间的协调发展，避免不合理的产业结构对资源环境约束下旅游经济增长质量的负向影响。在地区环境治理中考虑对旅游的环境治理投资，引入技术创新，避免当前技术水平对资源环境约束下旅游经济增长质量的负向影响。

7.3 研究展望

第一，为了测度资源环境约束下旅游经济增长水平，在横截面上必须有多个实证地方；为了回答资源环境约束下旅游经济增长的动态变化及原因，在时间维度上必须有连续的样本分析时期；而测算旅游能源消耗需要游客花费构成数据。这几方面的限制使得实证对象的地理尺度局限在全国省（区、市）层面，后续研究计划运用本书构建的数理模型与研究发现，选择更小地理尺度的研究对象，定性与定量相结合，分析某一地方或旅游目的地的资源

环境约束下旅游经济增长，深化旅游增长动力和增长质量影响因素的经济与管理意义。

第二，在衡量旅游环境污染排放时，只测算了二氧化碳这一主要的温室气体成分，没有测算其他的温室气体，而且通过旅游能源消耗来测算旅游二氧化碳排放，虽然能源消耗产生的二氧化碳排放占总量的主要部分，但还存在其他不可测的旅游二氧化碳排放途径，所以旅游环境污染排放存在被低估的情况。因此后续还应尽可能地纳入更全面的旅游环境污染因素作为环境约束指标。

第三，在旅游经济增长动力研究中，从供给端出发构建和解读资源环境约束下的旅游增长动力，忽视了市场需求波动对供给服务能力的影响。后续尝试构建游客参与的资源环境约束下旅游经济增长数理模型，明确旅游需求在资源环境约束下旅游增长中的作用。

参考文献

中文文献

1. 图书

[1] 陈强. 计量经济学及 Stata 应用 [M]. 北京：高等教育出版社，2015.

[2] 匡林. 旅游业政府主导型发展战略研究 [M]. 北京：中国旅游出版社，2001.

[3] 克鲁格曼，韦尔斯. 宏观经济学 [M]. 赵英军，付欢，陈宇，等译. 北京：中国人民大学出版社，2009.

[4] 李含琳. 资源经济学 [M]. 兰州：甘肃人民出版社，2003.

[5] 李京文，钟学义. 中国生产率分析前沿 [M]. 北京：社会科学文献出版社，1998.

[6] 斯罗曼. 经济学 [M]. 郭庆旺，赵志耘，译. 北京：经济科学出版社，2008.

[7] 中共中央宣传部. 习近平总书记系列重要讲话读本（2016 年版）[M]. 北京：学习出版社，2016.

2. 期刊论文

[1] 曹芳东，黄震方，余凤龙，等. 国家级风景名胜区旅游效率空间格局动态演化及其驱动机制 [J]. 地理研究，2014，33（6）：1151-1166.

[2] 曹芳东，黄震方，吴江，等. 城市旅游发展效率的时空格局演化特征及其驱动机制——以泛长江三角洲地区为例 [J]. 地理研究，2012，31（8）：1431-1444.

[3] 钞小静，任保平. 资源环境约束下的中国经济增长质量研究 [J]. 中国人口·资源与环境，2012，22（4）：102-107.

[4] 陈飞，诸大建. 低碳城市研究的理论方法与上海实证分析 [J]. 城市发

展研究，2009，16（10）：71-79.

[5] 陈太政，李锋，乔家君. 旅游产业高级化与旅游经济增长关系研究[J]. 经济地理，2013，33（5）：182-187.

[6] 邓涛涛，王丹丹，刘璧如. "资源诅咒"理论在旅游研究中的应用：综述与启示[J]. 旅游学刊，2017，32（11）：60-68.

[7] 董红梅，赵景波. 中国第三产业碳排放量与入境旅游人均消费的相关关系探析[J]. 干旱区资源与环境，2010，24（4）：185-189.

[8] 方叶林，黄震方，李东和，等. 中国省域旅游业发展效率测度及其时空演化[J]. 经济地理，2015，35（8）：189-195.

[9] 龚艳，郭峥嵘. 江苏旅游业发展效率及对策研究——基于超效率DEA和Malmquist指数分析[J]. 华东经济管理，2014，28（4）：7-12.

[10] 龚艳，张阳，唐承财. 长江经济带旅游业效率测度及影响因素研究[J]. 华东经济管理，2016，30（9）：66-74.

[11] 顾江，胡静. 中国分省区旅游生产效率模型创建与评价[J]. 同济大学学报（社会科学版），2008，19（4）：93-98.

[12] 郭悦，钟廷勇，安烨. 产业集聚对旅游业全要素生产率的影响——基于中国旅游业省级面板数据的实证研究[J]. 旅游学刊，2015，30（5）：14-22.

[13] 韩元军，吴普，林坦. 基于碳排放的代表性省份旅游产业效率测算与比较分析[J]. 地理研究，2015，34（10）：1957—1970.

[14] 韩元军，吴普. 京津冀地区旅游业的碳排放测算与比较研究[J]. 人文地理，2016，31（4）：127-134.

[15] 何俊阳，贺灵，邓淇中. 泛珠三角区域入境旅游发展效率评价及影响因素[J]. 经济地理，2016（2）：195-201.

[16] 何俊阳，贺灵. 中部地区旅游全要素生产率评价及其影响因素分析[J]. 湘潭大学学报（哲学社会科学版），2015，39（3）：85-90.

[17] 胡鞍钢，郑京海，高宇宁，等. 考虑环境因素的省级技术效率排名（1999—2005）[J]. 经济学（季刊），2008（3）：933-960.

[18] 胡鞍钢，周绍杰. "十三五"：经济结构调整升级与远景目标[J]. 国家行政学院学报，2015（2）：4-13.

[19] 胡鞍钢，周绍杰. 绿色发展：功能界定、机制分析与发展战略[J]. 中国人口·资源与环境，2014，24（1）：14—20.

[20] 黄秀娟. 中国旅游产业经济增长的因素贡献分析[J]. 技术经济，2009，28（7）：67-72.

[21] 姜东晖，靳雪. 基于终端消费的山东省旅游碳足迹研究 [J]. 中国人口·资源与环境，2015，25（S1）：450-453.

[22] 焦庚英，郑育桃，叶清. 江西省旅游业能耗及 CO_2 排放的时空特征 [J]. 中南林业科技大学学报，2012，32（10）：105-112.

[23] 李江帆，李美云. 旅游产业与旅游增加值的测算 [J]. 旅游学刊，1999（5）：16-19.

[24] 李志勇. 低碳经济视角下旅游服务效率评价方法 [J]. 旅游学刊，2013，28（10）：71-80.

[25] 李仲广，宋慧林. 中国旅游业增长的要素贡献率 [J]. 辽宁工程技术大学学报（社会科学版），2008，10（2）：138-140.

[26] 梁流涛，杨建涛. 中国旅游业技术效率及其分解的时空格局 [J]. 地理研究，2012，31（8）：1422-1430.

[27] 梁明珠，易婷婷，BinLi. 基于 DEA-MI 模型的城市旅游效率演进模式研究 [J]. 旅游学刊，2013，28（5）：53-62.

[28] 林伯强，姚昕，刘希颖. 节能和碳排放约束下的中国能源结构战略调整 [J]. 中国社会科学，2010（1）：58-71.

[29] 刘春济，冯学钢，高静. 中国旅游产业结构变迁对旅游经济增长的影响 [J]. 旅游学刊，2014，29（8）：37-49.

[30] 刘法建，方叶林，李东和，等. 省域旅游发展"资源诅咒"测度及其与区域经济的响应 [J]. 华东经济管理，2015（11）：66-70.

[31] 刘改芳，杨威. 基于 DEA 的文化旅游业投资效率模型及实证分析 [J]. 旅游学刊，2013，28（1）：77-84.

[32] 刘佳，陆菊，刘宁. 基于 DEA-Malmquist 模型的中国沿海地区旅游产业效率时空演化、影响因素与形成机理 [J]. 资源科学，2015，37（12）：2381-2393.

[33] 刘佳，王娟，奚一丹. 中国旅游经济增长质量的空间格局演化 [J]. 经济管理，2016，38（8）：171-184.

[34] 刘佳，张俊飞. 旅游产业绿色全要素生产率变动及收敛性分析——基于中国沿海地区的实证研究 [J]. 资源开发与市场，2017，33（7）：867-872.

[35] 刘建国，李国平，张军涛. 经济效率与全要素生产率研究进展 [J]. 地理科学进展，2011，30（10）：1263-1275.

[36] 刘建国，刘宇. 2006—2013 年杭州城市旅游全要素生产率格局及影响因素 [J]. 经济地理，2015，35（7）：190-197.

[37] 刘小燕. 基于 Tinbergen C-D 生产函数视角的中国旅游业经济增长分析 [J]. 统计与决策, 2018, 34 (13): 138-141.

[38] 刘长生. 低碳旅游服务提供效率评价研究——以张家界景区环保交通为例 [J]. 旅游学刊, 2012, 27 (3): 90-98.

[39] 陆林, 余凤龙. 中国旅游经济差异的空间特征分析 [J]. 经济地理, 2005, 25 (3): 406-410.

[40] 罗浩, 颜钰荛, 杨旸. 中国各省的旅游增长方式"因地制宜"吗？——中国省际旅游增长要素贡献与旅游资源比较优势研究 [J]. 旅游学刊, 2016, 31 (3): 43-53.

[41] 罗浩. 自然资源与经济增长: 资源瓶颈及其解决途径 [J]. 经济研究, 2007 (6): 142-153.

[42] 吕铁, 周叔莲. 中国的产业结构升级与经济增长方式转变 [J]. 管理世界, 1999 (1): 113-125.

[43] 马晓龙, 金远亮. 张家界城市旅游发展的效率特征与演进模式 [J]. 旅游学刊, 2015, 30 (2): 24-32.

[44] 马晓龙, 保继刚. 中国主要城市旅游效率影响因素的演化 [J]. 经济地理, 2009, 29 (7): 1203-1208.

[45] 马晓龙. 基于绩效差异的中国主要城市旅游发展阶段演化 [J]. 旅游学刊, 2009, 24 (6): 25-30.

[46] 明翠琴, 钟书华. 中国旅游业绿色增长评价指标体系设计 [J]. 资源开发与市场, 2017, 33 (2): 249-252.

[47] 牛丹丹, 郑志娟, 刘熠萌. 基于柯布-道格拉斯生产函数对全国旅游产业要素的贡献分析 [J]. 农技服务, 2010, 27 (11): 1478-1480.

[48] 潘植强, 梁保尔. 旅游业碳排放强度分布及其驱动因子的时空异质研究——基于 30 个省（市、区）2005—2014 年的面板数据分析 [J]. 人文地理, 2016, 31 (6): 152-158.

[49] 彭华. 旅游发展驱动机制及动力模型探析 [J]. 旅游学刊, 1999, 14 (6): 39-44.

[50] 彭国华. 我国地区全要素生产率与人力资本构成 [J]. 中国工业经济, 2007 (2): 52-59.

[51] 彭建军, 陈浩. 基于 DEA 的星级酒店效率研究——以北京、上海、广东相对效率分析为例 [J]. 旅游学刊, 2004, 19 (2): 59-62.

[52] 齐子鹏, 王颖. 创意: 中国旅游经济增长的新动力 [J]. 管理世界, 2015 (5): 178-179.

[53] 饶品样. 中国旅游产业增长的技术因素及其贡献分析 [J]. 郑州大学学报（哲学社会科学版），2012，45（4）：69-72.

[54] 任毅，刘婉琪，赵珂，等. 中国旅游上市公司经营效率的测度与评价——基于混合 DEA 模型的实证分析 [J]. 旅游学刊，2017，32（7）：27-36.

[55] 生延超. 旅游产业结构优化对区域旅游经济增长贡献的演变 [J]. 旅游学刊，2012，27（10）：11-19.

[56] 石培华，吴普. 中国旅游业能源消耗与 CO_2 排放量的初步估算 [J]. 地理学报，2011，66（2）：235-243.

[57] 宋子千，韩元军. 中国旅游产业的增长方式与面向现代服务业的转型——基于 2005—2009 年 22 个旅游城市面板数据的实证分析 [J]. 经济地理，2013，33（10）：163-167.

[58] 汤姿. 旅游业碳排放测算及其与经济增长的脱钩分析 [J]. 统计与决策，2015（2）：117-120.

[59] 陶玉国，张红霞. 江苏旅游能耗和碳排放估算研究 [J]. 南京社会科学，2011（8）：151-156.

[60] 陶卓民，薛献伟，管晶晶. 基于数据包络分析的中国旅游业发展效率特征 [J]. 地理学报，2010，65（8）：1004-1012.

[61] 田磊，张宗斌. 中国旅游业绿色增长的演变特征及其影响因素 [J]. 山东师范大学学报（人文社会科学版），2018，63（1）：116-125.

[62] 田喜洲，王渤. 旅游市场效率及其博弈分析——以旅行社产品为例 [J]. 旅游学刊，2003，18（6）：57-60.

[63] 汪德根，陈田. 中国旅游经济区域差异的空间分析 [J]. 地理科学，2011，31（5）：528-536.

[64] 汪清蓉，谢飞龙. 城市旅游业 CO_2 排放态势及旅游业低碳化发展模式 [J]. 旅游学刊，2014，29（8）：98-109.

[65] 王兵，刘光天. 节能减排与中国绿色经济增长——基于全要素生产率的视角 [J]. 中国工业经济，2015（5）：57-69.

[66] 王兵，吴延瑞，颜鹏飞. 中国区域环境效率与环境全要素生产率增长 [J]. 经济研究，2010（5）：95-109.

[67] 王虹，胡胜德. 基于 Tobit 模型的"一带一路"旅游产业效率投资影响因素及策略研究 [J]. 中国软科学，2017（12）：62-70.

[68] 王慧英. 基于管理与环境视角的中国旅游效率研究 [J]. 旅游科学，2014，28（5）：31-40.

[69] 王凯,李娟,席建超.中国旅游经济增长与碳排放的耦合关系研究[J].旅游学刊,2014,29(6):24-33.

[70] 王凯,易静,肖燕,等.中国旅游产业集聚与产业效率的关系研究[J].人文地理,2016,31(2):120-127.

[71] 王坤,黄震方,曹芳东,等.泛长江三角洲城市旅游绩效空间格局演变及其影响因素[J].自然资源学报,2016,31(7):1149-1163.

[72] 王坤,黄震方,陶玉国,等.区域城市旅游效率的空间特征及溢出效应分析——以长三角为例[J].经济地理,2013(4):161-167.

[73] 王松茂,邓峰,瓦哈甫·哈力克.新疆旅游产业全要素生产率的时空演变[J].经济地理,2016,36(5):202-207.

[74] 吴芳梅,曾冰.环境约束下民族地区旅游经济效率及其影响因素研究[J].经济问题探索,2016(7):177-184.

[75] 吴琳萍.中国旅游业全要素生产率的估算[J].统计与决策,2017(9):135-139.

[76] 吴玉鸣.旅游经济增长及其溢出效应的空间面板计量经济分析[J].旅游学刊,2014,29(2):16-24.

[77] 肖建红,于爱芬,王敏.旅游过程碳足迹评估——以舟山群岛为例[J].旅游科学,2011,25(4):58-66.

[78] 谢园方,赵媛.基于低碳旅游的旅游业碳排放测度方法研讨[J].人文地理,2012(1):147-151.

[79] 徐冬,黄震方,胡小海,等.浙江省县域旅游效率空间格局演变及其影响因素[J].经济地理,2018,38(5):197-207.

[80] 许陈生.财政分权,法治环境与地方旅游业效率[J].旅游学刊,2012,27(5):80-87.

[81] 许陈生.我国旅游上市公司的股权结构与技术效率[J].旅游学刊,2007,22(10):34-39.

[82] 杨春梅,赵宝福.中国著名旅游城市旅游业的效率研究[J].旅游科学,2014,28(1):65-75.

[83] 杨萍.从旅游流到物质流:对旅游经济增长与发展的思考[J].思想战线,2010,36(4):124-128.

[84] 杨天英,李许卡,郭达.不同旅游资源对区域旅游经济增长的影响研究——基于中国省际面板数据分析[J].生态经济,2017,33(6):105-109.

[85] 杨天英,李许卡,曾瑶.我国旅游经济增长方式及省际差异实证研

究——基于省际面板数据[J]. 经济体制改革，2017（4）：64-69.

[86] 杨若平，段圳宗. 提高旅游经济增长质量全面提升云南旅游业水平[J]. 经济问题探索，2001（11）：118-120.

[87] 杨颖，王琴. 国际入境旅游业增长效率及其影响因素研究——基于47个国家的数据分析[J]. 经济体制改革，2016（3）：176-181.

[88] 杨勇. 旅游资源与旅游业发展关系研究[J]. 经济与管理研究，2008（7）：22-27.

[89] 姚治国. 旅游能源消耗模型及海南省实证研究[J]. 干旱区资源与环境，2017，31（2）：191-196.

[90] 易纲，樊纲，李岩. 关于中国经济增长与全要素生产率的理论思考[J]. 经济研究，2003（8）：13-20.

[91] 余凤龙，黄震方，曹芳东. 制度变迁对中国旅游经济增长的贡献——基于市场化进程的视角[J]. 旅游学刊，2013，28（7）：13-21.

[92] 余凤龙，王英利. 江苏沿海区域旅游经济发展特征、影响因素与对策研究[J]. 资源开发与市场，2016，32（2）：244-248.

[93] 俞海，张永亮，张燕. "'十三五'中国绿色增长路线图"研究报告发布[J]. 环境与可持续发展，2015，40（6）：2.

[94] 袁虹，吴丽. 中国旅游业发展灰色关联动态分析[J]. 云南地理环境研究，2006，18（1）：43-47.

[95] 袁宇杰. 中国旅游间接能源消耗与碳排放的核算[J]. 旅游学刊，2013，28（10）：81-88.

[96] 张洪，候利莉. 基于AHP的旅游经济发展质量评价研究[J]. 资源开发与市场，2015，31（10）：1277-1280.

[97] 张广海，刘菁. 中国沿海区域旅游发展与碳排放脱钩关系研究[J]. 资源开发与市场，2015，31（11）：1352-1357.

[98] 查建平，贺腊梅，舒皓羽. 中国旅游经济增长源泉分解及其时空演化特征[J]. 长江流域资源与环境，2017，26（12）：1981—1990.

[99] 查建平，钱醒豹，赵倩倩，等. 中国旅游全要素生产率及其分解研究[J]. 资源科学，2018，40（12）：2461-2474.

[100] 查建平，王挺之. 环境约束条件下景区旅游效率与旅游生产率评估[J]. 中国人口·资源与环境，2015，25（5）：92-99.

[101] 查建平. 低碳经济视角下中国旅游经济发展模式研究[J]. 旅游学刊，2015，30（11）：63-73.

[102] 查建平. 旅游业能源消费，CO_2排放及低碳效率评估[J]. 中国人

口·资源与环境，2016，26（1）：47-54.
[103] 查建平. 改革开放 40 年中国旅游产业效率演变及规律 [J]. 旅游学刊，2019（1）：5-6.
[104] 赵磊，唐承财. 产业结构变迁，旅游业与经济增长——来自中国的经验证据 [J]. 资源科学，2017，39（10）：1918—1929.
[105] 赵磊. 中国旅游全要素生产率差异与收敛实证研究 [J]. 旅游学刊，2013，28（11）：12-23.
[106] 赵先超，朱翔. 湖南省旅游业碳排放的初步估算及脱钩效应分析 [J]. 世界地理研究，2013，22（1）：166-175.
[107] 郑毓盛，李崇高. 中国地方分割的效率损失 [J]. 中国社会科学，2003（1）：64-72+205.
[108] 钟林生. 中国旅游发展笔谈——旅游生态效率与美丽中国建设（二）[J]. 旅游学刊，2016，31（10）：1.
[109] 钟永德，石晟屹，李世宏，等. 中国旅游业碳排放计量框架构建与实证研究 [J]. 中国人口·资源与环境，2014，24（1）：78-86.
[110] 朱承亮，岳宏志，严汉平，等. 基于随机前沿生产函数的我国区域旅游产业效率研究 [J]. 旅游学刊，2009，24（12）：18-22.
[111] 朱顺林. 区域旅游产业的技术效率比较分析 [J]. 经济体制改革，2005（2）：116-119.
[112] 左冰，保继刚. 1992—2005 年中国旅游业全要素生产率及省际差异 [J]. 地理学报，2008，63（4）：417-427.
[113] 左冰. 旅游能打破资源诅咒吗？——基于中国 31 个省（市，区）的比较研究 [J]. 商业经济与管理，2013，1（5）：60-69.
[114] 左冰. 中国旅游经济增长因素及其贡献度分析 [J]. 商业经济与管理，2011，1（10）：82-90.

外文文献

[1] Alipour H，Kilic H. An institutional appraisal of tourism development and planning：the case of the Turkish Republic of North Cyprus（TRNC）[J]. Tourism Management，2005，26（1）：79-94.
[2] Ambec S，Cohen M A，Elgie S，et al. The Porter hypothesis at 20：can environmental regulation enhance innovation and competitiveness？[J]. Review of Environmental Economics and Policy，2013，7（1）：2-22.

[3] Anderson R I, Fish M, Xia Y, et al. Measuring efficiency in the hotel industry: a stochastic frontier approach [J]. International Journal of Hospitality Management, 1999, 18 (1): 45-57.

[4] Anderson R I, Fok R, Scott J. Hotel industry efficiency: an advanced linear programming examination [J]. American Business Review, 2000, 18 (1): 40-48.

[5] Ang B W, Liu N. Handling zero values in the logarithmic mean Divisia index decomposition approach [J]. Energy Policy, 2007, 35 (1): 238-246.

[6] Ang B W. Decomposition analysis for policymaking in energy: which is the preferred method? [J]. Energy Policy, 2004, 32 (9): 1131-1139.

[7] Assaf A G. Benchmarking the Asia Pacific tourism industry: a Bayesian combination of DEA and stochastic frontier [J]. Tourism Management, 2012, 33 (5): 1122-1127.

[8] Banker R D, Charnes A, Cooper W W. Some models for estimating technical and scale inefficiencies in data envelopment analysis [J]. Management Science, 1984, 30 (9): 1078-1092.

[9] Barros C P, Alves F P. Productivity in the tourism industry [J]. International Advances in Economic Research, 2004, 10 (3): 215-225.

[10] Barros C P, Botti L, Peypoch N, et al. Performance of French destinations: tourism attraction perspectives [J]. Tourism Management, 2011, 32 (1): 141-146.

[11] Barros C P, Dieke P U C. Technical efficiency of African hotels [J]. International Journal of Hospitality Management, 2008, 27 (3): 438-447.

[12] Barros C P, Mascarenhas M J. Technical and allocative efficiency in a chain of small hotels [J]. International Journal of Hospitality Management, 2005, 24 (3): 415-436.

[13] Barros C P, Matias Á. Assessing the efficiency of travel agencies with a stochastic cost frontier: a Portuguese case study [J]. International Journal of Tourism Research, 2006, 8 (5): 367-379.

[14] Barros C P, Peypoch N, Solonandrasana B. Efficiency and productivity

growth in hotel industry [J]. International Journal of Tourism Research, 2009, 11 (4): 389-402.

[15] Barros C P. A stochastic cost frontier in the Portuguese hotel industry [J]. Tourism Economics the Business & Finance of Tourism & Recreation, 2004, 10 (2): 177-192.

[16] Barros C P. Analysing the rate of technical change in the Portuguese hotel industry [J]. Tourism Economics, 2006, 12 (3): 325-346.

[17] Barros C P. Evaluating the efficiency of a small hotel chain with a Malmquist productivity index [J]. International Journal of Tourism Research, 2005, 7 (3): 173-184.

[18] Barros C P. Measuring efficiency in the hotel sector [J]. Annals of Tourism Research, 2005, 32 (2): 456-477.

[19] Baum T, Szivas E. HRD in tourism: a role for government? [J]. Tourism Management, 2008, 29 (4): 783-794.

[20] Becken S, Frampton C, Simmons D. Energy consumption patterns in the accommodation sector — the New Zealand case [J]. Ecological Economics, 2001, 39 (3): 371-386.

[21] Becken S, Patterson M. Measuring national carbon dioxide emissions from tourism as a key step towards achieving sustainable tourism [J]. Journal of Sustainable Tourism, 2006, 14 (4): 323-338.

[22] Becken S, Simmons D G, Frampton C. Energy use associated with different travel choices [J]. Tourism Management, 2003, 24 (3): 267-277.

[23] Becken S. A critical review of tourism and oil [J]. Annals of Tourism Research, 2011, 38 (2): 359-379.

[24] Becken S. Analysing international tourist flows to estimate energy use associated with air travel [J]. Journal of Sustainable Tourism, 2002, 10 (2): 114-131.

[25] Becker C M. Urbanization and Rural-Urban migration [M] // Dutt A K, Ros J. International Handbook of Development Economics. Cheltenham: Edward Elgar Publishing, 2008.

[26] Bell R A, Morey R C. Increasing the efficiency of corporate travel management through macro benchmarking [J]. Journal of Travel Research, 1995, 33 (3): 11-20.

[27] Bernard F, Khelil T B, Pichon V, et al. The Maldives' 2009 carbon audit [M]. Paris: BeCitzen, 2010.

[28] Bernstein H. Underdevelopment and development: the third world today [M]. Australia: Penguin, 1973.

[29] Bina O, La Camera F. Promise and shortcomings of a green turn in recent policy responses to the "double crisis" [J]. Ecological Economics, 2011, 70 (12): 2308-2316.

[30] Blake A, Sinclair M T, Soria J A C. Tourism productivity: evidence from the United Kingdom [J]. Annals of Tourism Research, 2006, 33 (4): 1099-1120.

[31] Bohdanowicz P, Martinac I. Determinants and benchmarking of resource consumption in hotels—Case study of Hilton International and Scandic in Europe [J]. Energy and Buildings, 2007, 39 (1): 82-95.

[32] Borel-Saladin J M, Turok I N. The green economy: Incremental change or transformation? [J]. Environmental Policy and Governance, 2013, 23 (4): 209-220.

[33] Botti L, Briec W, Cliquet G. Plural forms versus franchise and company-owned systems: A DEA approach of hotel chain performance [J]. Omega, 2009, 37 (3): 566-578.

[34] Bradshaw Y W, Fraser E. City size, economic development, and quality of life in China: new empirical evidence [J]. American Sociological Review, 1989, 54 (6): 986-1003.

[35] Briggs S, Sutherland J, Drummond S. Are hotels serving quality? An exploratory study of service quality in the Scottish hotel sector [J]. Tourism Management, 2007, 28 (4): 1006-1019.

[36] Brown J R, Ragsdale C T. The competitive market efficiency of hotel brands: an application of data envelopment analysis [J]. Journal of Hospitality & Tourism Research, 2002, 26 (4): 332-360.

[37] Buhalis D, Law R. Progress in information technology and tourism management: 20 years on and 10 years after the internet—The state of tourism research [J]. Tourism Management, 2008, 29 (4): 609-623.

[38] Cao F, Huang Z, Jin C, et al. Influence of Chinese economic

fluctuations on tourism efficiency in national scenic areas [J]. Tourism Economics, 2016, 22 (5): 884-907.

[39] Carlaw K I, Lipsey R G. Productivity, technology and economic growth: what is the relationship? [J]. Journal of Economic Surveys, 2003, 17 (3): 457-495.

[40] Causevic S, Lynch P. Political (in) stability and its influence on tourism development [J]. Tourism Management, 2013, 34 (2): 145-157.

[41] Cerina F. Tourism specialization and environmental sustainability in a dynamic economy [J]. Tourism Economics, 2007, 13 (4): 553-582.

[42] Chambers R G, Färe R, Grosskopf S. Productivity growth in APEC countries [J]. Pacific Economic Review, 1996, 1 (3): 181-190.

[43] Chan W W, Lam J C. Energy-saving supporting tourism sustainability: a case study of hotel swimming pool heat pump [J]. Journal of Sustainable Tourism, 2003, 11 (1): 74-83.

[44] Charnes A, Cooper W W, Rhodes E. Measuring the efficiency of decision-making units [J]. European Journal of Operational Research, 1978, 2 (6): 429-444.

[45] Chatziantoniou I, Filis G, Eeckels B, et al. Oil prices, tourism income and economic growth: a structural VAR approach for European Mediterranean countries [J]. Tourism Management, 2013, 36 (3): 331-341.

[46] Chen G Q, Chen Z M. Greenhouse gas emissions and natural resources use by the world economy: ecological input - output modeling [J]. Ecological Modelling, 2011, 222 (14): 2362-2376.

[47] Chen L, Thapa B, Yan W. The relationship between tourism, carbon dioxide emissions, and economic growth in the Yangtze River Delta, China [J]. Sustainability, 2018, 10 (7): 1-20.

[48] Chen T H. Performance measurement of an enterprise and business units with an application to a Taiwanese hotel chain [J]. International Journal of Hospitality Management, 2009, 28 (3): 415-422.

[49] Chiang W E, Tsai M H, Wang S M. A DEA evaluation of Taipei hotels [J]. Annals of Tourism Research, 2004, 31 (3): 712-715.

[50] Christopoulos D K. Explaining country's efficiency performance [J].

Economic Modelling, 2007, 24 (2): 224−235.

[51] Chung Y H, Färe R, Grosskopf S. Productivity and undesirable outputs: a directional distance function approach [J]. Journal of Environmental Management, 1997, 51 (3): 229−240.

[52] Coelli T J, Rao D S P, O'Donnell C J, et al. An introduction to efficiency and productivity analysis [M]. New York: Springer Science & Business Media, 2005: 312.

[53] Coelli T, Perelman S. A comparison of parametric and non−parametric distance functions: with application to European railways [J]. European Journal of Operational Research, 1999, 117 (2): 326−339.

[54] Cole H S D, Freeman C, Jahoda M, et al. Thinking about the future: a critique of the limits to growth [M]. London: Chatto & Windus, 1973.

[55] Cooper C. Classic reviews in tourism [M]. Bristol: Channel View Publications, 2003.

[56] Cooper W W, Seiford L M, Zhu J. Data envelopment analysis: history, models, and interpretations [M] //Handbook on Data Envelopment Analysis. Boston: Springer, 2011: 1−39.

[57] Copeland B R. Tourism, welfare and de−industrialization in a small open economy [J]. Economica, 1991, 58 (232): 515−529.

[58] Cracolici M F, Nijkamp P, Rietveld P. Assessment of tourism competitiveness by analysing destination efficiency [J]. Tourism Economics, 2008, 14 (2): 325−342.

[59] Dalton G J, Lockington D A, Baldock T E. A survey of tourist attitudes to renewable energy supply in Australian hotel accommodation [J]. Renewable Energy, 2008, 33 (10): 2174−2185.

[60] Dalton G J, Lockington D A, Baldock T E. Case study feasibility analysis of renewable energy supply options for small to medium−sized tourist accommodations [J]. Renewable Energy, 2009, 34 (4): 1134−1144.

[61] Davutyan N. Measuring the quality of hospitality at Antalya [J]. International Journal of Tourism Research, 2007, 9 (1): 51−57.

[62] De Bruijn K, Dirven R, Eijgelaar E, et al. Travelling large in 2011. The carbon footprint of Dutch holidaymakers in 2011 and the

development since 2002 [M]. Netherland: NHTV Breda University for Applied Sciences, 2013.

[63] Deasy G F, Griess P R. Impact of a tourist facility on its hinterland [J]. Annals of the Association of American Geographers, 1966, 56 (2): 290-306.

[64] Del Barrio M J, Herrero L C, Sanz J Á. Measuring the efficiency of heritage institutions: a case study of a regional system of museums in Spain [J]. Journal of Cultural Heritage, 2009, 10 (2): 258-268.

[65] Deng S M, Burnett J. A study of energy performance of hotel buildings in Hong Kong [J]. Energy and Buildings, 2000, 31 (1): 7-12.

[66] Denicolai S, Cioccarelli G, Zucchella A. Resource-based local development and networked core-competencies for tourism excellence [J]. Tourism Management, 2010, 31 (2): 260-266.

[67] Dietzenbacher E, Los B. Structural decomposition techniques: sense and sensitivity [J]. Economic Systems Research, 1998, 10 (4): 307-324.

[68] Dinda S. Environmental Kuznets curve hypothesis: a survey [J]. Ecological Economics, 2004, 49 (4): 431-455.

[69] Dogan E, Seker F, Bulbul S. Investigating the impacts of energy consumption, real GDP, tourism and trade on CO_2 emissions by accounting for cross-sectional dependence: a panel study of OECD countries [J]. Current Issues in Tourism, 2017, 20 (16): 1701-1719.

[70] Drucker P. The effective executive [M]. London: Routledge, 2016.

[71] Dwyer L, Forsyth P, Spurr R, et al. Estimating the carbon footprint of Australian tourism [J]. Journal of Sustainable Tourism, 2010, 18 (3): 355-376.

[72] Färe R, Grosskopf S, Lindgren B, et al. Productivity changes in Swedish pharamacies 1980—1989: a non-parametric Malmquist approach [J]. Journal of Productivity Analysis, 1992, 3 (1-2): 85-101.

[73] Färe R, Grosskopf S, Pasurka Jr C A. Environmental production functions and environmental directional distance functions [J].

Energy, 2007, 32 (7): 1055-1066.

[74] Färe R, Grosskopf S. Directional distance functions and slacks-based measures of efficiency [J]. European Journal of Operational Research, 2010, 200 (1): 320-322.

[75] Farrell M J. The measurement of productive efficiency [J]. Journal of the Royal Statistical Society, 1957, 120 (3): 253-290.

[76] Fisher I. The best form of index number [J]. Quarterly Publications of the American Statistical Association, 1921, 17 (133): 533-551.

[77] Frantál B, Urbánková R. Energy tourism: an emerging field of study [J]. Current Issues in Tourism, 2017, 20 (13): 1395-1412.

[78] Fuentes M, González G, Morini M. Measuring efficiency of sun & beach tourism destinations [J]. Annals of Tourism Research, 2012, 39 (2): 1248-1251.

[79] Fuentes R. Efficiency of travel agencies: a case study of Alicante, Spain [J]. Tourism Management, 2011, 32 (1) : 75-87.

[80] Giménez-García V M, Martínez-Parra J L, Buffa F P. Improving resource utilization in multi-unit networked organizations: the case of a Spanish restaurant chain [J]. Tourism Management, 2007, 28 (1): 262-270.

[81] Goncalves O, Liang Q B, Peypoch N, et al. Technical efficiency measurement and inverse B-Convexity: moroccan travel agencies [J]. Tourism Economics, 2012, 18 (3): 597-606.

[82] Gössling S, Hall C M. Swedish tourism and climate change mitigation: an emerging conflict? [J]. Scandinavian Journal of Hospitality and Tourism, 2008, 8 (2): 141-158.

[83] Gössling S. Sustainable tourism development in developing countries: some aspects of energy use [J]. Journal of Sustainable Tourism, 2000, 8 (5): 410-425.

[84] Grubel H G, Walker M. Service industry growth: causes and effects [M]. Vancouver: Fraser Institute, 1989.

[85] Gunduz L, Hatemi-J A. Is the tourism-led growth hypothesis valid for Turkey? [J]. Applied Economics Letters, 2005, 12 (8): 499-504.

[86] Hadad S, Hadad Y, Malul M, et al. The economic efficiency of the tourism industry: a global comparison [J]. Tourism Economics, 2012, 18 (5): 931-940.

[87] Hall C M. Policy learning and policy failure in sustainable tourism governance: from first- and second-order to third-order change? [J]. Journal of Sustainable Tourism, 2011, 19 (4-5): 649-671.

[88] Hall R E, Jones C I. Why do some countries produce so much more output per worker than others? [J]. The Quarterly Journal of Economics, 1999, 114 (1): 83-116.

[89] Hotelling H. The economics of exhaustible resources [J]. Journal of Political Economy, 1931, 39 (2): 137-175.

[90] Howitt O J A, Revol V G N, Smith I J, et al. Carbon emissions from international cruise ship passengers' travel to and from New Zealand [J]. Energy Policy, 2010, 38 (5): 2552-2560.

[91] Hsieh C T, Klenow P J. Misallocation and manufacturing TFP in China and India [J]. The Quarterly Journal of Economics, 2009, 124 (4): 1403-1448.

[92] Hu J L, Sheu H J, Lo S F. Under the shadow of Asian Brown Clouds: unbalanced regional productivities in China and environmental concerns [J]. The International Journal of Sustainable Development & World Ecology, 2005, 12 (4): 429-442.

[93] Hwang S N, Chang T Y. Using data envelopment analysis to measure hotel managerial efficiency change in Taiwan [J]. Tourism Management, 2003, 24 (4): 357-369.

[94] Inman R P. Managing the service economy [M]. Cambridge UK: Cambridge University Press, 1985.

[95] Jackson J. Developing regional tourism in China: the potential for activating business clusters in a socialist market economy [J]. Tourism Management, 2006, 27 (4): 695-706.

[96] Jevons W S. The coal question: an inquiry concerning the progress of the nation, and the probable exhaustion of our coal mines [M]. London & Cambridge: Macmillan & Co, 1865.

[97] Kastarlak B. Planning tourism growth [J]. Cornell Hotel and Restaurant Administration Quarterly, 1971, 11 (4): 26-33.

[98] Katar S, Anil S. Environmental economics: theory and applications [M]. Los Angeles: Sage, 2007.

[99] Kaya Y. Impact of carbon dioxide emission control on GNP growth: interpretation of proposed scenarios [R]. New York: Intergovernmental Panel on Climate Change/Response Strategies Working Group, 1989.

[100] Kelly J, Williams P W. Assessing material flow eco-efficiency strategies in tourism destinations [M] //Keller P, Bieger T. Innovation in tourism: creating customer value. St Gallen: AIEST, 2005: 277-288.

[101] Kim J I, Lau L J. The sources of economic growth of the East Asian newly industrialized countries [J]. Journal of the Japanese & International Economies, 1994, 8 (3): 235-271.

[102] King B, McVey M. Hotels in Australia 1988-2003: A tale of booms and busts [J]. Tourism Economics, 2006, 12 (2): 225-246.

[103] Koc E. Inversionary and liminoidal consumption: gluttony on holidays and obesity [J]. Journal of Travel & Tourism Marketing, 2013, 30 (8): 825-838.

[104] Köksal C D, Aksu A A. Efficiency evaluation of a-group travel agencies with data envelopment analysis (DEA): a case study in the Antalya region, Turkey [J]. Tourism Management, 2007, 28 (3): 830-834.

[105] Konan D E, Chan H L. Greenhouse gas emissions in Hawaii: household and visitor expenditure analysis [J]. Energy Economics, 2010, 32 (2): 210-219.

[106] Kopidou D, Tsakanikas A, Diakoulaki D. Common trends and drivers of CO_2, emissions and employment: a decomposition analysis in the industrial sector of selected European Union countries [J]. Journal of Cleaner Production, 2016, 112: 4159-4172.

[107] Kroesen M. Exploring people's viewpoints on air travel and climate change: understanding inconsistencies [J]. Journal of Sustainable Tourism, 2013, 21 (2): 271-290.

[108] Krugman P. The myth of Asia's miracle [J]. Foreign Affairs, 1994, 73 (6): 62-78.

[109] Kumar S, Russell R R. Technological change, technological catch-up, and capital deepening: relative contributions to growth and convergence [J]. American Economic Review, 2002, 92 (3): 527-548.

[110] Kumar S. Resource use and waste management in Vietnam hotel industry [J]. Journal of Cleaner Production, 2005, 13 (2): 109-116.

[111] Kuznets S. Economic growth and income inequality [J]. The American economic review, 1955, 45 (1): 1-28.

[112] Lee J W, Brahmasrene T. Investigating the influence of tourism on economic growth and carbon emissions: evidence from panel analysis of the European Union [J]. Tourism Management, 2013, 38 (13): 69-76.

[113] Lennox J. Impacts of high oil prices on tourism in New Zealand [J]. Tourism Economics, 2012, 18 (4): 781-800.

[114] Lenzen M, Sun Y Y, Faturay F, et al. The carbon footprint of global tourism [J]. Nature Climate Change, 2018, 8 (6): 522-528.

[115] Lesser J A, Zerbe R O, Dodds D. Environmental economics and policy [M]. New York: Addison-Wesley, 1997.

[116] Liu G, Shi P, Hai F, et al. Study on measurement of green productivity of tourism in the Yangtze River economic zone, China [J]. Sustainability, 2018, 10 (8): 1-17.

[117] Liu J, Feng T, Yang X. The energy requirements and carbon dioxide emissions of tourism industry of Western China: a case of Chengdu city [J]. Renewable and Sustainable Energy Reviews, 2011, 15 (6): 2887-2894.

[118] Lozano J, Gomez C M, Rey-Maquieira J. The TALC hypothesis and economic growth theory [J]. Tourism Economics, 2008, 14 (4): 727-749.

[119] Lumsdon L, Downward P, Rhoden S. Transport for tourism: can public transport encourage a modal shift in the day visitor market? [J]. Journal of Sustainable Tourism, 2006, 14 (2): 139-156.

[120] Ma X L, Bao J G, Ryan C. Evaluating the total factor productivity growth of national parks in China with data enveloped analysis [J].

Asia Pacific Journal of Tourism Research, 2009, 14 (4): 385 – 402.

[121] Managi S, Jena P R. Environmental productivity and Kuznets curve in India [J]. Ecological Economics, 2008, 65 (2): 432–440.

[122] Managi S, Kaneko S. Economic growth and the environment in China: an empirical analysis of productivity [J]. International Journal of Global Environmental Issues, 2006, 6 (1): 89–133.

[123] Marshall A. Principles of economics [M]. 8th ed. London: Mcmillan, 1890.

[124] Mayor K, Tol R S J. The impact of the UK aviation tax on carbon dioxide emissions and visitor numbers [J]. Transport Policy, 2007, 14 (6): 507–513.

[125] Meadows D H, Meadows D, Randers J, et al. The limits to growth [M]. London: Earth Island, 1972.

[126] Meyer B, Meyer M, Distelkamp M. Modeling green growth and resource efficiency: new results [J]. Mineral Economics, 2012, 24 (2): 145–154.

[127] Mill J S. Principles of political economy: with some of their applications to social philosophy [M]. Longmans: Green, Reader, and Dyer, 1871.

[128] Miller G A. Consumerism in sustainable tourism: a survey of UK consumers [J]. Journal of Sustainable Tourism, 2003, 11 (1): 17–39.

[129] Min H, Min H, Joo S J. A data envelopment analysis on assessing the competitiveness of Korean hotels [J]. The Service Industries Journal, 2009, 29 (3): 367–385.

[130] Min H, Min H, Joo S J. A data envelopment analysis – based balanced scorecard for measuring the comparative efficiency of Korean luxury hotels [J]. International Journal of Quality & Reliability Management, 2008, 25 (4): 349–365.

[131] Morey R C, Dittman D A. Evaluating a hotel GM's performance [J]. Cornell Hotel & Restaurant Administration Quarterly, 1995, 36 (5): 30–35.

[132] Morey R C, Dittman D A. Update and extension to "evaluating a

hotel GM's performance"[J]. Cornell Hotel & Restaurant Administration Quarterly, 2003, 44 (5): 60—68.

[133] Muhammad A, Andrews D. Determining tourist arrivals in Uganda: the impact of distance, trade and origin - specific factors [J]. African Journal of Accounting, Economics, Finance and Banking Research, 2008, 2 (2): 51—62.

[134] Mundet L, Coenders G. Greenways: a sustainable leisure experience concept for both communities and tourists [J]. Journal of Sustainable Tourism, 2010, 18 (5): 657—674.

[135] Nepal S K. Tourism - induced rural energy consumption in the Annapurna region of Nepal [J]. Tourism Management, 2008, 29 (1): 89—100.

[136] Nordhaus W D, Stavins R N, Weitzman M L. Lethal model 2: the limits to growth revisited [J]. Brookings Papers on Economic Activity, 1992 (2): 1—59.

[137] Nordhaus W D. Resources as a constraint on growth [J]. The American Economic Review, 1974, 64 (2): 22—26.

[138] Nygren E, Aleklett K, Höök M. Aviation fuel and future oil production scenarios [J]. Energy Policy, 2009, 37 (10): 4003—4010.

[139] OECD. Indicators to measure decoupling of environmental press from economic growth [R]. Paris: OECD, 2002.

[140] Parrilla J C, Font A R, Nadal J R. Tourism and long-term growth a Spanish perspective [J]. Annals of Tourism Research, 2007, 34 (3): 709—726.

[141] Pastor J T, Asmild M, Lovell C A K. The biennial Malmquist productivity change index [J]. Socio-Economic Planning Sciences, 2011, 45 (1): 10—15.

[142] Patterson M G, McDonald G. How clean and green is New Zealand tourism? Lifecycle and future environmental impacts [M]. Lincoln: Manaaki Whenua Press, 2004.

[143] Pearce D W, Markandya A, Barbier E B. Blueprint for a green economy [M]. London: Earthscan, 1989.

[144] Pentelow L, Scott D. The implications of climate change mitigation

policy and oil price volatility for tourism arrivals to the Caribbean [J]. Tourism and Hospitality Planning & Development, 2010, 7 (3): 301−315.

[145] Perch-Nielsen S, Sesartic A, Stucki M. The greenhouse gas intensity of the tourism sector: the case of Switzerland [J]. Environmental Science & Policy, 2010, 13 (2): 131−140.

[146] Perkins D H. Reforming China's economic system [J]. Management World, 1988, 26 (2): 601−645.

[147] Perrigot R, Cliquet G, Piot-Lepetit I. Plural form chain and efficiency: insights from the French hotel chains and the DEA methodology [J]. European Management Journal, 2009, 27 (4): 268−280.

[148] Peters G P, Hertwich E G. Post-Kyoto greenhouse gas inventories: production versus consumption [J]. Climatic Change, 2008, 86 (1): 51−66.

[149] Peypoch N. On measuring tourism productivity [J]. Asia Pacific Journal of Tourism Research, 2007, 12 (3): 237−244.

[150] Phakdisoth L, Kim D. The determinants of inbound tourism in Laos [J]. ASEAN Economic Bulletin, 2007, 24 (2): 225−237.

[151] Pigou A C. Economics of welfare [M]. London: Macmillan, 1920.

[152] Pigram J J. Environmental implications of tourism development [J]. Annals of Tourism Research, 1980, 7 (4): 554−583.

[153] Porter M E, Van der Linde C. Toward a new conception of the environment-competitiveness relationship [J]. Journal of Economic Perspectives, 1995, 9 (4): 97−118.

[154] Porter M, Ketels C. UK competitiveness: moving to the next stage [M]. London: Department of Trade and Industry, 2003.

[155] Prescott E C. Needed: a theory of total factor productivity [J]. Staff Report, 1997, 39 (3): 525−551.

[156] Priskin J. Assessment of natural resources for nature-based tourism: the case of the Central Coast Region of Western Australia [J]. Tourism Management, 2001, 22 (6): 637−648.

[157] Razumova M, Lozano J, Rey-Maquieira J. Is environmental

regulation harmful for competitiveness? The applicability of the Porter hypothesis to tourism [J]. Tourism Analysis, 2009, 14 (3): 387-400.

[158] Reynolds D, Thompson G M. Multiunit restaurant productivity assessment using three-phase data envelopment analysis [J]. International Journal of Hospitality Management, 2007, 26 (1): 20-32.

[159] Reynolds D. Hospitality – productivity assessment: using data – envelopment analysis [J]. Cornell Hotel and Restaurant Administration Quarterly, 2003, 44 (2): 130-137.

[160] Ricardo D. On the principles of political economy and taxation [M]. London: John Murray, 1817.

[161] Robbins L. An essay on the nature and significance of economic science [M]. 2nd ed. London: Macmillan, 1935.

[162] Rosentraub M S, Joo M. Tourism and economic development: which investments produce gains for regions? [J]. Tourism Management, 2009, 30 (5): 759-770.

[163] Rosselló-Batle B, Moià A, Cladera A, et al. Energy use, CO_2 emissions and waste throughout the life cycle of a sample of hotels in the Balearic Islands [J]. Energy and Buildings, 2010, 42 (4): 547-558.

[164] Scott D, Peeters P, Gössling S. Can tourism deliver its "aspirational" greenhouse gas emission reduction targets? [J]. Journal of Sustainable Tourism, 2010, 18 (3): 393-408.

[165] Shan J, Wilson K. Causality between trade and tourism: empirical evidence from China [J]. Applied Economics Letters, 2001, 8 (4): 279-283

[166] Shang J K, Hung W T, Lo C F, et al. Ecommerce and hotel performance: three-stage DEA analysis [J]. The Service Industries Journal, 2008, 28 (4): 529-540.

[167] Shiyi C. Green industrial revolution in China: a perspective from the change of environmental total factor productivity [J]. Economic Research Journal, 2010, 45 (11): 21-34.

[168] Sigala M. Developing and benchmarking Internet marketing strategies in the hotel sector in Greece [J]. Journal of Hospitality & Tourism Research, 2003, 27 (4): 375-401.

[169] Smeral E. Growth accounting for hotel and restaurant industries [J]. Journal of Travel Research, 2009, 47 (4): 413-424.

[170] Smeral E. Research note: world tourism forecasting—keep it quick, simple and dirty [J]. Tourism Economics, 2007, 13 (2): 309-317.

[171] Smith A. The wealth of nations [M]. New York: Modern Library, 1937: 423.

[172] Smith S L J. Practical tourism research [M]. 2nd ed. Oxfordshire: CABI, 2017.

[173] Solow M. A contribution to the theory of economic growth [J]. The Quarterly Journal of Economics, 1956, 70 (1): 65-94.

[174] Solow R M. Technical change and the aggregate production function [J]. Review of Economics & Statistics, 1957, 39 (3): 554-562.

[175] Solow R M. Technical change and the aggregate production function [J]. The Review of Economics and Statistics, 1957, 39 (3): 312-320.

[176] Song H, Dwyer L, Li G, et al. Tourism economics research: a review and assessment [J]. Annals of Tourism Research, 2012, 39 (3): 1653-1682.

[177] Stern D I. The rise and fall of the environmental Kuznets curve [J]. World Development, 2004, 32 (8): 1419-1439.

[178] Such M J, Zamora M D M. Spanish productivity: a regional approach [J]. Annals of Tourism Research, 2006, 33 (3): 666-683.

[179] Sun J, Zhang J, Zhang J, et al. Total factor productivity assessment of tourism industry: evidence from China [J]. Asia Pacific Journal of Tourism Research, 2015, 20 (3): 280-294.

[180] Surugiu C, Leitão N C, Surugiu M R. A panel data modelling of international tourism demand: evidences for Romania [J]. Economic Research-Ekonomska Istraživanja, 2011, 24 (1): 134-145.

[181] Tabatchnaia-Tamirisa N, Loke M K, Leung P S, et al. Energy and tourism in Hawaii [J]. Annals of Tourism Research, 1997, 24 (2): 390-401.

[182] Taheri H, Ansari S. Measuring the relative efficiency of cultural-historical museums in Tehran: DEA approach [J]. Journal of Cultural Heritage, 2013, 14 (5): 431-438.

[183] Tang C F, Tiwari A K, Shahbaz M. Dynamic inter-relationships among tourism, economic growth and energy consumption in India [J]. Geosystem Engineering, 2016, 19 (4): 158-169.

[184] Tapio P. Towards a theory of decoupling: degrees of decoupling in the EU and the case of road traffic in Finland between 1970 and 2001 [J]. Transport Policy, 2005, 12 (2): 137-151.

[185] Tobin J. Estimation of relationships for limited dependent variables [J]. Econometrica, 1958, 26 (1): 24-36.

[186] Tribe J. The economics of recreation, leisure and tourism [M]. London: Routledge, 2011.

[187] UNEP. Towards a green economy: pathways to sustainable development and poverty eradication [R]. Nairobi: UNEP, 2011.

[188] Vandenbussche J, Aghion P, Meghir C. Growth's distance to frontier and composition of human capital [J]. Journal of Economic Growth, 2006, 11 (2): 127-154.

[189] Williams C C, Millington A C. The diverse and contested meanings of sustainable development [J]. Geographical Journal, 2004, 170 (2): 99-104.

[190] Williams P W, Ponsford I F. Confronting tourism's environmental paradox: transitioning for sustainable tourism [J]. Futures, 2009, 41 (6): 396-404.

[191] Wober K W. Benchmarking hotel operations on the Internet: a data envelopment analysis approach [J]. Information Technology & Tourism, 2000, 3 (3): 195-211.

[192] Wu P, Han Y, Tian M. The measurement and comparative study of carbon dioxide emissions from tourism in typical provinces in China [J]. Acta Ecologica Sinica, 2015, 35 (6): 184-190.

[193] Xia X H, Huang G T, Chen G Q, et al. Energy security, efficiency and carbon emission of Chinese industry [J]. Energy Policy, 2011, 39 (6): 3520-3528.

[194] Xu J, Wei J, Zhao D. Influence of social media on operational

efficiency of national scenic spots in china based on three-stage DEA model [J]. International Journal of Information Management, 2016, 36 (3): 374−388.

[195] You F, Hu D, Zhang H, et al. Carbon emissions in the life cycle of urban building system in China—a case study of residential buildings [J]. Ecological Complexity, 2011, 8 (2): 201−212.

[196] Young A. The tyranny of numbers: confronting the statistical realities of the East Asian growth experience [J]. Quarterly Journal of Economics, 1995, 110 (3): 641−680.

[197] Yu M M, Lee B C Y. Efficiency and effectiveness of service business: evidence from international tourist hotels in Taiwan [J]. Tourism Management, 2009, 30 (4): 571−580.

[198] Zha J, Li Z. Drivers of tourism growth: evidence from China [J]. Tourism Economics, 2017, 23 (5): 941−962.

[199] Zhong L, Deng J, Song Z, et al. Research on environmental impacts of tourism in China: progress and prospect [J]. Journal of Environmental Management, 2011, 92 (11): 2972−2983.

[200] Zhou Z, Huang Y, Hsu M K. Using data envelopment analysis to evaluate efficiency: an exploratory study of the Chinese hotel industry [J]. Journal of Quality Assurance in Hospitality & Tourism, 2008, 9 (3): 240−256.

附　录

附表1　2005—2014年30个省（区、市）旅游二氧化碳排放量（万吨）

区域	2005	2006	2007	2008	2009	2010	2011	2012	2013	2014
北京	1648.23	1909.93	2644.41	2755.86	2253.89	2397.45	2477.69	3207.58	3553.00	3951.19
天津	846.74	895.16	992.61	834.74	668.84	762.53	784.12	1224.02	1005.20	1147.57
河北	288.72	269.29	309.71	325.42	314.70	403.13	474.26	632.96	997.51	1302.31
辽宁	907.46	1158.54	1742.64	2007.60	1977.91	2504.44	2585.94	3287.31	3607.07	4430.31
上海	2363.92	2577.98	3354.29	3067.85	3171.02	1093.85	3698.25	4731.91	4521.95	4568.30
江苏	1210.20	1238.95	1687.71	1863.96	1557.92	2061.08	2078.57	2751.20	3033.67	4123.88
浙江	1341.30	1547.78	1921.25	1962.35	1977.06	2463.23	2717.83	3487.53	4179.28	4628.34
福建	433.05	452.20	565.21	634.68	521.67	674.13	728.78	910.34	1257.92	1553.54
山东	1176.02	1297.41	1692.06	1971.88	2193.76	2699.86	2848.32	3785.85	2250.66	3350.45
广东	2196.35	2257.57	2839.35	2791.77	2552.47	3424.49	3668.03	5911.31	6869.67	6923.79
海南	151.03	181.88	228.75	297.45	307.39	405.96	438.94	540.66	555.82	511.60
山西	295.91	424.19	509.27	953.80	1124.98	1161.82	1157.61	1523.63	2344.88	3201.05
内蒙古	321.14	426.31	552.78	727.06	1380.92	1057.29	1287.18	1617.18	1755.87	2159.98
吉林	278.38	330.85	397.01	434.26	554.34	722.80	720.17	893.53	1504.00	1827.24
黑龙江	364.36	473.57	536.50	601.18	653.40	829.60	1308.84	1553.57	2246.39	1730.72
安徽	175.55	237.82	298.53	337.63	529.91	696.12	1031.79	1823.28	2863.98	3261.67
江西	210.52	264.45	294.36	331.53	367.64	533.55	601.45	669.77	1259.08	1843.56
河南	420.88	518.75	604.45	657.47	1156.18	1475.01	1626.15	1893.97	2946.88	3024.10
湖北	645.42	1435.33	815.66	1031.03	1517.95	1953.28	2527.75	3069.71	3814.92	4258.56
湖南	695.59	859.72	960.97	935.23	1005.71	1108.17	1190.34	1324.40	2051.46	2445.30
广西	336.64	432.76	445.30	513.55	786.25	974.46	999.18	1320.50	1474.87	2298.57
重庆	291.01	378.65	462.39	633.18	545.49	850.43	996.62	1608.29	1874.30	1801.41
四川	813.63	1190.02	1349.81	1597.60	1662.87	2326.16	2558.23	3800.31	3583.87	5109.77
贵州	542.01	855.16	978.95	1815.21	1610.44	1754.78	1984.80	2812.87	4821.24	5445.90
云南	923.68	1270.36	1001.56	1286.73	1402.21	2376.72	2715.37	3925.07	4900.37	6847.01
陕西	711.04	843.45	830.01	873.05	917.19	1254.67	1468.44	1953.72	2162.89	2742.44
甘肃	75.55	96.21	110.99	136.07	157.53	225.61	252.38	396.35	655.90	1129.93

续表

区域	2005	2006	2007	2008	2009	2010	2011	2012	2013	2014
青海	40.53	56.13	85.31	91.21	129.95	109.84	132.91	182.47	258.69	317.05
宁夏	33.61	51.94	52.03	72.79	60.45	69.47	66.84	84.87	113.61	138.66
新疆	329.57	332.65	411.57	412.93	292.37	513.89	634.00	763.56	1131.22	1034.63

附表2　2005—2014年30个省（区、市）旅游能源消耗量（GJ）

区域	2005	2006	2007	2008	2009
北京	196922240.04	228188920.09	315944407.11	329268841.43	269289818.83
天津	101167618.95	107058506.57	118596022.20	99732332.83	79911613.26
河北	34494297.16	32172151.34	37001495.20	38878547.62	37596880.22
辽宁	108417176.80	138796589.92	208265405.69	239855684.96	236305970.64
上海	286169142.36	311548752.79	407421054.85	371632744.04	385009256.41
江苏	144583249.54	148018045.42	201632082.92	222688932.18	186123524.47
浙江	160268855.52	184951399.52	229572703.89	234483066.39	236248289.88
福建	52235035.09	54765070.10	67525147.00	75824560.82	62327337.31
山东	141036044.60	155602563.58	202858717.05	236254149.70	263268594.97
广东	262399850.04	269711267.79	339219307.41	333534707.85	304942349.85
海南	18531652.50	21728924.67	27328521.14	35536345.01	36725045.46
山西	35351658.65	50676968.72	60841954.65	113951995.42	134403269.68
内蒙古	38371954.08	50937956.65	66049146.06	86873213.24	164995361.30
吉林	33259734.13	39527807.29	47433347.14	51884042.78	66229693.53
黑龙江	43531266.72	56579666.79	64098005.93	71824646.58	78064506.28
安徽	20973348.01	28412887.53	35665119.39	40336298.89	63308564.56
江西	25222134.51	31672438.66	35212118.99	39660621.57	43990902.41
河南	50282649.80	61975344.02	72214851.18	78548948.18	140700210.04
湖北	77109375.34	171481752.41	97448074.95	124996844.63	184484939.08
湖南	83104014.06	102713139.81	114809324.42	111733539.70	120154923.80
广西	40220229.61	51703778.81	53201505.45	61355972.76	93936384.62
重庆	34766937.13	45262769.94	55242471.16	75647972.75	65169753.80
四川	97205833.99	142175712.80	161264194.70	190870062.90	198666285.63
贵州	64753798.63	102166909.12	116955590.85	216867177.95	192401736.89

续表

区域	2005	2006	2007	2008	2009
云南	110779413.73	152335597.37	119913807.26	154032983.19	167784992.26
陕西	86017881.42	100768222.20	99162439.08	104304554.34	109578647.85
甘肃	9026290.22	11494711.84	13260880.22	16256610.08	18819780.28
青海	4842094.49	6706230.75	10192260.43	10897049.57	15523473.78
宁夏	4015750.95	6206170.08	6216718.70	8696921.16	7222405.62
新疆	39374659.97	40145613.60	49620425.02	49784208.01	35183315.44

区域	2010	2011	2012	2013	2014
北京	286441898.20	296027188.36	383227950.83	424500644.36	472076083.51
天津	91105202.63	93683003.54	146239787.92	120095171.79	138552463.03
河北	48162802.08	56659853.10	75618991.09	119176054.96	155596602.49
辽宁	299211575.70	308947012.51	392740953.02	430939136.05	529298711.16
上海	130688380.59	441835724.79	565330460.41	540245299.13	545784216.40
江苏	246238873.51	248326888.01	328685626.91	362429478.66	492679464.40
浙江	294326715.57	324746342.56	416705705.88	499335984.66	552982788.59
福建	80537840.63	87065834.66	108757509.35	150280653.03	185598064.24
山东	322792092.33	340527611.27	452321683.86	268896872.53	400295111.62
广东	409129857.06	438221098.38	706233316.51	820720633.62	827190072.90
海南	48500719.72	52440713.02	64593665.29	66404658.88	61120985.79
山西	138814007.77	138311720.15	182047467.55	280171071.65	382470884.06
内蒙古	126327083.56	153790996.85	193219840.08	209785633.40	258067323.90
吉林	86357519.06	86043470.30	106755721.57	179693341.08	218312679.95
黑龙江	99123584.09	156381958.34	185625384.65	268402808.48	206789556.98
安徽	83165703.42	123267903.68	217828746.77	342160721.04	389675237.28
江西	63752329.81	71861470.46	80027307.94	150422690.59	220250424.97
河南	180033954.80	199039973.89	231858670.83	358185559.95	366674628.13
湖北	239601185.14	309095842.83	376684934.42	471068720.51	508779609.10
湖南	132562821.52	142367414.87	158407009.89	247516985.89	295078689.63
广西	116421341.15	119374832.76	157764171.71	176204487.37	274613115.61
重庆	101602518.57	119069251.31	192146184.69	223925721.11	215217805.38

区域	2010	2011	2012	2013	2014
四川	277912126.69	305633850.34	485233222.41	428162365.60	610466830.79
贵州	209646035.65	237126107.64	336056513.81	575999549.57	650627548.67
云南	283956426.38	324416277.39	468944164.84	585467075.83	818037820.44
陕西	149846716.83	175438025.81	233414900.63	259341373.67	328905765.69
甘肃	26952626.22	30151220.34	47351016.10	78360335.56	134994922.98
青海	13123126.80	15878840.16	21800571.91	30906097.52	37878776.19
宁夏	8300832.42	7986363.19	10141327.92	13575051.30	16567784.81
新疆	61417306.00	75767816.56	91248726.47	135177347.55	123612692.25

附表3 2005—2014年30个省（区、市）旅游总人次（万人次）

区域	2005	2006	2007	2008	2009	2010	2011	2012	2013	2014
北京	12862.90	13590.30	14715.50	14560.00	16669.50	18390.10	21404.40	23134.56	25188.93	26149.65
天津	5087.01	5101.10	6121.23	7126.04	5678.42	6283.60	10805.80	12073.75	13928.57	15600.00
河北	2160.70	2449.50	2694.80	2628.02	3446.22	14948.74	18740.84	23129.32	27084.27	31075.61
辽宁	9990.20	13327.30	16704.10	20077.87	24488.30	28639.30	32973.83	36754.63	40683.24	46185.70
上海	9456.54	10148.63	10730.10	11532.50	12894.40	22196.92	23896.80	25744.92	26604.79	27457.73
江苏	17578.30	20345.19	23712.60	26644.30	30283.43	36172.15	41937.33	47191.54	52288.03	57297.10
浙江	13106.01	16576.28	19611.18	21439.67	24980.64	30184.71	35068.69	39989.93	43776.57	48245.88
福建	5881.39	7008.90	8309.75	8983.19	10163.03	12325.14	14657.42	17153.67	19836.02	23206.90
山东	14252.11	16968.13	20592.64	24299.76	29192.00	35357.20	42120.50	49208.91	54547.98	59877.19
广东	17184.12	10342.71	11698.87	12765.63	14443.80	29112.02	32153.30	27412.20	30151.01	29300.00
海南	763.19	839.70	1132.31	1245.65	1354.20	2587.33	3001.33	3320.38	3672.51	4789.10
山西	6587.20	7574.40	8602.80	9477.73	10717.50	12627.10	15130.12	19189.18	25053.84	30056.56
内蒙古	2162.16	2575.25	3057.50	3352.93	4009.20	4620.80	5329.52	6046.48	6774.61	7582.31
吉林	2937.32	3237.90	3758.40	4558.73	5501.13	6490.90	7641.32	8972.55	10366.23	12141.25
黑龙江	4582.20	5300.40	6656.42	8554.00	11142.51	16172.40	20206.50	25207.62	29152.86	11141.72
安徽	4747.43	6239.40	7955.38	10070.10	12424.20	15547.42	22797.62	29560.56	33873.04	38179.18
江西	5095.25	6049.73	7010.50	8103.21	9399.73	10819.08	15989.83	20503.48	24970.09	31282.17
河南	10105.05	13138.74	17091.10	20061.40	23437.90	25991.84	30767.29	36300.00	41100.00	45800.00
湖北	7712.60	8565.36	10266.82	11796.75	15198.64	21127.74	27368.39	34494.72	40889.00	47177.07
湖南	7164.34	9195.10	10897.60	12830.02	16064.90	20398.10	25328.63	30224.55	36230.66	41219.55
广西	6639.16	543.80	1302.52	1392.02	1839.90	14324.24	17560.19	21127.85	24545.66	28860.69
重庆	6017.39	6847.32	8085.17	10088.39	12295.81	16173.62	22206.30	29030.34	30800.00	34777.28
四川	13270.30	16721.20	18740.90	17526.00	22007.10	27246.23	35141.77	43727.34	48909.56	53500.00
贵州	3126.62	4748.14	6263.00	8190.54	10439.95	12913.01	17019.51	21401.50	26746.30	32114.31
云南	7011.30	7902.00	9207.90	10500.32	12307.40	14166.20	16727.18	20088.12	24260.23	28403.05

续表

区域	2005	2006	2007	2008	2009	2010	2011	2012	2013	2014
陕西	6080.84	7056.11	8138.13	9181.73	11555.10	14566.17	18405.41	23276.24	28414.47	33219.30
甘肃	1236.75	1604.43	2423.05	2490.62	3393.77	4291.47	5835.61	7834.46	10078.18	12665.08
青海	636.52	814.22	1002.00	905.00	1108.61	1226.20	1412.37	1581.48	1780.43	2005.58
宁夏	500.82	593.87	730.94	777.36	910.35	1020.60	1169.65	1340.89	1820.42	1674.99
新疆	1498.11	1697.25	2169.84	2231.32	2133.50	3144.53	3885.37	4773.49	5117.88	4857.01

附表 4 2005—2014 年旅游收入增长率、旅游环境污染排放变化率和脱钩弹性指数

区域	2005—2006 ΔTC	2005—2006 ΔTI	2005—2006 ε (TC, TI)	2006—2007 ΔTC	2006—2007 ΔTI	2006—2007 ε (TC, TI)	2007—2008 ΔTC	2007—2008 ΔTI	2007—2008 ε (TC, TI)	2008—2009 ΔTC	2008—2009 ΔTI	2008—2009 ε (TC, TI)	2009—2010 ΔTC	2009—2010 ΔTI	2009—2010 ε (TC, TI)
北京	0.16	0.16	1.01	0.38	0.19	2.00	0.04	0.07	0.63	−0.18	0.07	−2.50	0.06	0.19	0.34
天津	0.06	0.15	0.39	0.11	0.17	0.65	−0.16	0.19	−0.82	−0.20	0.14	−1.40	0.14	0.27	0.52
河北	−0.07	0.19	−0.36	0.15	0.21	0.71	0.05	−0.03	−1.51	−0.03	0.25	−0.13	0.28	0.35	0.80
辽宁	0.28	0.36	0.78	0.50	0.38	1.33	0.15	0.35	0.44	−0.01	0.25	−0.06	0.27	0.27	1.00
上海	0.09	0.11	0.83	0.30	0.16	1.85	−0.09	0.01	−15.12	0.03	0.11	0.30	−0.66	0.38	−1.70
江苏	0.02	0.27	0.09	0.36	0.27	1.34	0.10	0.19	0.55	−0.16	0.13	−1.24	0.32	0.29	1.10
浙江	0.15	0.26	0.60	0.24	0.23	1.07	0.02	0.12	0.17	0.01	0.15	0.05	0.25	0.31	0.78
福建	0.04	0.21	0.21	0.25	0.27	0.94	0.12	0.05	2.50	−0.18	0.08	−2.11	0.29	0.07	4.00
山东	0.10	0.28	0.37	0.30	0.31	1.00	0.17	0.23	0.73	0.11	0.19	0.59	0.23	0.31	0.75
广东	0.03	0.16	0.17	0.26	0.18	1.42	−0.02	0.09	−0.19	−0.09	0.13	−0.65	0.34	0.30	1.14
海南	0.20	0.16	1.27	0.26	0.24	1.08	0.30	0.13	2.23	0.03	0.07	0.46	0.32	0.28	1.16
山西	0.43	0.51	0.86	0.20	0.39	0.52	0.87	0.29	3.06	0.18	0.18	1.01	0.03	0.27	0.12
内蒙古	0.33	0.38	0.87	0.30	0.43	0.69	0.32	0.21	1.48	0.90	0.27	3.31	−0.23	0.26	−0.91
吉林	0.19	0.23	0.81	0.20	0.30	0.66	0.09	0.30	0.31	0.28	0.26	1.08	0.30	0.32	0.94
黑龙江	0.30	0.29	1.04	0.13	0.25	0.53	0.12	0.33	0.37	0.09	0.13	0.69	0.27	0.43	0.63
安徽	0.35	0.37	0.97	0.26	0.43	0.59	0.13	0.29	0.45	0.57	0.20	2.82	0.31	0.33	0.96
江西	0.26	0.25	1.01	0.11	0.21	0.53	0.13	0.22	0.57	0.11	0.18	0.61	0.45	0.27	1.67
河南	0.23	0.33	0.70	0.17	0.33	0.50	0.09	0.19	0.46	0.76	0.22	3.52	0.28	0.21	1.30

续表

区域	2005—2006 ΔTC	ΔTI	ε(TC, TI)	2006—2007 ΔTC	ΔTI	ε(TC, TI)	2007—2008 ΔTC	ΔTI	ε(TC, TI)	2008—2009 ΔTC	ΔTI	ε(TC, TI)	2009—2010 ΔTC	ΔTI	ε(TC, TI)
湖北	1.22	1.25	0.98	−0.43	−0.37	1.17	0.26	0.17	1.52	0.47	0.32	1.49	0.29	0.53	0.55
湖南	0.24	0.33	0.71	0.12	0.20	0.59	−0.03	0.25	−0.11	0.08	0.26	0.29	0.10	0.36	0.28
广西	0.29	0.24	1.21	0.03	0.24	0.12	0.15	0.22	0.71	0.53	0.28	1.89	0.24	0.43	0.56
重庆	0.30	0.18	1.67	0.22	0.31	0.72	0.37	0.28	1.31	−0.14	0.22	−0.63	0.56	0.37	1.52
四川	0.46	0.39	1.17	0.13	0.27	0.49	0.18	0.12	1.58	0.04	0.07	0.61	0.40	0.34	1.16
贵州	0.58	0.56	1.03	0.14	0.35	0.42	0.85	0.26	3.23	−0.11	0.20	−0.56	0.09	0.38	0.23
云南	0.38	0.20	1.91	−0.21	0.04	−4.85	0.28	0.19	1.50	0.09	0.19	0.47	0.69	0.30	2.30
陕西	0.19	0.24	0.77	−0.02	0.21	−0.08	0.05	0.22	0.24	0.05	0.23	0.22	0.37	0.34	1.07
甘肃	0.27	0.32	0.86	0.15	0.48	0.32	0.23	0.20	1.14	0.16	0.37	0.43	0.43	0.29	1.49
青海	0.38	0.42	0.91	0.52	0.36	1.46	0.07	0.01	4.66	0.42	0.23	1.81	−0.15	0.24	−0.65
宁夏	0.55	0.49	1.12	0.00	0.26	0.01	0.40	0.30	1.35	−0.17	0.28	−0.60	0.15	0.33	0.45
新疆	0.01	−0.10	−0.10	0.24	0.49	0.48	0.00	0.02	0.15	−0.29	−0.13	2.33	0.76	0.73	1.04

区域	2010—2011 ΔTC	ΔTI	ε(TC, TI)	2011—2012 ΔTC	ΔTI	ε(TC, TI)	2012—2013 ΔTC	ΔTI	ε(TC, TI)	2013—2014 ΔTC	ΔTI	ε(TC, TI)
北京	0.03	0.21	0.16	0.29	0.15	2.01	0.11	0.14	0.79	0.11	0.13	0.84
天津	0.03	0.25	0.11	0.56	0.22	2.54	−0.18	0.24	−0.74	0.14	0.22	0.64
河北	0.18	0.39	0.46	0.33	0.32	1.04	0.58	0.32	1.78	0.31	0.33	0.92
辽宁	0.03	0.29	0.11	0.27	0.20	1.35	0.10	0.23	0.43	0.23	0.19	1.17

区域	2010—2011 ΔTC	2010—2011 ΔTI	2010—2011 ε(TC, TI)	2011—2012 ΔTC	2011—2012 ΔTI	2011—2012 ε(TC, TI)	2012—2013 ΔTC	2012—2013 ΔTI	2012—2013 ε(TC, TI)	2013—2014 ΔTC	2013—2014 ΔTI	2013—2014 ε(TC, TI)
上海	2.38	0.11	21.51	0.28	0.15	1.87	−0.04	−0.04	1.08	0.01	0.05	0.21
江苏	0.01	0.22	0.04	0.32	0.19	1.73	0.10	0.14	0.72	0.36	0.19	1.87
浙江	0.10	0.28	0.37	0.28	0.20	1.44	0.20	0.20	1.00	0.11	0.19	0.55
福建	0.08	0.40	0.20	0.25	0.22	1.13	0.38	0.24	1.59	0.24	0.24	0.97
山东	0.05	0.27	0.21	0.33	0.23	1.43	−0.41	0.19	−2.10	0.49	0.19	2.63
广东	0.07	0.32	0.22	0.61	0.55	1.10	0.16	0.17	0.96	0.01	−0.01	−1.08
海南	0.08	0.31	0.27	0.23	0.19	1.22	0.03	0.18	0.16	−0.08	0.19	−0.42
山西	0.00	0.29	−0.01	0.32	0.37	0.85	0.54	0.32	1.67	0.37	0.30	1.23
内蒙古	0.22	0.26	0.84	0.26	0.29	0.88	0.09	0.29	0.29	0.23	0.35	0.65
吉林	0.00	0.32	−0.01	0.24	0.29	0.83	0.68	0.30	2.25	0.21	0.28	0.76
黑龙江	0.58	0.28	2.05	0.19	0.21	0.88	0.45	0.11	4.13	−0.23	−0.19	1.19
安徽	0.48	0.64	0.76	0.77	0.41	1.86	0.57	0.24	2.35	0.14	0.19	0.72
江西	0.13	0.40	0.32	0.11	0.29	0.39	0.88	0.41	2.17	0.46	0.47	0.99
河南	0.10	0.27	0.38	0.16	0.22	0.75	0.56	0.20	2.81	0.03	0.18	0.14
湖北	0.29	0.42	0.71	0.21	0.34	0.63	0.24	0.27	0.91	0.12	0.25	0.46
湖南	0.07	0.30	0.25	0.11	0.27	0.41	0.55	0.25	2.21	0.19	0.19	0.99
广西	0.03	0.39	0.06	0.32	0.32	1.00	0.12	0.29	0.40	0.56	0.32	1.73
重庆	0.17	0.43	0.40	0.61	0.34	1.83	0.17	0.11	1.53	−0.04	0.19	−0.21
四川	0.10	0.35	0.29	0.49	0.36	1.34	−0.06	0.23	−0.25	0.43	0.32	1.31

续表

区域	2010—2011 ΔTC	2010—2011 ΔTI	2010—2011 ε (TC, TI)	2011—2012 ΔTC	2011—2012 ΔTI	2011—2012 ε (TC, TI)	2012—2013 ΔTC	2012—2013 ΔTI	2012—2013 ε (TC, TI)	2013—2014 ΔTC	2013—2014 ΔTI	2013—2014 ε (TC, TI)
贵州	0.13	0.40	0.33	0.42	0.32	1.29	0.71	0.33	2.19	0.13	0.28	0.46
云南	0.14	0.34	0.42	0.45	0.33	1.34	0.25	0.29	0.86	0.40	0.33	1.22
陕西	0.17	0.40	0.43	0.33	0.32	1.05	0.11	0.30	0.36	0.27	0.25	1.07
甘肃	0.12	0.46	0.26	0.57	0.44	1.31	0.65	0.37	1.77	0.72	0.32	2.25
青海	0.21	0.35	0.60	0.37	0.36	1.03	0.42	0.33	1.26	0.23	0.33	0.67
宁夏	−0.04	0.29	−0.13	0.27	0.25	1.08	0.34	0.28	1.21	0.22	0.18	1.25
新疆	0.23	0.50	0.47	0.20	0.33	0.62	0.48	0.21	2.25	−0.09	0.01	−6.16

附表5 2005—2014年30个省（区、市）旅游经济增长与资源环境脱钩关系

样本期间	北京	天津	河北	辽宁	上海
2005—2006	增长联结	弱脱钩	强脱钩	弱脱钩	增长联结
2006—2007	扩张负脱钩	弱脱钩	弱脱钩	扩张负脱钩	扩张负脱钩
2007—2008	弱脱钩	强脱钩	强负脱钩	弱脱钩	强脱钩
2008—2009	强脱钩	弱脱钩	强脱钩	强脱钩	弱脱钩
2009—2010	弱脱钩	弱脱钩	弱脱钩	增长联结	强脱钩
2010—2011	弱脱钩	弱脱钩	弱脱钩	弱脱钩	扩张负脱钩
2011—2012	扩张负脱钩	扩张负脱钩	增长联结	扩张负脱钩	扩张负脱钩
2012—2013	弱脱钩	强脱钩	扩张负脱钩	弱脱钩	衰退联结
2013—2014	增长联结	弱脱钩	增长联结	增长联结	弱脱钩

样本期间	江苏	浙江	福建	山东	广东
2005—2006	弱脱钩	弱脱钩	弱脱钩	弱脱钩	弱脱钩
2006—2007	扩张负脱钩	增长联结	增长联结	增长联结	扩张负脱钩
2007—2008	弱脱钩	弱脱钩	弱脱钩	弱脱钩	强脱钩
2008—2009	强脱钩	弱脱钩	强脱钩	弱脱钩	强脱钩
2009—2010	增长联结	弱脱钩	扩张负脱钩	弱脱钩	增长联结
2010—2011	弱脱钩	弱脱钩	弱脱钩	弱脱钩	弱脱钩
2011—2012	扩张负脱钩	扩张负脱钩	增长联结	扩张负脱钩	增长联结
2012—2013	弱脱钩	增长联结	扩张负脱钩	强脱钩	增长联结
2013—2014	扩张负脱钩	弱脱钩	增长联结	扩张负脱钩	强负脱钩

样本期间	海南	山西	内蒙古	吉林	黑龙江
2005—2006	扩张负脱钩	增长联结	增长联结	增长联结	增长联结
2006—2007	增长联结	弱脱钩	弱脱钩	弱脱钩	弱脱钩
2007—2008	扩张负脱钩	扩张负脱钩	弱脱钩	弱脱钩	弱脱钩
2008—2009	弱脱钩	增长联结	扩张负脱钩	弱脱钩	弱脱钩
2009—2010	增长联结	弱脱钩	强脱钩	弱脱钩	弱脱钩
2010—2011	弱脱钩	强脱钩	增长联结	强脱钩	扩张负脱钩
2011—2012	扩张负脱钩	增长联结	增长联结	增长联结	增长联结
2012—2013	弱脱钩	扩张负脱钩	弱脱钩	扩张负脱钩	扩张负脱钩
2013—2014	强脱钩	扩张负脱钩	弱脱钩	弱脱钩	衰退脱钩

续表

样本期间	安徽	江西	河南	湖北	湖南
2005—2006	增长联结	增长联结	弱脱钩	增长联结	弱脱钩
2006—2007	弱脱钩	弱脱钩	弱脱钩	衰退脱钩	弱脱钩
2007—2008	弱脱钩	弱脱钩	弱脱钩	扩张负脱钩	强脱钩
2008—2009	扩张负脱钩	弱脱钩	扩张负脱钩	扩张负脱钩	弱脱钩
2009—2010	增长联结	扩张负脱钩	扩张负脱钩	弱脱钩	弱脱钩
2010—2011	弱脱钩	弱脱钩	弱脱钩	弱脱钩	弱脱钩
2011—2012	扩张负脱钩	弱脱钩	弱脱钩	弱脱钩	弱脱钩
2012—2013	扩张负脱钩	扩张负脱钩	扩张负脱钩	增长联结	扩张负脱钩
2013—2014	弱脱钩	增长联结	弱脱钩	弱脱钩	增长联结

样本期间	广西	重庆	四川	贵州	云南
2005—2006	扩张负脱钩	扩张负脱钩	增长联结	增长联结	扩张负脱钩
2006—2007	弱脱钩	弱脱钩	弱脱钩	弱脱钩	强脱钩
2007—2008	弱脱钩	扩张负脱钩	扩张负脱钩	扩张负脱钩	扩张负脱钩
2008—2009	扩张负脱钩	强脱钩	弱脱钩	强脱钩	弱脱钩
2009—2010	弱脱钩	扩张负脱钩	增长联结	弱脱钩	扩张负脱钩
2010—2011	弱脱钩	弱脱钩	弱脱钩	弱脱钩	弱脱钩
2011—2012	增长联结	扩张负脱钩	扩张负脱钩	扩张负脱钩	扩张负脱钩
2012—2013	弱脱钩	扩张负脱钩	强脱钩	弱脱钩	增长联结
2013—2014	扩张负脱钩	强脱钩	扩张负脱钩	弱脱钩	扩张负脱钩

样本期间	陕西	甘肃	青海	宁夏	新疆
2005—2006	弱脱钩	增长联结	增长联结	增长联结	强负脱钩
2006—2007	强脱钩	弱脱钩	扩张负脱钩	弱脱钩	弱脱钩
2007—2008	弱脱钩	扩张负脱钩	弱脱钩	弱脱钩	弱脱钩
2008—2009	弱脱钩	弱脱钩	扩张负脱钩	强脱钩	衰退脱钩
2009—2010	增长联结	扩张负脱钩	强脱钩	弱脱钩	增长联结
2010—2011	弱脱钩	弱脱钩	弱脱钩	强脱钩	弱脱钩
2011—2012	增长联结	增长联结	增长联结	增长联结	弱脱钩
2012—2013	弱脱钩	扩张负脱钩	扩张负脱钩	扩张负脱钩	扩张负脱钩
2013—2014	增长联结	扩张负脱钩	弱脱钩	扩张负脱钩	强脱钩

附表6 2005—2014年30个省（区、市）
传统旅游综合效率值（CRS模型）

区域	2005—2006	2006—2007	2007—2008	2008—2009	2009—2010	2010—2011	2011—2012	2012—2013	2013—2014
北京	0.562	0.615	0.511	0.435	0.350	0.442	0.426	0.365	0.347
天津	1.000	0.932	0.872	0.933	0.781	1.000	0.913	0.853	0.899
河北	0.404	0.275	0.248	0.191	0.160	0.503	0.352	0.351	0.360
辽宁	0.438	0.496	0.490	0.502	0.321	0.827	0.807	0.764	0.753
上海	0.722	0.670	0.630	0.521	0.427	0.666	0.582	0.506	0.455
江苏	0.728	0.744	0.694	0.708	0.552	0.771	0.673	0.620	0.583
浙江	0.505	0.644	0.505	0.483	0.347	0.590	0.562	0.470	0.446
福建	0.757	0.792	0.689	0.594	0.456	0.486	0.471	0.424	0.378
山东	0.481	0.602	0.500	0.454	0.443	0.519	0.526	0.494	0.479
广东	0.274	0.481	0.418	0.366	0.271	0.456	0.441	0.511	0.502
海南	0.225	0.226	0.228	0.188	0.144	0.234	0.238	0.198	0.183
山西	0.494	0.678	0.540	0.556	0.297	0.646	0.536	0.492	0.547
内蒙古	0.532	0.670	0.556	0.574	0.443	0.600	0.513	0.459	0.463
吉林	0.498	0.556	0.417	0.526	0.471	0.610	0.591	0.606	0.657
黑龙江	0.511	0.486	0.476	0.574	0.472	0.740	0.660	0.656	0.614
安徽	0.568	0.606	0.387	0.665	0.499	0.547	0.637	0.628	0.623
江西	0.626	0.377	0.401	0.317	0.271	0.634	0.608	0.578	0.602
河南	0.740	0.883	0.777	0.869	0.694	0.815	0.760	0.694	0.706
湖北	0.416	0.764	0.387	0.389	0.318	0.580	0.632	0.583	0.590
湖南	0.609	0.270	0.562	0.458	0.288	0.523	0.487	0.434	0.469
广西	0.332	0.419	0.323	0.372	0.273	0.518	0.546	0.560	0.576
重庆	0.506	0.589	0.501	0.559	0.360	0.567	0.526	0.545	0.474
四川	0.352	0.433	0.429	0.493	0.398	0.664	0.619	0.623	0.586
贵州	0.740	0.540	0.505	0.617	0.544	1.000	0.939	0.883	0.873
云南	0.526	0.539	0.371	0.285	0.279	0.471	0.437	0.442	0.332
陕西	0.514	0.521	0.449	0.539	0.385	0.506	0.505	0.520	0.526
甘肃	0.233	0.178	0.185	0.202	0.119	0.243	0.283	0.287	0.297

续表

区域	2005—2006	2006—2007	2007—2008	2008—2009	2009—2010	2010—2011	2011—2012	2012—2013	2013—2014
青海	0.352	0.272	0.201	0.309	0.254	0.251	0.250	0.259	0.270
宁夏	0.221	0.321	0.234	0.208	0.123	0.230	0.164	0.142	0.150
新疆	0.306	0.235	0.227	0.192	0.114	0.225	0.248	0.240	0.270

附表7 2005—2014年30个省（区、市）传统旅游规模效率值（VRS模型）

区域	2005—2006	2006—2007	2007—2008	2008—2009	2009—2010	2010—2011	2011—2012	2012—2013	2013—2014
北京	0.763	0.798	0.730	0.648	0.613	0.711	0.691	0.596	0.593
天津	1.000	0.995	0.998	0.991	0.971	1.000	0.983	0.993	0.990
河北	0.774	0.746	0.740	0.653	0.628	0.945	0.782	0.719	0.748
辽宁	0.721	0.786	0.767	0.712	0.565	0.895	0.907	0.837	0.857
上海	0.828	0.813	0.824	0.748	0.744	0.828	0.803	0.722	0.736
江苏	0.780	0.798	0.788	0.708	0.706	0.771	0.739	0.674	0.680
浙江	0.665	0.818	0.718	0.671	0.562	0.728	0.715	0.606	0.595
福建	0.896	0.963	0.897	0.826	0.782	0.769	0.795	0.730	0.673
山东	0.667	0.819	0.726	0.655	0.685	0.706	0.688	0.637	0.636
广东	0.401	0.648	0.589	0.530	0.438	0.612	0.589	0.571	0.580
海南	0.890	0.888	0.991	0.894	0.861	0.955	0.945	0.891	0.931
山西	0.907	0.993	0.901	0.878	0.652	0.885	0.858	0.790	0.814
内蒙古	0.977	0.938	0.973	0.970	0.879	0.951	0.941	0.869	0.912
吉林	0.981	0.988	0.989	0.963	0.921	0.992	0.966	0.954	0.987
黑龙江	0.941	0.912	0.981	0.951	0.913	0.998	0.970	0.964	0.979
安徽	0.943	0.997	0.816	0.930	0.802	0.814	0.873	0.820	0.843
江西	0.959	0.948	0.863	0.797	0.790	0.945	0.936	0.899	0.900
河南	0.849	0.968	0.905	0.897	0.834	0.815	0.871	0.816	0.839
湖北	0.741	0.940	0.786	0.752	0.740	0.823	0.855	0.793	0.830
湖南	0.865	0.731	0.887	0.791	0.702	0.780	0.798	0.719	0.746
广西	0.773	0.979	0.804	0.797	0.695	0.834	0.871	0.848	0.851
重庆	0.874	1.000	0.921	0.921	0.796	0.870	0.879	0.842	0.842

续表

区域	2005—2006	2006—2007	2007—2008	2008—2009	2009—2010	2010—2011	2011—2012	2012—2013	2013—2014
四川	0.643	0.739	0.753	0.787	0.749	0.840	0.852	0.788	0.789
贵州	0.943	0.974	0.981	0.951	0.949	1.000	0.939	0.990	0.997
云南	0.839	0.978	0.805	0.735	0.765	0.831	0.851	0.758	0.655
陕西	0.845	0.949	0.899	0.885	0.813	0.827	0.845	0.813	0.815
甘肃	0.957	0.999	0.925	0.934	0.732	0.933	0.976	0.941	0.942
青海	0.352	0.301	0.696	0.309	0.254	0.251	0.314	0.259	0.270
宁夏	0.447	0.321	0.234	0.521	0.735	0.230	0.617	0.694	0.652
新疆	0.894	0.995	0.901	0.793	0.847	0.895	0.900	0.822	0.917

附表8 2005—2014年30个省（区、市）传统旅游纯技术效率值（VRS模型）

区域	2005—2006	2006—2007	2007—2008	2008—2009	2009—2010	2010—2011	2011—2012	2012—2013	2013—2014
北京	0.737	0.772	0.700	0.671	0.572	0.621	0.617	0.613	0.584
天津	1.000	0.937	0.874	0.942	0.804	1.000	0.930	0.860	0.908
河北	0.522	0.369	0.336	0.293	0.255	0.532	0.450	0.489	0.481
辽宁	0.608	0.631	0.638	0.705	0.568	0.924	0.890	0.913	0.880
上海	0.872	0.824	0.765	0.697	0.574	0.805	0.725	0.701	0.619
江苏	0.934	0.932	0.881	1.000	0.782	1.000	0.910	0.920	0.858
浙江	0.760	0.787	0.704	0.720	0.617	0.811	0.785	0.777	0.751
福建	0.845	0.823	0.768	0.719	0.583	0.632	0.593	0.582	0.562
山东	0.721	0.735	0.690	0.692	0.646	0.734	0.765	0.775	0.753
广东	0.683	0.742	0.710	0.691	0.618	0.746	0.748	0.893	0.867
海南	0.253	0.255	0.230	0.211	0.167	0.245	0.252	0.223	0.196
山西	0.544	0.683	0.599	0.633	0.455	0.730	0.625	0.623	0.671
内蒙古	0.544	0.715	0.571	0.592	0.504	0.630	0.545	0.529	0.507
吉林	0.508	0.562	0.422	0.547	0.512	0.615	0.612	0.635	0.666
黑龙江	0.542	0.532	0.486	0.604	0.517	0.742	0.680	0.680	0.628
安徽	0.602	0.608	0.474	0.715	0.622	0.672	0.730	0.766	0.738
江西	0.653	0.398	0.464	0.398	0.344	0.671	0.650	0.643	0.669

续表

区域	2005—2006	2006—2007	2007—2008	2008—2009	2009—2010	2010—2011	2011—2012	2012—2013	2013—2014
河南	0.872	0.913	0.858	0.969	0.832	1.000	0.873	0.850	0.841
湖北	0.561	0.812	0.492	0.517	0.429	0.704	0.740	0.735	0.712
湖南	0.704	0.370	0.633	0.579	0.411	0.671	0.610	0.604	0.629
广西	0.429	0.428	0.402	0.467	0.393	0.622	0.627	0.661	0.677
重庆	0.579	0.590	0.544	0.607	0.452	0.652	0.598	0.647	0.564
四川	0.548	0.586	0.570	0.626	0.532	0.790	0.727	0.791	0.742
贵州	0.784	0.554	0.514	0.649	0.574	1.000	1.000	0.892	0.876
云南	0.627	0.552	0.461	0.388	0.364	0.567	0.514	0.583	0.507
陕西	0.608	0.550	0.500	0.609	0.474	0.612	0.598	0.640	0.646
甘肃	0.243	0.178	0.200	0.216	0.163	0.260	0.290	0.305	0.315
青海	1.000	0.902	0.288	1.000	1.000	1.000	0.796	1.000	1.000
宁夏	0.494	1.000	1.000	0.399	0.168	1.000	0.266	0.204	0.230
新疆	0.342	0.237	0.252	0.242	0.135	0.252	0.276	0.292	0.294

附表9　2005—2014年30个省（区、市）资源环境约束下旅游综合效率值（CRS模型）

区域	2005—2006	2006—2007	2007—2008	2008—2009	2009—2010	2010—2011	2011—2012	2012—2013	2013—2014
北京	0.766	0.782	0.741	0.703	0.630	0.705	0.754	0.701	0.690
天津	1.000	0.921	0.837	0.865	0.870	1.000	1.000	0.835	0.938
河北	0.787	0.791	0.778	0.756	0.773	0.801	0.855	1.000	0.803
辽宁	0.715	0.751	0.734	0.739	0.699	0.789	0.848	0.785	0.789
上海	1.000	1.000	1.000	0.924	0.689	1.000	1.000	1.000	0.948
江苏	0.897	1.000	0.920	0.903	0.878	0.959	1.000	0.948	1.000
浙江	0.775	0.803	0.773	0.754	0.722	0.776	0.797	0.757	0.742
福建	0.875	0.866	0.839	0.814	0.822	0.781	0.840	0.824	0.784
山东	0.746	0.765	0.753	0.729	0.728	0.739	0.781	0.736	0.907
广东	0.744	0.797	0.754	0.729	0.660	0.744	0.780	0.769	0.760
海南	0.643	0.617	0.596	0.505	0.459	0.467	0.528	0.533	0.552
山西	0.713	0.718	0.715	0.682	0.589	0.722	0.747	0.711	0.668

续表

区域	2005—2006	2006—2007	2007—2008	2008—2009	2009—2010	2010—2011	2011—2012	2012—2013	2013—2014
内蒙古	0.700	0.715	0.717	0.682	0.580	0.679	0.680	0.590	0.608
吉林	0.701	0.690	0.664	0.724	0.692	0.718	0.774	0.756	0.701
黑龙江	0.713	0.713	0.715	0.740	0.681	0.767	0.744	0.693	0.632
安徽	0.835	0.796	0.796	0.876	0.793	0.783	0.841	0.766	0.704
江西	0.821	0.752	0.758	0.766	0.742	0.791	0.837	0.839	0.769
河南	0.928	0.911	0.913	1.000	0.827	0.837	0.875	0.818	0.762
湖北	0.672	0.753	0.647	0.622	0.540	0.658	0.717	0.662	0.658
湖南	0.714	0.616	0.690	0.691	0.647	0.748	0.778	0.781	0.731
广西	0.702	0.704	0.718	0.687	0.616	0.710	0.777	0.752	0.768
重庆	0.765	0.727	0.719	0.722	0.714	0.743	0.772	0.703	0.660
四川	0.681	0.664	0.671	0.665	0.626	0.686	0.732	0.663	0.695
贵州	0.705	0.626	0.620	0.612	0.597	1.000	1.000	0.716	0.705
云南	0.641	0.590	0.553	0.486	0.481	0.525	0.550	0.520	0.436
陕西	0.647	0.602	0.595	0.662	0.611	0.641	0.696	0.639	0.668
甘肃	0.605	0.569	0.615	0.611	0.617	0.603	0.688	0.678	0.616
青海	0.551	0.507	0.439	0.477	0.428	0.512	0.519	0.523	0.492
宁夏	0.478	0.436	0.468	0.449	0.528	0.575	0.645	0.660	0.641
新疆	0.535	0.456	0.472	0.436	0.431	0.454	0.518	0.555	0.485

附表10　2005—2014年30个省（区、市）资源环境约束下旅游规模效率值（VRS模型）

区域	2005—2006	2006—2007	2007—2008	2008—2009	2009—2010	2010—2011	2011—2012	2012—2013	2013—2014
北京	0.992	0.992	0.996	0.999	0.917	0.992	0.993	0.954	0.936
天津	1.000	0.921	0.968	0.865	0.870	1.000	1.000	0.835	0.938
河北	0.967	0.954	0.958	0.952	0.945	0.942	0.855	1.000	0.985
辽宁	0.977	0.977	0.979	0.991	0.993	0.987	0.974	0.905	0.912
上海	1.000	1.000	1.000	0.964	0.689	1.000	1.000	1.000	0.948
江苏	0.993	1.000	0.998	0.903	0.977	0.959	1.000	0.978	1.000
浙江	0.990	0.994	0.996	0.995	0.993	0.996	0.996	0.968	0.944

续表

区域	2005—2006	2006—2007	2007—2008	2008—2009	2009—2010	2010—2011	2011—2012	2012—2013	2013—2014
福建	0.981	0.972	0.978	0.977	0.963	0.958	0.960	0.992	0.994
山东	0.991	0.991	0.995	0.999	1.000	0.999	1.000	0.956	0.984
广东	0.987	0.982	0.995	0.996	0.931	0.999	1.001	0.845	0.760
海南	0.643	0.617	0.724	0.753	0.895	0.875	0.821	0.906	0.896
山西	0.973	0.965	0.982	0.997	0.987	1.000	0.992	0.982	0.945
内蒙古	0.818	0.842	0.891	0.997	0.995	0.991	0.997	0.941	0.935
吉林	0.937	0.900	0.908	0.926	0.943	0.990	0.958	0.982	0.993
黑龙江	0.818	0.827	0.873	0.943	0.955	0.975	0.999	0.990	0.975
安徽	0.937	0.938	0.952	0.946	0.949	0.955	0.986	0.990	0.953
江西	0.940	0.954	0.952	0.948	0.954	0.951	0.950	0.964	0.990
河南	0.987	0.985	0.991	1.000	0.981	0.837	0.944	0.963	0.951
湖北	0.984	0.983	0.977	0.997	0.996	0.956	0.978	0.919	0.913
湖南	0.978	0.984	0.972	0.990	0.988	0.984	0.976	1.000	0.987
广西	0.926	0.911	0.915	0.912	0.960	0.997	0.980	1.000	0.994
重庆	0.935	0.904	0.915	0.970	0.944	1.000	0.978	0.976	0.955
四川	0.996	0.965	0.971	0.994	0.998	0.963	0.992	0.911	0.929
贵州	0.944	0.946	0.984	0.975	0.980	1.000	1.000	0.992	0.993
云南	0.994	0.992	0.996	0.984	0.998	0.915	0.914	0.855	0.757
陕西	0.977	0.974	0.987	0.998	0.979	0.971	0.984	0.927	0.949
甘肃	0.824	0.794	0.827	0.851	0.857	0.878	0.869	0.926	0.948
青海	0.551	0.507	0.439	0.477	0.428	0.512	0.519	0.523	0.492
宁夏	0.478	0.436	0.468	0.449	0.528	0.575	0.645	0.660	0.641
新疆	0.836	0.800	0.896	0.934	0.909	0.934	0.937	0.982	0.998

附表11 2005—2014年30个省（区、市）资源环境约束下旅游纯技术效率值（VRS模型）

区域	2005—2006	2006—2007	2007—2008	2008—2009	2009—2010	2010—2011	2011—2012	2012—2013	2013—2014
北京	0.772	0.788	0.744	0.704	0.687	0.711	0.759	0.735	0.737
天津	1.000	1.000	0.865	1.000	1.000	1.000	1.000	1.000	1.000

续表

区域	2005—2006	2006—2007	2007—2008	2008—2009	2009—2010	2010—2011	2011—2012	2012—2013	2013—2014
河北	0.814	0.829	0.812	0.794	0.818	0.850	1.000	1.000	0.815
辽宁	0.732	0.769	0.750	0.746	0.704	0.799	0.871	0.867	0.865
上海	1.000	1.000	1.000	0.959	1.000	1.000	1.000	1.000	1.000
江苏	0.903	1.000	0.922	1.000	0.899	1.000	1.000	0.969	1.000
浙江	0.783	0.808	0.776	0.758	0.727	0.779	0.800	0.782	0.786
福建	0.892	0.891	0.858	0.833	0.854	0.815	0.875	0.831	0.789
山东	0.753	0.772	0.757	0.730	0.728	0.740	0.781	0.770	0.922
广东	0.754	0.812	0.758	0.732	0.709	0.745	0.779	0.910	1.000
海南	1.000	1.000	0.823	0.671	0.513	0.534	0.643	0.588	0.616
山西	0.733	0.744	0.728	0.684	0.597	0.722	0.753	0.724	0.707
内蒙古	0.856	0.849	0.805	0.684	0.583	0.685	0.682	0.627	0.650
吉林	0.748	0.767	0.731	0.782	0.734	0.725	0.808	0.770	0.706
黑龙江	0.872	0.862	0.819	0.785	0.713	0.787	0.745	0.700	0.648
安徽	0.891	0.849	0.836	0.926	0.836	0.820	0.853	0.774	0.739
江西	0.873	0.788	0.796	0.808	0.778	0.832	0.881	0.870	0.777
河南	0.940	0.925	0.921	1.000	0.843	1.000	0.927	0.849	0.801
湖北	0.683	0.766	0.662	0.624	0.542	0.688	0.733	0.720	0.721
湖南	0.730	0.626	0.710	0.698	0.655	0.760	0.797	0.781	0.741
广西	0.758	0.773	0.785	0.753	0.642	0.712	0.793	0.752	0.773
重庆	0.818	0.804	0.786	0.744	0.756	0.743	0.789	0.720	0.691
四川	0.684	0.688	0.691	0.669	0.627	0.712	0.738	0.728	0.748
贵州	0.747	0.662	0.630	0.628	0.609	1.000	1.000	0.722	0.710
云南	0.645	0.595	0.555	0.494	0.482	0.574	0.602	0.608	0.576
陕西	0.662	0.618	0.603	0.663	0.624	0.660	0.707	0.689	0.704
甘肃	0.734	0.717	0.744	0.718	0.720	0.687	0.792	0.732	0.650
青海	1.000	1.000	1.000	1.000	1.000	1.000	1.000	1.000	1.000
宁夏	1.000	1.000	1.000	1.000	1.000	1.000	1.000	1.000	1.000
新疆	0.640	0.570	0.527	0.467	0.474	0.486	0.553	0.565	0.486

附表 12　2005—2014 年 30 个省（区、市）旅游环境全要素生产率

区域	2005—2006	2006—2007	2007—2008	2008—2009	2009—2010	2010—2011	2011—2012	2012—2013	2013—2014
北京	−0.089	0.162	0.177	0.080	0.076	0.193	−0.013	0.024	0.026
天津	0.000	0.000	0.042	0.000	0.000	0.000	0.000	0.000	0.000
河北	0.068	0.016	−0.030	0.101	0.046	0.177	−0.093	−0.144	−0.124
辽宁	0.106	0.067	0.101	−0.162	0.259	0.015	0.048	0.153	0.155
上海	0.000	0.000	0.000	0.042	0.000	0.000	0.000	0.000	0.000
江苏	0.049	0.000	0.060	0.000	0.095	0.000	0.000	0.032	0.000
浙江	0.150	−0.113	0.057	0.056	0.162	0.055	0.084	0.052	−0.019
福建	0.054	0.052	−0.096	0.074	0.003	0.077	−0.027	−0.034	0.019
山东	0.203	0.196	0.067	0.218	0.038	0.071	−0.070	0.091	−0.044
广东	0.326	0.230	0.317	0.363	0.094	−0.280	0.283	0.099	0.000
海南	−0.034	−0.119	−0.086	0.009	0.120	0.183	−0.085	0.048	0.194
山西	0.078	−0.029	−0.069	−0.015	0.428	−0.082	0.040	−0.022	0.017
内蒙古	0.012	0.026	−0.039	0.428	0.309	−0.003	0.002	0.142	0.117
吉林	0.099	−0.040	0.174	0.027	0.077	0.142	0.065	0.079	0.207
黑龙江	−0.005	0.042	0.093	0.012	0.209	−0.072	0.050	0.207	−0.373
安徽	−0.014	0.029	0.106	−0.084	0.008	0.074	0.049	−0.036	0.068
江西	−0.102	0.058	0.007	0.030	0.127	0.062	0.135	−0.043	0.130
河南	0.063	0.081	0.070	0.000	0.159	0.000	0.054	0.047	0.249
湖北	0.175	−0.065	0.014	0.191	0.424	0.450	0.096	0.276	0.217
湖南	−0.314	0.266	0.060	0.042	0.265	0.067	0.027	0.101	−0.052
广西	0.037	0.080	0.066	−0.067	0.222	0.142	0.108	0.068	−0.081
重庆	0.008	0.043	0.027	0.135	0.049	0.074	−0.037	−0.003	0.161
四川	0.039	0.108	−0.094	0.267	0.222	0.064	0.354	−0.153	0.080
贵州	−0.122	0.155	0.585	−0.491	0.642	0.000	0.000	0.386	0.095
云南	0.050	0.200	−0.052	0.374	0.384	−0.205	0.624	0.051	0.160
陕西	0.007	0.135	0.175	0.015	0.126	0.102	0.079	0.076	0.026
甘肃	−0.060	0.096	−0.065	0.063	−0.013	0.151	−0.045	−0.145	−0.256
青海	−0.125	−0.148	0.000	0.000	0.000	0.000	0.000	0.000	−0.112

续表

区域	2005—2006	2006—2007	2007—2008	2008—2009	2009—2010	2010—2011	2011—2012	2012—2013	2013—2014
宁夏	-0.192	0.000	-0.151	0.000	0.000	0.000	-0.023	-0.061	0.000
新疆	-0.165	-0.018	0.017	0.230	0.150	0.237	0.190	-0.195	0.127

附表13 2005—2014年30个省（区、市）旅游环境全要素生产率分解项——技术效率变化

区域	2005—2006	2006—2007	2007—2008	2008—2009	2009—2010	2010—2011	2011—2012	2012—2013	2013—2014
北京	-0.043	-0.025	0.137	-0.186	-0.041	0.063	-0.001	-0.018	0.006
天津	0.000	-0.000	0.000	0.000	-0.000	-0.000	0.000	-0.000	0.000
河北	0.026	-0.042	-0.057	0.247	-0.177	0.177	0.000	-0.206	-0.008
辽宁	0.011	0.100	0.065	-0.017	0.071	0.000	0.000	0.000	0.000
上海	0.000	-0.000	0.000	-0.000	0.000	0.000	-0.000	0.000	-0.000
江苏	0.000	-0.000	-0.000	-0.000	0.000	0.000	-0.000	0.000	0.000
浙江	0.111	-0.001	-0.207	0.092	-0.137	0.179	-0.044	0.004	-0.101
福建	-0.029	-0.003	-0.165	0.128	-0.118	0.046	0.035	-0.088	-0.010
山东	0.058	0.025	-0.115	-0.062	0.178	-0.051	0.042	0.037	-0.058
广东	0.000	-0.002	0.000	-0.002	-0.314	0.317	0.001	0.000	0.000
海南	-0.000	0.000	-0.287	-0.178	-0.364	0.276	0.145	-0.216	0.265
山西	0.003	-0.002	-0.158	0.088	0.015	0.009	0.099	0.005	-0.169
内蒙古	0.027	0.020	-0.167	0.257	-0.396	-0.057	0.077	-0.079	0.149
吉林	0.046	-0.118	0.103	-0.049	-0.056	0.059	0.125	-0.106	0.079
黑龙江	-0.025	0.018	-0.022	-0.134	0.044	0.212	-0.242	0.246	-0.393
安徽	-0.121	-0.027	0.077	-0.024	-0.078	0.001	0.007	-0.134	0.108
江西	-0.134	0.002	-0.015	0.033	0.047	0.014	0.133	-0.193	0.055
河南	0.000	-0.000	-0.000	-0.000	0.000	-0.000	-0.000	-0.076	0.076
湖北	0.362	-0.394	-0.098	-0.060	0.136	0.417	-0.128	-0.206	0.167
湖南	-0.362	0.264	-0.002	-0.054	0.127	0.022	0.053	-0.120	-0.005
广西	-0.039	0.003	0.004	-0.169	0.059	0.074	0.109	-0.109	-0.049
重庆	-0.030	0.010	-0.081	0.007	-0.065	0.007	0.028	-0.153	0.107
四川	-0.066	0.060	-0.078	0.065	-0.008	0.127	0.246	-0.152	-0.105

续表

区域	2005—2006	2006—2007	2007—2008	2008—2009	2009—2010	2010—2011	2011—2012	2012—2013	2013—2014
贵州	−0.135	0.046	0.354	−0.486	0.489	0.000	0.000	−0.000	0.000
云南	−0.045	−0.107	−0.411	0.265	−0.060	0.048	0.635	−0.619	0.047
陕西	−0.038	−0.001	0.042	−0.033	−0.064	0.064	0.092	−0.056	−0.018
甘肃	0.003	0.020	−0.012	0.005	−0.096	0.140	0.004	−0.241	−0.294
青海	0.000	−0.000	−0.000	0.000	0.000	−0.000	−0.000	0.000	0.000
宁夏	0.000	0.000	−0.000	0.000	0.000	−0.000	−0.000	0.000	0.000
新疆	−0.265	−0.061	−0.083	−0.045	−0.066	0.154	0.220	−0.378	0.035

附表14 2005—2014年30个省（区、市）旅游环境全要素生产率分解项——劳动节省绩效

区域	2005—2006	2006—2007	2007—2008	2008—2009	2009—2010	2010—2011	2011—2012	2012—2013	2013—2014
北京	−0.108	−0.016	−0.004	0.003	0.010	0.001	−0.004	0.001	0.002
天津	−0.007	−0.001	0.004	−0.063	−0.031	−0.008	−3.272	−0.044	−0.002
河北	0.009	−0.003	−0.001	−0.001	0.041	−0.040	−0.050	−0.010	−0.135
辽宁	−0.006	−0.043	−0.005	−0.025	−0.056	−0.246	−0.097	0.101	0.034
上海	−0.007	−0.003	−0.007	−0.001	−0.239	−0.005	−0.006	−0.042	−0.009
江苏	−0.005	−0.010	−0.005	−0.001	0.013	−0.008	−0.698	−0.001	−3.065
浙江	−0.003	−0.066	0.003	0.009	0.020	−0.005	−0.013	−0.002	0.004
福建	0.026	−0.002	−0.060	0.001	0.022	−0.016	−0.021	0.003	0.022
山东	0.094	−0.001	−0.035	0.033	0.003	−0.002	0.002	−0.001	−0.004
广东	0.016	0.101	−0.001	−0.004	0.299	−0.000	0.001	0.001	−0.020
海南	−0.000	−0.001	−0.002	0.000	0.027	0.071	−0.005	−0.002	0.002
山西	−0.005	−0.093	−0.021	−0.001	0.067	−0.146	−0.013	−0.033	−0.005
内蒙古	0.025	−0.004	−0.016	0.026	0.024	−0.010	−0.003	−0.034	0.035
吉林	−0.014	−0.078	0.039	0.002	0.021	−0.009	0.005	0.005	−0.056
黑龙江	−0.025	−0.003	0.011	0.001	0.061	0.016	0.062	0.020	−0.434
安徽	−0.018	0.003	0.015	−0.002	0.019	0.007	−0.022	−0.025	0.003
江西	−0.068	0.010	0.004	0.001	0.042	−0.009	0.003	0.002	−0.023
河南	−0.001	0.000	0.024	−0.010	−0.036	−0.005	−0.001	0.053	0.126

续表

区域	2005—2006	2006—2007	2007—2008	2008—2009	2009—2010	2010—2011	2011—2012	2012—2013	2013—2014
湖北	−0.041	0.299	0.001	0.002	0.240	−0.003	0.038	0.001	−0.003
湖南	−0.056	0.124	−0.026	0.013	0.032	−0.008	−0.002	0.048	−0.093
广西	−0.001	0.000	0.001	−0.001	0.026	0.003	0.018	0.063	0.001
重庆	−0.008	−0.002	−0.006	−0.004	0.014	−0.009	0.002	0.000	0.001
四川	0.007	−0.003	0.004	−0.007	0.127	−0.156	0.098	−0.004	0.009
贵州	−0.026	0.003	0.215	−0.567	0.070	−0.012	−0.001	−0.004	0.005
云南	−0.001	−0.002	0.077	0.106	0.286	−0.013	−0.048	0.157	0.022
陕西	0.030	0.008	0.025	−0.003	0.020	−0.008	−0.008	0.089	−0.001
甘肃	−0.011	−0.005	−0.010	0.002	0.017	0.000	−0.006	0.003	0.005
青海	−0.026	−0.022	−0.641	−1.234	−0.289	−2.640	−0.943	−0.004	−0.009
宁夏	−0.047	−0.008	−0.024	−0.087	−1.185	−0.025	−0.009	−0.600	−1.239
新疆	−0.018	0.004	−0.002	0.000	0.017	−0.004	−0.005	0.007	0.004

附表15　2005—2014年30个省（区、市）旅游环境全要素生产率分解项——资本节约绩效

区域	2005—2006	2006—2007	2007—2008	2008—2009	2009—2010	2010—2011	2011—2012	2012—2013	2013—2014
北京	0.001	−0.002	0.213	−0.002	0.091	−0.014	−0.001	−0.001	−0.001
天津	−0.022	−0.003	−0.093	−0.008	0.001	−0.085	−0.012	−0.028	−0.002
河北	−0.031	−0.002	0.002	0.005	−0.015	0.030	−0.003	−0.023	0.000
辽宁	−0.011	−0.004	−0.075	−0.028	0.227	−0.011	0.033	−0.046	−0.000
上海	−0.011	−0.015	−0.019	0.011	−0.002	−0.028	−0.010	0.021	−0.004
江苏	−0.063	−0.011	0.017	−0.128	0.026	−0.063	−0.007	0.004	0.006
浙江	−0.001	−0.006	−0.026	−0.142	0.075	−0.170	−0.000	−0.114	−0.077
福建	−0.035	−0.010	0.036	−0.001	0.023	−0.029	−0.016	−0.004	−0.023
山东	−0.109	−0.007	−0.011	0.082	0.048	−0.008	−0.092	−0.016	0.008
广东	0.242	−0.108	−0.008	0.003	−0.261	−0.362	0.004	0.053	−0.003
海南	0.000	−0.005	−0.007	−0.000	0.069	−0.129	−0.003	−0.003	0.002
山西	−0.005	−0.072	−0.010	−0.197	0.127	−0.079	−0.030	0.004	−0.016
内蒙古	−0.014	−0.029	−0.003	−0.051	0.047	−0.092	−0.015	−0.020	−0.029

续表

区域	2005—2006	2006—2007	2007—2008	2008—2009	2009—2010	2010—2011	2011—2012	2012—2013	2013—2014
吉林	0.025	−0.057	0.017	0.006	0.004	−0.008	0.003	−0.000	0.005
黑龙江	0.007	−0.015	−0.000	−0.003	0.070	−0.070	−0.018	−0.023	−0.044
安徽	−0.015	−0.034	0.031	−0.001	−0.022	−0.016	0.017	−0.093	0.004
江西	−0.040	0.011	−0.026	0.001	0.124	−0.023	−0.009	−0.007	0.021
河南	0.006	−0.018	−0.002	−0.018	0.039	−0.222	−0.046	0.000	−0.076
湖北	0.024	−0.079	0.014	−0.090	−0.039	−0.011	−0.091	−0.007	−0.004
湖南	−0.355	0.088	−0.068	−0.095	0.091	−0.044	−0.014	−0.004	0.101
广西	−0.005	−0.008	0.017	−0.002	0.084	−0.033	−0.018	0.003	−0.019
重庆	−0.021	−0.025	0.002	−0.047	0.062	0.005	−0.014	−0.008	0.035
四川	−0.012	−0.007	−0.112	0.221	0.122	0.023	−0.097	−0.384	0.001
贵州	−0.313	−0.037	0.006	−0.033	0.206	−0.126	−0.093	−0.011	−0.320
云南	−0.109	−0.040	−0.207	0.065	0.015	−0.274	0.044	−0.231	0.134
陕西	−0.134	−0.022	0.070	−0.143	0.032	−0.040	0.008	−0.010	−0.009
甘肃	−0.024	0.002	0.000	−0.012	0.030	−0.014	−0.022	−0.005	−0.004
青海	−0.049	−0.065	0.074	−0.015	0.145	2.567	0.001	−0.002	−0.006
宁夏	−0.011	−0.015	−0.023	−0.096	0.020	−0.044	−0.838	−0.018	−0.186
新疆	−0.011	−0.008	−0.002	−0.046	0.040	−0.066	0.014	−0.001	−0.002

附表16　2005—2014年30个省（区、市）旅游环境全要素生产率分解项
——资源禀赋利用绩效

区域	2005—2006	2006—2007	2007—2008	2008—2009	2009—2010	2010—2011	2011—2012	2012—2013	2013—2014
北京	−0.001	0.076	0.001	0.002	0.003	0.003	−0.000	0.000	−0.001
天津	−0.022	−0.027	−0.010	−0.065	−0.023	0.002	0.063	−0.082	−0.025
河北	−0.001	0.001	−0.000	−0.001	−0.001	−0.001	0.000	−0.005	−0.000
辽宁	0.004	0.001	0.000	−0.005	0.001	0.000	0.070	−0.100	−0.000
上海	−0.007	−0.004	−0.002	0.001	−0.161	−0.000	−0.008	−0.000	−0.003
江苏	−0.008	−0.009	−0.000	−0.004	−0.001	−0.046	0.023	−0.011	0.053
浙江	0.001	−0.005	0.018	0.123	−0.002	−0.006	−0.002	−0.002	−0.003
福建	0.002	−0.037	−0.020	−0.011	−0.018	−0.001	0.017	−0.000	−0.000

续表

区域	2005—2006	2006—2007	2007—2008	2008—2009	2009—2010	2010—2011	2011—2012	2012—2013	2013—2014
山东	0.001	0.041	−0.000	0.000	0.006	−0.008	0.000	−0.019	−0.001
广东	−0.205	−0.041	−0.000	−0.005	0.000	0.246	−0.001	−0.002	−0.000
海南	−0.026	−0.105	−0.001	−0.015	−0.041	0.008	−0.046	−0.074	−0.024
山西	−0.007	0.001	0.000	0.049	0.001	−0.002	−0.000	−0.002	0.025
内蒙古	−0.074	−0.025	0.014	−0.008	0.002	0.059	−0.059	0.029	0.034
吉林	−0.037	−0.000	−0.000	−0.001	0.000	−0.000	0.006	−0.002	0.117
黑龙江	−0.010	0.013	0.002	−0.009	−0.025	−0.002	0.017	−0.045	−0.011
安徽	0.001	−0.002	−0.000	−0.001	0.001	0.001	−0.000	0.066	−0.001
江西	0.002	0.000	−0.010	−0.003	0.000	0.001	−0.001	−0.004	−0.000
河南	−0.022	0.017	−0.000	−0.003	0.057	−0.001	−0.054	−0.002	−0.001
湖北	−0.028	0.001	−0.019	0.003	0.001	−0.002	0.004	−0.002	−0.000
湖南	0.360	0.002	−0.000	−0.021	−0.000	−0.001	−0.006	0.001	0.005
广西	−0.004	−0.009	−0.000	−0.002	−0.019	−0.005	0.020	−0.065	−0.002
重庆	0.002	−0.022	−0.009	−0.000	0.000	−0.054	−0.006	−0.002	−0.011
四川	−0.004	0.002	0.000	−0.000	0.001	−0.086	0.057	−0.001	0.000
贵州	0.028	−0.005	0.000	−0.007	0.232	−0.254	−0.234	−0.000	−0.000
云南	0.001	−0.009	0.000	−0.003	−0.005	−0.001	0.029	−0.019	0.000
陕西	−0.000	−0.035	−0.041	−0.031	0.001	−0.024	0.006	−0.082	−0.001
甘肃	0.000	0.000	−0.000	0.000	0.001	−0.001	0.000	−0.002	−0.001
青海	−0.017	−0.000	0.000	0.008	0.000	−0.000	0.036	−0.017	−0.037
宁夏	−0.001	−0.002	−0.000	−0.052	0.033	−0.058	0.080	0.022	0.012
新疆	−0.036	−0.320	−0.001	−0.001	−0.000	−0.002	0.080	−0.006	−0.002

附表17　2005—2014年30个省（区、市）旅游环境全要素生产率分解项——能源节约绩效

区域	2005—2006	2006—2007	2007—2008	2008—2009	2009—2010	2010—2011	2011—2012	2012—2013	2013—2014
北京	−0.006	−89.877	−15.165	0.009	−0.065	0.191	0.031	−0.004	−0.004
天津	0.004	−0.015	0.023	0.022	−0.010	0.014	0.561	0.013	−0.013
河北	0.005	−0.010	−0.002	0.012	−0.017	−0.011	−10.250	−32.593	−26.816

续表

区域	2005—2006	2006—2007	2007—2008	2008—2009	2009—2010	2010—2011	2011—2012	2012—2013	2013—2014
辽宁	−0.053	−87.101	−42.623	−0.007	−0.187	−0.001	−81.192	0.129	−111.316
上海	−0.005	−0.019	−0.002	−0.002	0.055	−0.059	−0.018	0.004	−0.002
江苏	−0.002	−20.982	−0.012	0.035	−0.020	−0.001	0.097	−0.017	−78.156
浙江	−0.128	−0.080	−0.002	−0.133	−39.773	−0.006	−45.201	−38.056	−25.008
福建	−0.003	0.013	−0.009	−0.011	−0.017	−0.011	−0.033	−0.022	−27.870
山东	−0.006	−0.059	−0.005	−0.008	−46.408	0.166	−60.637	−0.089	−71.317
广东	−0.001	−0.009	0.001	0.004	−92.363	−20.043	−0.016	−89.039	0.002
海南	−0.012	−22.753	−0.019	−0.003	−0.020	−0.006	−0.015	−0.002	0.060
山西	−13.915	−9.634	−48.192	−0.073	−0.002	0.025	−23.294	−0.019	−0.036
内蒙古	−0.027	0.006	−0.027	0.075	0.032	−0.080	−0.041	−0.046	−69.213
吉林	−0.011	−0.012	−0.008	−29.723	−0.019	0.098	−15.943	−89.165	−55.648
黑龙江	−17.227	−0.010	−29.083	−0.006	−0.018	−0.030	−0.060	−138.841	0.175
安徽	−0.021	−6.739	−0.020	−17.281	−18.143	−0.029	−0.038	−0.086	−17.836
江西	−0.014	−0.008	−0.009	−0.007	−5.949	−0.011	−0.008	−0.038	−0.045
河南	−0.004	−0.027	−0.007	−31.590	−29.258	0.070	−0.009	−0.098	0.093
湖北	−99.687	−0.177	−24.506	−55.835	−0.015	−0.010	−58.759	−0.006	−0.002
湖南	−0.374	−0.005	0.003	−7.092	−0.008	−0.006	−0.015	−50.824	−0.112
广西	−0.023	−0.003	−20.292	−0.024	−0.016	−0.000	−1.033	−0.007	−0.079
重庆	−0.022	−0.016	−0.028	0.036	−0.030	−0.012	−94.900	0.056	0.009
四川	−19.558	−10.134	−0.006	−0.177	−44.968	−11.244	−65.577	0.119	−70.583
贵州	−0.038	−0.018	−3.756	0.491	−0.235	−0.004	−83.479	−0.012	−0.002
云南	−0.171	0.149	−30.635	−0.012	−92.675	−32.061	−75.158	−44.768	−112.856
陕西	0.449	0.033	0.045	−0.003	−34.649	−0.012	−39.079	−0.005	−33.508
甘肃	−0.018	−0.011	−0.015	−0.011	−10.799	−0.009	−0.023	−29.175	−0.039
青海	−0.023	−0.029	0.067	0.058	0.013	−0.014	0.049	−0.025	−0.016
宁夏	−0.023	−0.000	−0.024	0.084	0.146	0.018	0.115	0.055	0.184
新疆	−0.002	−0.016	−0.000	0.320	−0.035	−0.016	−0.111	−0.027	0.083

附表 18 2005—2014 年 30 个省（区、市）旅游环境全要素生产率分解项——产出增长绩效

区域	2005—2006	2006—2007	2007—2008	2008—2009	2009—2010	2010—2011	2011—2012	2012—2013	2013—2014
北京	0.054	−1.888	14.972	0.032	0.196	0.012	−76.623	0.046	0.050
天津	0.046	−4.026	0.065	0.048	−9.686	−2.872	−25.249	0.082	−16.018
河北	0.066	−0.539	−0.013	0.074	−0.869	−2.611	−8.035	−4.634	−3.962
辽宁	0.172	0.610	42.712	0.094	−2.650	−0.679	−0.399	−4.924	100.396
上海	0.016	0.008	0.002	0.027	0.128	−17.751	0.015	0.002	0.015
江苏	−1.092	9.340	−4.457	0.044	−16.303	−0.529	−17.221	−7.519	62.663
浙江	−29.095	0.121	0.055	0.057	39.866	0.095	45.209	1.995	−3.180
福建	0.072	−0.250	−0.014	0.038	0.036	0.146	−14.750	−29.018	−0.536
山东	0.169	−37.609	−29.864	−0.138	−0.679	0.074	0.393	0.082	2.723
广东	0.265	0.087	0.319	0.330	0.477	−4.829	−4.225	17.650	0.021
海南	−4.690	0.050	−27.534	0.049	0.264	0.297	0.138	0.156	0.127
山西	0.070	9.815	48.302	0.112	0.134	0.120	23.417	0.111	0.100
内蒙古	0.155	0.154	0.085	0.059	0.167	0.168	0.173	0.185	69.330
吉林	0.148	0.155	0.113	0.521	0.151	0.061	16.029	−3.676	−2.619
黑龙江	17.353	0.147	29.190	0.062	0.164	0.130	0.080	−1.006	−0.193
安徽	−5.486	4.954	−1.101	−3.738	18.235	−2.896	−4.119	−71.628	−12.469
江西	0.058	0.082	0.086	0.063	4.456	0.140	−2.341	−6.316	0.172
河南	−3.561	−2.916	−1.738	27.080	21.288	−0.662	−4.322	−5.086	−0.510
湖北	100.093	−0.254	0.121	0.028	−67.851	−71.873	4.002	−69.234	−32.246
湖南	0.271	0.165	0.157	7.262	−12.679	0.125	0.093	50.865	−33.898
广西	0.107	0.104	20.341	−63.431	0.220	0.209	1.107	0.100	0.116
重庆	0.068	0.110	0.138	0.108	−60.462	0.186	94.990	−0.019	0.114
四川	0.191	10.483	0.046	0.217	45.009	11.387	38.082	0.100	−1.439
贵州	−58.272	0.224	3.728	0.072	0.207	−0.121	2.012	−1.356	−0.716
云南	0.141	−0.100	0.027	0.194	−0.528	32.166	3.272	0.530	−5.903
陕西	−0.306	0.153	0.087	0.167	0.177	0.225	39.132	0.100	33.583
甘肃	0.139	0.189	−6.073	0.187	10.912	0.225	−20.315	−0.006	0.187
青海	−0.451	−0.448	−0.042	−0.635	0.080	−0.214	−1.917	−1.395	−1.004

续表

区域	2005—2006	2006—2007	2007—2008	2008—2009	2009—2010	2010—2011	2011—2012	2012—2013	2013—2014
宁夏	−0.803	0.010	−0.599	0.095	−0.385	0.096	−0.948	−1.080	−0.771
新疆	−0.094	0.499	0.025	−0.146	0.550	0.481	0.275	0.316	0.016

附表19　2005—2014年30个省（区、市）旅游环境全要素生产率分解项——污染治理绩效

区域	2005—2006	2006—2007	2007—2008	2008—2009	2009—2010	2010—2011	2011—2012	2012—2013	2013—2014
北京	−0.028	91.868	0.162	0.037	−0.159	0.000	76.585	−0.018	−0.020
天津	0.001	4.072	0.053	0.066	9.748	2.949	27.909	0.060	16.059
河北	0.022	0.569	−0.016	0.011	0.907	2.811	18.245	37.121	30.788
辽宁	0.000	86.604	0.092	−0.191	2.923	0.951	81.633	4.992	11.043
上海	0.014	0.033	0.028	0.007	0.218	17.842	0.027	0.015	0.003
江苏	1.218	11.672	4.518	0.055	16.381	0.647	17.805	7.576	18.500
浙江	29.376	−0.078	0.009	0.142	−0.025	0.147	0.092	36.231	28.244
福建	−0.008	0.337	−0.029	0.059	−0.044	−0.013	14.777	29.007	28.426
山东	0.054	37.831	29.982	0.249	47.068	−0.152	60.263	0.135	68.547
广东	0.008	0.201	0.006	0.035	91.941	24.709	4.520	71.436	0.001
海南	4.695	22.696	27.478	−0.022	−0.179	−0.058	−0.154	−0.028	0.027
山西	13.940	−0.046	−0.148	0.094	0.102	0.001	−0.040	−0.082	−0.051
内蒙古	−0.052	−0.076	−0.092	0.327	0.038	−0.048	−0.053	0.028	−0.041
吉林	−0.012	−0.047	0.013	29.222	−0.079	−0.001	−0.034	92.917	58.409
黑龙江	−0.102	−0.089	−0.027	−0.032	−0.042	−0.115	−0.031	140.102	0.133
安徽	5.527	1.847	1.182	20.937	−0.082	3.008	4.211	71.729	30.367
江西	−0.040	−0.038	−0.038	−0.025	1.454	−0.036	2.491	6.320	0.005
河南	3.645	3.024	1.793	4.541	8.069	0.819	4.486	5.179	0.617
湖北	−0.185	0.146	24.404	56.083	68.089	72.348	54.902	69.524	32.472
湖南	−0.160	−0.107	−0.006	−0.025	12.829	0.001	−0.029	0.013	33.947
广西	−0.037	−0.004	−0.001	63.392	−0.074	−0.030	0.014	−0.027	−0.097
重庆	−0.011	−0.003	−0.070	0.042	60.465	−0.042	−0.109	−0.030	0.013
四川	19.414	−0.232	−0.025	0.013	−0.069	0.140	27.789	0.016	72.090

续表

区域	2005—2006	2006—2007	2007—2008	2008—2009	2009—2010	2010—2011	2011—2012	2012—2013	2013—2014
贵州	58.499	−0.012	0.393	−0.447	0.161	0.519	81.794	1.769	1.128
云南	0.189	0.202	30.686	0.023	93.290	−0.021	72.486	44.382	118.763
陕西	−0.032	−0.001	−0.011	0.028	34.545	−0.039	0.020	−0.017	−0.038
甘肃	−0.147	−0.080	6.033	−0.103	−0.173	−0.050	20.321	29.042	−0.404
青海	0.441	0.416	0.541	1.818	0.052	0.302	2.773	1.442	0.958
宁夏	0.693	0.016	0.519	0.056	1.371	0.013	1.578	1.561	1.998
新疆	−0.004	−0.178	−0.003	0.104	−0.422	−0.156	−0.063	−0.484	0.028

附表20 2005—2014年30个省（区、市）旅游经济增长中的技术效率变化贡献

区域	2005—2006	2006—2007	2007—2008	2008—2009	2009—2010	2010—2011	2011—2012	2012—2013	2013—2014
北京	−0.0818	−0.0628	−0.0567	−0.0264	0.0382	0.0716	−0.0347	0.0028	0.3283
天津	0.0000	−0.0449	0.0453	0.0000	0.0000	0.0000	0.0000	0.0000	0.0000
河北	0.0201	−0.0229	−0.0222	0.0332	0.0454	0.1924	0.0000	−0.1003	0.0995
辽宁	0.0621	0.0144	0.1222	−0.1340	0.2437	−0.0375	−0.1051	−0.0025	0.1582
上海	0.0000	0.0000	−0.0417	0.0439	0.0000	0.0000	0.0000	0.0000	0.0000
江苏	0.0541	−0.0668	0.0640	−0.0973	0.1039	0.0000	−0.0347	0.0339	0.0000
浙江	0.0398	−0.1184	0.0479	−0.1620	0.2182	−0.0518	0.0179	−0.0276	0.1999
福建	0.0018	−0.0269	−0.0521	−0.0053	−0.0295	0.0835	−0.0768	−0.0572	0.2644
山东	0.0287	0.0074	0.0540	−0.1244	0.0183	0.1406	0.0292	0.0754	0.0884
广东	0.0794	−0.0753	−0.0369	−0.0347	0.3874	−0.2889	0.1953	0.1023	0.0000
海南	0.0000	−0.2212	−0.2217	−0.2831	0.0455	0.2139	−0.0996	0.0502	0.5406
山西	0.1062	−0.1098	0.0261	−0.2322	0.3212	−0.0612	−0.0278	−0.0582	0.3975
内蒙古	0.0086	−0.0877	−0.1897	−0.1890	0.1805	0.0189	−0.0963	0.0167	0.5062
吉林	0.0500	−0.1083	0.0796	−0.0737	−0.0146	0.1250	−0.0553	−0.0462	0.3422
黑龙江	−0.0146	−0.0754	−0.0483	−0.1032	0.1184	−0.0630	0.0747	0.2115	0.0241
安徽	−0.0527	−0.0199	0.1155	−0.1185	−0.0225	0.0738	−0.0282	−0.1550	0.3322
江西	−0.1364	0.0176	0.0103	−0.0409	0.0762	0.0677	−0.0116	−0.1210	0.2879
河南	−0.0193	0.0123	0.0738	−0.1648	0.1623	−0.0600	−0.0971	−0.0908	0.2421

续表

区域	2005—2006	2006—2007	2007—2008	2008—2009	2009—2010	2010—2011	2011—2012	2012—2013	2013—2014
湖北	0.1471	−0.1180	−0.0399	−0.1908	0.2950	0.2087	−0.1516	0.0008	0.3685
湖南	−0.2602	0.1383	−0.0200	−0.0721	0.1855	0.0601	−0.0402	0.0225	0.2494
广西	0.0166	−0.0116	−0.0466	−0.1843	0.1252	0.1269	−0.0610	0.0897	0.2376
重庆	−0.0101	−0.0599	−0.0869	0.0169	−0.0160	0.0835	−0.1231	−0.0423	0.4066
四川	0.0072	0.0934	−0.1176	−0.0680	0.2768	−0.0874	0.3520	−0.3300	0.3356
贵州	−0.1579	−0.0584	0.5245	−0.5772	0.5914	0.0000	−0.3943	0.2722	0.1030
云南	−0.2339	−0.0717	−0.1153	−0.0380	0.4179	−0.1428	−0.0135	−0.0632	0.6500
陕西	−0.0369	−0.0569	0.1553	−0.1302	0.0655	0.1269	−0.0750	0.0253	0.3953
甘肃	−0.0278	0.0461	−0.0396	0.0031	−0.0533	0.1729	−0.0966	−0.1422	0.5003
青海	0.0000	0.0000	0.0000	0.0000	0.0000	0.0000	0.0000	0.0000	0.0000
宁夏	0.0000	0.0000	0.0000	0.0000	0.0000	0.0000	0.0000	0.0000	0.0000
新疆	−0.1111	−0.0977	−0.1225	0.0132	0.0335	0.1617	0.0246	−0.1695	0.7896

附表21 2005—2014年30个省（区、市）旅游经济增长中的技术进步变化贡献

区域	2005—2006	2006—2007	2007—2008	2008—2009	2009—2010	2010—2011	2011—2012	2012—2013	2013—2014
北京	0.1998	0.2558	0.2012	0.1613	0.2265	0.2479	0.1717	0.1530	−0.1838
天津	1.9225	0.2422	0.2521	0.2113	0.3297	2.5774	0.2392	0.3038	0.2198
河北	0.2273	0.1685	−0.0355	0.3121	0.3536	0.3910	0.5841	1.1386	0.1691
辽宁	0.3898	0.4539	0.3351	0.3436	0.3638	0.3749	0.3453	0.3546	0.1164
上海	0.1151	0.1690	0.0584	0.1146	0.4952	0.1266	0.1631	−0.0235	0.0486
江苏	0.2802	0.3415	0.2079	0.2652	0.3238	1.6067	1.4184	0.1453	0.1926
浙江	0.3856	0.3028	0.1229	0.3532	0.2992	0.3579	0.2449	0.2950	−0.0137
福建	0.2875	0.3585	0.0567	0.1623	0.0951	0.3947	0.2749	0.2623	−0.0125
山东	0.3773	0.4229	0.2738	0.4700	0.3318	0.2037	0.2393	0.2517	0.0758
广东	0.2834	0.3099	0.2800	0.3556	0.1673	0.4392	0.6361	0.1550	−0.0073
海南	0.1636	0.3201	0.2718	0.3588	0.2692	0.2182	0.0175	0.1344	−0.2822
山西	0.5254	0.4840	0.2399	0.3791	0.3204	0.2910	0.4576	0.3696	−0.0941
内蒙古	0.3771	0.5626	0.3726	0.5909	0.3185	0.2368	0.4061	0.3919	−0.1078

续表

区域	2005—2006	2006—2007	2007—2008	2008—2009	2009—2010	2010—2011	2011—2012	2012—2013	2013—2014
吉林	0.2721	0.3962	0.3889	0.3651	0.3952	0.3165	0.3781	0.3764	0.0346
黑龙江	0.3020	0.3687	0.4725	0.2474	0.4952	0.2801	0.2606	0.1616	−0.3585
安徽	0.3977	0.4811	0.2914	0.2389	0.3504	0.6386	0.4964	0.3394	−0.1101
江西	0.2935	0.2520	0.2177	0.2443	0.2936	0.3911	0.3977	0.4526	0.2465
河南	0.4021	0.4073	0.1903	0.6413	0.2482	0.3558	0.3342	0.3023	0.0629
湖北	1.3440	−0.3100	0.2369	0.5686	0.5706	0.5513	0.5688	0.4141	−0.0182
湖南	0.3515	0.2620	0.2713	0.3664	0.4063	0.3036	0.3451	0.2950	−0.0770
广西	0.2504	0.3224	0.3150	0.4195	0.4861	0.3944	0.4310	0.2897	0.0483
重庆	0.1987	0.4119	0.3806	0.3218	0.4172	0.4274	0.4359	0.1345	−0.1541
四川	0.4373	0.3124	0.2299	0.2652	0.3163	0.4900	0.3872	1.7981	0.0246
贵州	0.7238	0.5319	0.3121	0.5234	0.3737	1.5310	0.5764	0.4124	0.2308
云南	0.4168	0.1172	0.2443	0.4344	0.2711	0.4318	0.6953	0.3747	−0.2680
陕西	0.3076	0.3773	0.2305	0.3989	0.3901	0.3624	0.4474	0.3386	−0.1337
甘肃	0.2710	0.5217	0.1850	0.4163	0.3223	0.3876	0.4712	0.3834	−0.2676
青海	1.6338	0.5618	0.0654	0.9210	1.5327	2.2788	1.3454	1.6507	0.2730
宁夏	1.3740	0.8710	1.2410	0.4280	0.7901	2.0276	1.1499	1.3199	0.1770
新疆	−0.0815	0.5901	0.1497	−0.0330	0.7674	0.4800	0.3962	0.2551	−0.7436

附表22 2005—2014年30个省（区、市）旅游经济增长中的资本投入变化贡献

区域	2005—2006	2006—2007	2007—2008	2008—2009	2009—2010	2010—2011	2011—2012	2012—2013	2013—2014
北京	−0.0009	−0.0816	−0.0652	0.0016	0.0672	−0.0433	0.0218	0.0008	0.0003
天津	−3.4923	−0.6853	−0.0309	−0.6940	−0.0567	−5.2542	−1.8741	−0.0115	−0.5985
河北	0.0245	0.0022	−0.0015	−0.0050	0.0225	−0.0663	−0.1195	−0.1135	−0.0003
辽宁	0.0195	−0.0285	0.0970	0.1075	−0.0595	−1.4849	0.0431	−1.4160	−0.1560
上海	−0.0508	−0.0724	−0.0016	−0.0121	−0.0454	−0.1572	−0.0235	−0.0163	−0.0016
江苏	−1.2654	−1.1822	−0.0777	−1.3615	−0.0565	−6.0015	−1.5606	−2.2691	−0.0029
浙江	−0.1142	−0.0104	0.0149	0.0089	−0.1202	−0.0324	−0.0691	−0.0220	0.0514
福建	−0.7270	0.0024	0.0282	0.0007	−0.0183	0.0241	0.0041	0.0045	0.0014

续表

区域	2005—2006	2006—2007	2007—2008	2008—2009	2009—2010	2010—2011	2011—2012	2012—2013	2013—2014
山东	0.0099	−0.0871	0.1000	−0.0573	0.1381	0.0081	0.0810	0.0116	−0.0038
广东	0.0026	−0.1189	0.0007	−0.0073	0.0688	0.0517	0.0207	−0.0023	−0.0011
海南	−0.0004	0.0014	0.0069	0.0004	−0.0545	0.0604	0.0055	0.0021	−0.0006
山西	0.0190	0.0429	0.0151	−0.0034	−0.1806	0.1095	0.0326	0.0564	0.0867
内蒙古	0.0170	0.0300	0.0015	−0.1984	−0.0432	0.0845	0.0739	−0.0114	0.0439
吉林	−0.0018	0.0710	−0.0190	−0.0110	−0.0079	0.0073	−0.0027	0.0005	−0.0014
黑龙江	0.0140	−0.0012	0.0006	0.0032	−0.0326	0.0802	−0.0116	−0.3004	−0.0020
安徽	0.0176	0.0360	−0.0383	0.0202	0.0225	0.0187	−0.0492	−0.0178	−0.0022
江西	0.0480	−0.0127	0.0236	−0.0006	−0.0931	0.0289	−0.4330	−0.0014	−0.0003
河南	−0.4438	−1.6337	−0.3317	−0.9368	−0.2108	−3.9023	−1.2367	0.0855	−0.0342
湖北	0.0170	0.0185	0.0183	−0.0412	−0.0405	−0.0382	−0.0634	0.0021	−0.0419
湖南	0.2260	−0.0426	0.0341	0.0551	−0.0640	0.0407	0.0293	−0.0991	−0.0008
广西	0.0058	0.0126	−0.0175	0.0039	−0.0461	0.0119	0.0056	−0.0020	0.0121
重庆	0.0150	0.0172	−0.0013	0.0425	−0.0365	0.0213	−0.0009	0.0799	0.0056
四川	0.0734	−0.0583	0.0120	−0.1139	−0.0539	−0.0438	−0.2540	−0.0587	−0.0008
贵州	−1.2158	0.0689	−0.2715	0.0215	−0.4916	−2.5767	−2.2903	−0.3626	−0.1230
云南	−0.0428	−0.0268	0.2768	−0.0548	−0.0410	0.0847	−0.1548	0.0554	−0.0005
陕西	0.0881	−0.0096	−0.0242	0.0761	−0.0089	0.0058	0.0326	0.0024	0.0040
甘肃	0.0247	−0.0021	−0.0004	0.0124	−0.0458	0.0342	0.0156	0.0049	0.0015
青海	−1.3036	0.0213	−0.0683	−1.1412	−0.0282	−2.8436	−0.0013	−0.6838	−0.2898
宁夏	−0.6127	−0.9042	−0.7749	−1.2067	−0.0263	−2.4861	−0.0246	−0.9391	−0.0044
新疆	0.0071	0.0165	0.0057	0.0156	−0.0757	0.0396	−0.0250	0.0004	0.0006

附表23 2005—2014年30个省（区、市）旅游经济增长中的劳动投入变化贡献

区域	2005—2006	2006—2007	2007—2008	2008—2009	2009—2010	2010—2011	2011—2012	2012—2013	2013—2014
北京	0.0237	0.0172	0.0033	0.0584	−0.0862	0.0242	0.1159	−0.0004	−0.0011
天津	−0.1720	−0.0001	−0.3170	−0.0051	−0.0101	−0.0262	−0.0023	−0.0047	−0.0002
河北	0.0062	0.0026	0.0556	0.0015	−0.0535	−0.8222	−0.0024	−0.0001	0.0554

续表

区域	2005—2006	2006—2007	2007—2008	2008—2009	2009—2010	2010—2011	2011—2012	2012—2013	2013—2014
辽宁	-0.0043	0.0406	0.0066	-0.0592	-0.0989	-0.2035	-0.0315	-0.0003	-0.0054
上海	-0.0485	-0.0081	0.0066	-0.0505	-0.0315	0.0218	-0.0017	-0.0048	-0.0073
江苏	0.0030	-0.1424	-0.6098	-0.0011	-0.0205	0.3331	-0.0001	0.0001	-0.0046
浙江	0.1107	0.0732	-0.0361	-0.0064	0.0002	0.0148	0.0791	0.0391	-0.0020
福建	-0.0013	0.0026	-0.0155	-0.0003	-0.0037	0.0066	0.0101	-0.0031	-0.0010
山东	0.0061	0.0573	-0.0204	-0.0149	-0.0694	0.0020	-0.0023	-0.0009	0.0016
广东	-0.0615	0.0032	-0.1278	-0.1351	-0.2698	-0.0280	-0.0307	-0.0016	-0.0065
海南	-0.0004	0.0004	0.0024	-0.0004	-0.0525	-0.0421	0.0000	0.0012	-0.0009
山西	-0.0247	0.0011	0.0734	0.0960	-0.0512	-0.0168	0.0350	0.0372	-0.0745
内蒙古	-0.0449	0.0011	0.0030	0.0213	-0.0110	0.0025	-0.0334	0.0006	-0.0033
吉林	-0.0049	0.0333	-0.0330	-0.0008	-0.0130	0.0084	-0.0062	-0.0395	-0.0268
黑龙江	0.0080	-0.0003	-0.0193	-0.0011	-0.0520	-0.0314	-0.0027	-0.0926	-0.0487
安徽	0.0235	-0.0066	-0.0193	0.0022	0.0025	-0.0084	0.0151	0.0484	-0.0020
江西	0.0524	-0.0074	-0.0063	-0.0025	-0.0553	0.0124	-0.0007	-0.0022	0.0013
河南	-0.3057	0.0000	-0.0205	0.0049	0.0181	0.2455	-0.0001	-0.0862	-0.0085
湖北	0.2606	0.0014	-0.0006	-0.0014	0.0205	-0.0300	0.0612	-0.1013	-0.0205
湖南	0.0684	-0.0941	0.0851	-0.0016	-0.0244	-0.0140	-0.0199	0.0485	-0.0002
广西	0.0006	-0.0056	-0.0006	0.0035	0.0361	0.0391	-0.0455	-0.0018	-0.0069
重庆	0.0064	0.0018	-0.0107	-0.0032	-0.0136	0.0077	0.0442	-0.0004	-0.0360
四川	-0.0638	0.0230	-0.0101	0.0052	-0.0305	0.0243	0.0482	0.1888	0.0890
贵州	0.0096	-0.0712	0.0886	0.0563	0.0807	-0.1886	-0.0050	-0.1739	-0.0062
云南	0.0122	0.1050	-0.0949	-0.0600	-0.2108	0.0227	-0.1171	0.0057	0.2500
陕西	-0.0420	-0.0127	-0.0270	-0.0332	-0.0128	0.0494	-0.0646	-0.0017	0.0605
甘肃	0.0102	0.0047	0.0097	-0.0020	-0.0177	0.0037	-0.0014	-0.0027	-0.0021
青海	0.4609	-0.2139	-0.0316	0.3288	-1.8952	0.5526	-0.0152	-0.5877	-0.1180
宁夏	-0.0011	-0.0135	0.0120	0.0000	-0.0391	-0.0193	-0.7389	-0.0136	-0.0319
新疆	0.0107	-0.0042	0.0009	0.0000	-0.0415	0.0030	0.0040	-0.0048	-0.0010

附表 24　2005—2014 年 30 个省（区、市）旅游经济增长中的旅游资源禀赋变化贡献

区域	2005—2006	2006—2007	2007—2008	2008—2009	2009—2010	2010—2011	2011—2012	2012—2013	2013—2014
北京	0.0015	−0.0031	−0.0004	−0.0015	−0.0006	−0.0257	0.0030	−0.0003	0.0003
天津	−0.0118	−0.0216	0.0014	−0.0026	0.0197	0.0390	−0.0192	0.0000	−0.0186
河北	0.0007	−0.0006	0.0000	0.0001	0.0005	−0.0165	0.0002	0.0018	0.0102
辽宁	0.0079	0.0442	−0.0016	0.0768	−0.0707	0.0009	−0.0256	−0.0432	−0.0004
上海	0.0000	0.0000	0.0000	−0.0038	0.0000	0.0000	0.0000	0.0064	0.0057
江苏	0.0019	−0.0328	−0.0003	−0.0394	−0.0099	−0.0900	−0.0231	−0.2794	0.0000
浙江	−0.0010	0.0110	0.0346	0.0182	−0.0194	0.0095	0.0023	0.0033	0.0020
福建	0.0114	−0.0049	0.0152	0.0039	−0.0002	0.0006	0.0029	0.0003	0.0000
山东	−0.0022	0.0048	0.0201	−0.0002	0.0453	0.0059	−0.0115	0.0116	0.0003
广东	0.0333	0.0782	0.0001	0.0015	−0.0071	0.1043	0.0019	−0.0009	0.0018
海南	0.0137	0.1387	0.0005	0.0157	0.0182	−0.0139	0.2499	0.0578	0.0105
山西	−0.0183	0.0674	0.0000	0.0030	−0.0071	−0.0002	0.0001	−0.0337	0.0001
内蒙古	0.0459	0.0001	0.0450	−0.0211	−0.0011	0.0095	0.1218	0.0283	0.0001
吉林	−0.0016	0.0004	0.0001	0.0007	0.0005	0.0006	0.0003	−0.0275	0.0001
黑龙江	0.0069	0.0058	0.0068	0.0059	0.0002	0.0021	0.0112	0.2057	−0.0207
安徽	0.0047	0.0078	0.0000	−0.0150	−0.0008	0.0357	0.0079	−0.0605	0.0003
江西	−0.0016	−0.0004	0.0099	−0.0007	0.0000	0.0002	−0.0143	0.0010	0.0000
河南	−0.0679	0.0147	−0.0001	−0.0104	0.0212	−0.1087	0.0019	0.0117	0.0009
湖北	0.0004	−0.0020	0.0001	0.0001	−0.0834	−0.1263	0.0219	0.0024	0.0246
湖南	0.0396	−0.0013	−0.0275	0.0112	0.0013	0.0008	0.0255	0.0021	0.0002
广西	0.0030	0.0131	0.0002	−0.0009	−0.0525	−0.0045	0.0148	0.0021	0.0005
重庆	−0.0015	0.0177	0.0154	0.0000	0.0001	−0.0004	−0.0412	−0.0430	0.0282
四川	0.0383	−0.0013	0.0000	0.0002	0.0055	−0.0148	0.0174	−0.0896	−0.0001
贵州	0.0345	0.0331	0.0004	0.1818	0.0004	−0.0083	−0.0126	−0.0010	−0.0004
云南	−0.0028	−0.0469	0.0168	0.0005	0.0120	−0.0230	0.0499	0.0875	−0.0002
陕西	0.0596	−0.0010	−0.0174	−0.0081	−0.0090	−0.0429	0.0441	0.0016	−0.0599
甘肃	−0.0002	−0.0004	0.0000	−0.0001	−0.0005	−0.0063	−0.0002	0.0016	0.0003
青海	−0.0067	0.0000	0.0288	−0.0030	0.0040	−0.0191	−0.0009	−0.0436	−0.0020

续表

区域	2005—2006	2006—2007	2007—2008	2008—2009	2009—2010	2010—2011	2011—2012	2012—2013	2013—2014
宁夏	0.0663	−0.0143	−0.0002	−0.0047	0.0303	−0.0096	−0.0383	−0.0164	0.0007
新疆	0.0227	0.1742	0.0003	0.0004	0.0001	0.0012	0.0100	0.0039	0.0004

附表25 2005—2014年30个省（区、市）旅游经济增长中的旅游能源投入变化贡献

区域	2005—2006	2006—2007	2007—2008	2008—2009	2009—2010	2010—2011	2011—2012	2012—2013	2013—2014
北京	−0.0265	0.0131	0.0014	−19.8587	0.0025	0.0012	−0.0835	0.0036	0.0020
天津	−0.1123	−0.2834	−0.0118	−0.0134	−1.1866	−0.1246	−5.4203	−0.0164	−1.7942
河北	−0.0094	−0.2770	−0.0511	−0.0033	−1.4826	−1.5727	−3.1670	−3.4614	−1.2985
辽宁	−0.0291	−0.0998	−0.2010	−0.1664	−0.0203	−0.0075	−1.3991	0.4248	−0.8434
上海	0.0679	−0.0522	−0.0067	0.0396	−0.0601	−10.1643	−0.0637	−0.0035	−0.0077
江苏	−0.5932	−4.4497	−0.4848	0.0045	−4.8236	−0.0822	−4.0732	−2.9881	−2.2205
浙江	−0.0818	−0.0584	−0.0162	−0.0179	0.0192	−0.0095	−0.1052	−0.0573	−0.0191
福建	−0.0526	−0.0392	0.0051	−1.6706	0.0034	−0.9974	−1.4598	−1.9116	0.0072
山东	0.0106	0.0003	−0.1465	−0.0273	−0.0534	0.0799	−0.1152	−41.5017	−1.6457
广东	−0.0433	−0.0129	−0.0006	−2.6916	0.0535	−0.0190	−1.1444	−0.6901	0.0005
海南	−0.0804	−0.1128	0.0600	0.0144	0.1597	0.0294	0.0071	0.0140	−0.0026
山西	0.0251	−0.0590	−0.0696	−0.0360	0.0037	−0.0546	−0.0409	−0.0460	0.0256
内蒙古	−0.0282	−0.0040	−0.0004	0.0645	0.1689	−0.0219	−0.0881	−0.0079	−0.0393
吉林	−0.0240	−0.0193	0.0045	0.0278	0.0426	−0.0003	0.0133	0.0387	−0.0307
黑龙江	0.0294	0.0296	0.0093	0.0096	0.0336	0.0456	−0.0694	−0.1300	−4.8088
安徽	−1.6011	−1.3099	−1.0392	−1.2895	−0.1657	−3.8221	−2.6903	0.0193	0.0172
江西	0.0204	0.0088	0.0043	0.0110	0.0462	−1.5228	−1.1272	−4.0439	−0.0425
河南	−1.6097	−0.3581	−1.1866	−1.8350	−0.0120	−0.6340	−1.2537	−1.1245	0.0073
湖北	−0.1924	−0.0326	0.0013	0.0604	0.0167	0.0035	−0.0129	0.0065	0.0371
湖南	−0.0787	0.0183	0.0203	0.0235	0.0064	−0.0218	−0.0043	−0.0280	0.0299
广西	−0.0147	−0.0090	0.0118	0.0680	0.0492	−0.0139	0.0158	−0.0074	0.0300
重庆	−0.0299	−0.0138	0.0247	−0.0048	0.0606	0.0208	0.0267	0.0023	−0.0289
四川	−0.0062	−0.0172	−0.0184	0.0016	−0.0683	0.0033	−0.1560	−1.6872	−0.0600

续表

区域	2005—2006	2006—2007	2007—2008	2008—2009	2009—2010	2010—2011	2011—2012	2012—2013	2013—2014
贵州	0.1518	0.0031	−0.3397	−0.2518	0.0740	−0.1490	−0.7844	−0.4340	−0.3700
云南	0.0855	−0.0270	−0.0713	0.0126	−0.0343	0.1074	−0.0253	−0.0797	−0.2146
陕西	−0.0177	0.0134	0.0125	0.0382	0.0310	0.0449	−0.0127	0.0678	0.0039
甘肃	0.0893	0.0510	0.0662	0.0433	0.1139	0.0134	0.0798	0.1475	0.1072
青海	−1.0230	−0.8151	0.0009	−0.2446	0.0213	−0.2922	−2.0181	−0.4084	−0.2006
宁夏	−0.9145	−0.0053	−0.6261	0.1226	−0.9595	0.1092	−0.8546	−0.8306	−0.4141
新疆	0.0017	0.0396	0.0001	−0.0115	0.3470	0.0769	0.0666	0.1703	−0.0039

附表26 2005—2014年30个省（区、市）旅游经济增长中的产出环境结构变化贡献

区域	2005—2006	2006—2007	2007—2008	2008—2009	2009—2010	2010—2011	2011—2012	2012—2013	2013—2014
北京	−0.0041	0.0898	−0.0056	19.7241	−0.0254	−0.0393	−0.0181	−0.0099	−0.0056
天津	2.0134	0.9647	0.2533	0.6344	1.1771	3.0367	7.2971	−0.0372	2.4115
河北	−0.0586	0.2655	0.0219	−0.0792	1.4733	2.2852	3.0274	2.8581	1.3002
辽宁	−0.0147	−0.0025	0.0451	0.1161	−0.0004	1.5858	1.3200	0.9685	0.9359
上海	0.0252	0.1266	−0.0117	−0.0144	0.0489	10.2838	0.0751	0.0006	0.0110
江苏	1.7826	5.8023	1.0657	1.3735	4.7992	4.4588	4.4606	5.5046	2.2280
浙江	−0.0338	−0.0107	−0.0276	−0.0440	−0.0253	0.0124	0.0275	−0.0110	−0.0104
福建	0.6943	−0.0123	0.0171	1.5743	0.0372	0.8757	1.4606	1.9512	−0.0102
山东	−0.0771	−0.0623	−0.0352	−0.0171	−0.0515	−0.1384	0.0662	41.3594	1.6694
广东	−0.0881	0.0339	−0.0261	2.6351	−0.0466	0.0799	0.9819	0.5756	0.0054
海南	0.0648	0.1131	0.0324	−0.0076	0.0058	−0.0390	0.0364	−0.0288	−0.0469
山西	−0.0172	−0.0367	0.0662	0.0088	−0.0459	−0.0308	−0.0098	0.0480	0.0214
内蒙古	0.0180	−0.0399	0.0166	0.0480	−0.3028	−0.0078	−0.0056	−0.0307	−0.0101
吉林	−0.0190	−0.0114	−0.0441	0.0038	−0.0022	−0.0758	−0.0104	0.0518	−0.0064
黑龙江	−0.0391	−0.0576	−0.0443	−0.0068	−0.0270	0.0441	0.0222	0.0779	5.0184
安徽	1.5783	1.2639	0.9919	1.3658	0.1553	3.7211	2.6792	0.0557	0.0284
江西	−0.0108	−0.0113	−0.0238	−0.0199	0.0292	1.4411	1.4819	4.1266	−0.0014
河南	2.3889	1.8953	1.4608	2.5166	−0.0110	4.3713	2.4282	1.1120	−0.0861

续表

区域	2005—2006	2006—2007	2007—2008	2008—2009	2009—2010	2010—2011	2011—2012	2012—2013	2013—2014
湖北	−0.0055	−0.0332	0.0148	0.0218	−0.0336	−0.0117	−0.0409	0.0710	−0.0868
湖南	−0.0449	−0.0148	−0.0406	−0.0532	−0.0469	−0.0386	−0.0356	0.0500	0.0056
广西	0.0102	−0.0434	−0.0155	0.0360	−0.0422	−0.0720	−0.0181	−0.0505	−0.0063
重庆	0.0210	−0.0179	0.0120	−0.1066	0.0296	−0.0468	0.0660	0.0335	−0.0260
四川	0.0435	−0.0258	0.0122	−0.0052	0.0084	−0.0106	0.0453	0.4094	−0.0102
贵州	1.0770	−0.0364	0.0253	0.2793	−0.2362	1.7906	3.2315	0.7040	0.4567
云南	0.0473	−0.0932	0.0497	−0.0141	0.0365	−0.0605	0.0168	−0.0063	−0.0343
陕西	0.0015	−0.0506	−0.0341	−0.0369	0.0034	−0.0580	−0.0177	−0.0180	0.0004
甘肃	−0.0078	−0.0620	0.0052	−0.0400	0.0216	−0.0694	0.0199	0.0380	0.0234
青海	0.6632	0.8031	0.0196	0.3752	0.6019	0.6728	1.0540	0.4055	0.6720
宁夏	0.5760	0.3274	0.4442	0.9800	0.5430	0.6673	0.7557	0.7610	0.4497
新疆	0.0221	−0.0383	−0.0022	−0.1799	0.0065	−0.0372	−0.0190	0.0326	−0.0251

附表27 2005—2014年30个省（区、市）旅游经济增长中的环境规制效应变化贡献

区域	2005—2006	2006—2007	2007—2008	2008—2009	2009—2010	2010—2011	2011—2012	2012—2013	2013—2014
北京	0.0460	−0.0357	−0.0112	0.0140	−0.0333	−0.0305	−0.0292	−0.0129	−0.0064
天津	−0.0001	−0.0036	0.0016	0.0115	−0.0051	0.0000	0.0000	0.0063	0.0000
河北	−0.0240	0.0723	−0.0009	−0.0114	−0.0075	−0.0048	−0.0002	−0.0004	−0.0043
辽宁	−0.0747	−0.0446	−0.0562	−0.0386	−0.0910	0.0604	0.0543	−0.0593	−0.0104
上海	−0.0003	−0.0002	0.0023	−0.0034	−0.0228	0.0000	0.0000	0.0003	0.0000
江苏	0.0023	−0.0003	0.0265	−0.0115	−0.0216	0.0000	−0.0001	−0.0053	0.0000
浙江	−0.0466	0.0372	−0.0176	−0.0045	−0.0574	−0.0225	−0.0008	−0.0201	−0.0132
福建	−0.0001	−0.0146	−0.0054	0.0196	−0.0108	0.0115	0.0041	−0.0058	−0.0059
山东	−0.0724	−0.0376	−0.0198	−0.0363	−0.0506	−0.0337	−0.0566	−0.0144	−0.0004
广东	−0.0449	−0.0366	−0.0008	0.0089	−0.0532	−0.0198	−0.1071	0.0316	0.0000
海南	0.0000	−0.0001	−0.0177	−0.0250	−0.1150	−0.1214	−0.0269	−0.0554	−0.0292
山西	−0.1090	−0.0011	−0.0660	−0.0382	−0.0870	0.0493	−0.0735	−0.0508	−0.0663
内蒙古	−0.0186	−0.0330	−0.0356	−0.0449	−0.0526	−0.0623	−0.0881	−0.0941	−0.0382

续表

区域	2005—2006	2006—2007	2007—2008	2008—2009	2009—2010	2010—2011	2011—2012	2012—2013	2013—2014
吉林	−0.0375	−0.0607	−0.0754	−0.0560	−0.0762	−0.0659	−0.0279	−0.0504	−0.0302
黑龙江	−0.0195	−0.0199	−0.0515	−0.0291	−0.1086	−0.0757	−0.0732	−0.0256	0.0035
安徽	−0.0017	−0.0207	−0.0082	−0.0017	−0.0137	−0.0199	−0.0192	0.0132	−0.0699
江西	−0.0112	−0.0332	−0.0159	−0.0131	−0.0264	−0.0155	−0.0033	−0.0059	−0.0245
河南	−0.0107	−0.0068	0.0042	−0.0003	−0.0031	−0.0001	0.0443	−0.0119	−0.0015
湖北	−0.3181	0.1067	−0.0571	−0.1013	−0.2201	−0.1410	−0.0412	−0.1277	−0.0088
湖南	0.0304	−0.0653	−0.0757	−0.0707	−0.1038	−0.0307	−0.0275	−0.0425	−0.0125
广西	−0.0364	−0.0385	−0.0310	−0.0650	−0.1298	−0.0900	−0.0217	−0.0308	0.0075
重庆	−0.0189	−0.0485	−0.0517	−0.0455	−0.0747	−0.0795	−0.0718	−0.0564	−0.0076
四川	−0.1350	−0.0534	0.0084	−0.0181	−0.1107	−0.0132	−0.0781	−0.0013	−0.0536
贵州	−0.0612	−0.1229	−0.0749	−0.0313	−0.0099	−0.0008	0.0021	−0.0915	−0.0090
云南	−0.0856	0.0871	−0.1158	−0.0887	−0.1487	−0.0797	−0.1197	−0.0844	−0.0567
陕西	−0.1171	−0.0524	−0.0799	−0.0710	−0.1152	−0.0908	−0.0391	−0.1200	−0.0194
甘肃	−0.0431	−0.0795	−0.0274	−0.0663	−0.0498	−0.0758	−0.0527	−0.0612	−0.0414
青海	−0.0015	−0.0006	−0.0001	−0.0018	0.0021	−0.0004	−0.0004	−0.0004	0.0000
宁夏	−0.0021	0.0000	−0.0011	−0.0342	−0.0067	0.0001	−0.0006	−0.0007	0.0000
新疆	0.0333	−0.1881	−0.0105	0.0699	−0.3120	−0.2294	−0.1277	−0.0741	−0.0030

后 记

本书是国家自然科学基金青年项目"生态福利绩效视角下旅游对区域可持续发展的影响效应与机制研究"(项目编号：72102158)和中央高校基本科研业务费专项(专职博士后、基地引导专项)(项目编号：20827041D4151)的阶段性成果。

完成该书稿，需要说太多感谢的话。感谢国家自然基金青年科学基金与中央高校基本科研业务费专项提供经费支持。感谢四川大学旅游学院李志勇教授、查建平教授的悉心指导和不厌其烦的答疑解惑，为项目的顺利进行和书稿的写作指明了方向。感谢四川大学出版社梁平编辑对书稿的认真编校。感谢四川大学旅游学院硕士研究生陈淄涵协助修改书稿。